# PLANEJAMENTO E DESENVOLVIMENTO ECONÔMICO

**Dados Internacionais de Catalogação na Publicação (CIP)**
**(Câmara Brasileira do Livro, SP, Brasil)**

Fonseca, Manuel Alcino Ribeiro da
  Planejamento e desenvolvimento econômico / Manuel Alcino Ribeiro da Fonseca. — São Paulo : Cengage Learning, 2006.

  Bibliografia.
  ISBN 978-85-221-0527-4

  1. Desenvolvimento econômico 2. Política econômica I. Título.

06-3264                                                        CDD-338.9

**Índices para catálogo sistemático:**

1. Desenvolvimento econômico   338.9
2. Planejamento econômico      338.9

# PLANEJAMENTO E DESENVOLVIMENTO ECONÔMICO

Manuel Alcino Ribeiro da Fonseca

Austrália • Brasil • México • Cingapura • Reino Unido • Estados Unidos

**Planejamento e desenvolvimento econômico**

**Manuel Alcino Ribeiro da Fonseca**

Gerente Editorial: Patricia La Rosa

Editora de Desenvolvimento:
 Tatiana Pavanelli Valsi

Supervisor de Produção Editorial:
 Fábio Gonçalves

Supervisora de Produção Gráfica:
 Fabiana Alencar Albuquerque

Copidesque: Marcos Soel
 Silveira Santos

Composição: PC Editorial Ltda.

Capa: Fz.Dáblio

© 2006 Cengage Learning Edições Ltda.

Todos os direitos reservados. Nenhuma parte deste livro poderá ser reproduzida, sejam quais forem os meios empregados, sem a permissão, por escrito, da Editora. Aos infratores aplicam-se as sanções previstas nos artigos 102, 104, 106 e 107 da Lei nº 9.610, de 19 de fevereiro de 1998.

Esta Editora empenhou-se em contatar os responsáveis pelos direitos autorais de todas as imagens e de outros materiais utilizados neste livro. Se porventura for constatada a omissão involuntária na identificação de algum deles, dispomo-nos a efetuar, futuramente, os possíveis acertos.

A Editora não se responsabiliza pelo funcionamento dos links contidos neste livro que possam estar suspensos.

---

Para informações sobre nossos produtos, entre em contato pelo telefone **0800 11 19 39**

Para permissão de uso de material desta obra, envie seu pedido para **direitosautorais@cengage.com**

---

© 2006 Cengage Learning.
Todos os direitos reservados.

ISBN-13: 978-85-221-0527-4
ISBN-10: 85-221-0527-8

**Cengage Learning**
Condomínio E-Business Park
Rua Werner Siemens, 111 – Prédio 11 – Torre A – Conjunto 12
Lapa de Baixo – CEP 05069-900 – São Paulo – SP
Tel.: (11) 3665-9900 – Fax: (11) 3665-9901
SAC: 0800 11 19 39

Para suas soluções de curso e aprendizado, visite
**www.cengage.com.br**

Impresso no Brasil
*Printed in Brazil*

Para Júlia e Vítor.
que enfrentaram o desafio de
estudar Economia.

## Sumário

**Prefácio** ................................................................... XI

**Introdução** ................................................................ XIII

**PARTE 1 – ELEMENTOS DO DESENVOLVIMENTO ECONÔMICO** .................................................. 1

**Capítulo 1 – O Processo de Desenvolvimento em Perspectiva** 3
1.1 Conceito de desenvolvimento ............................................. 4
1.2 Causas do desenvolvimento ................................................. 5
1.2.1 Investimento e seu financiamento ................................... 6
1.2.2 Inovações técnicas ........................................................ 8
1.2.3 Educação ................................................................... 8
1.2.4 Administração pública eficiente ..................................... 9
1.2.5 Empresas e cultura empresarial .................................... 10
1.3 Estágios do desenvolvimento ............................................. 11
1.4 Considerações finais ........................................................ 12

**Capítulo 2 – Aspectos Econômicos do Desenvolvimento** ....................................................... 15
2.1 Produtividade do trabalho ................................................ 16
2.2 Investimento e crescimento econômico ............................. 20
2.3 Demanda agregada e produto potencial ............................ 22
2.4 Bens de consumo essenciais e não-essenciais ................... 22
2.5 Planejamento econômico ................................................. 24
2.6 Tributação ........................................................................ 27

2.7 Inflação e desenvolvimento .................................................. 28
2.8 Considerações finais .......................................................... 29

**PARTE 2 – CRESCIMENTO ECONÔMICO E ACUMULAÇÃO DE CAPITAL** ..................................... 33

**Capítulo 3 – Crescimento Econômico no Longo Prazo: Aumento da Capacidade Produtiva** ........................... 35
3.1 Princípio da aceleração ...................................................... 36
3.2 Modelo de crescimento de Domar ...................................... 38
3.2.1 A contribuição de Harrod ................................................ 42
3.3 Modelo de crescimento de Solow ....................................... 43
3.4 Uma versão do modelo de Kaldor ...................................... 47
3.5 Considerações finais .......................................................... 49
Apêndice – Análise Matemática do Crescimento ..................... 51

**Capítulo 4 – Crescimento Econômico no Médio Prazo: Variações na Demanda Agregada** ............................... 57
4.1 Modelo keynesiano de determinação da renda ................. 58
4.2 Modelo kaleckiano de determinação da renda .................. 60
4.3 Resolução dos modelos lineares ......................................... 61
4.4 Determinantes do consumo agregado ................................ 65
4.5 Determinantes do investimento ......................................... 68
4.6 Modelo macrodinâmico de Samuelson ............................... 73
4.7 Receitas e despesas do governo .......................................... 77
4.8 Determinantes da oferta e da demanda de moeda ............ 80
4.9 Elementos do setor externo ................................................ 84
4.10 Considerações finais .......................................................... 87
Apêndice – Soluções de Modelos Lineares Estáticos e Dinâmicos 89

**Capítulo 5 – Mercado de Capitais e o Financiamento do Crescimento** ................................................... 95
5.1 Principais mercados financeiros ......................................... 96
5.1.1 Mercado direto e indireto ................................................. 97
5.1.2 Mercado primário e secundário ....................................... 98
5.1.3 Mercado monetário .......................................................... 98
5.1.4 Mercado de capitais .......................................................... 99

5.1.5   Mercado de derivativos ................................................. 100
5.1.6   Mercado de câmbio ..................................................... 101
5.2   Poupança e mercado de capitais no Brasil ..................... 103
5.3   Considerações finais ....................................................... 106

**Capítulo 6 – Inflação e Crescimento Econômico** ................... 109
6.1   Determinantes da inflação ............................................... 110
6.2   Preços na análise keynesiana: inflação de demanda ........ 114
6.3   Salários e a curva de Phillips: inflação de custos ............ 116
6.4   Inflação no Brasil ............................................................. 119
6.5   Considerações finais ....................................................... 123
Apêndice – Conflito Distributivo e Inflação: um Modelo de
   Inflação de Custos ........................................................ 124

**PARTE 3 – MÉTODOS DE PLANEJAMENTO ECONÔMICO** 131

**Capítulo 7 – Modelos Intersetoriais** ....................................... 133
7.1   Do equilíbrio macroeconômico ao equilíbrio intersetorial ... 134
7.2   Quadro de relações intersetoriais e
    coeficientes de produção ............................................... 136
7.3   Modelo de quantidades ................................................... 140
7.4   Modelo de preços ............................................................ 141
7.5   Modelo de preços de Sraffa ............................................. 142
7.6   Modelo com consumo endógeno de Miyazawa ............... 144
7.7   Considerações finais ....................................................... 148
Apêndice – Análise Matemática dos
   Modelos Intersetoriais .................................................. 149

**Capítulo 8 – Modelos Macroeconômicos** ................................ 155
8.1   Dos sistemas macroeconômicos aos modelos
    macroeconométricos ..................................................... 156
8.2   Modelo macroeconométrico baseado em Kalecki:
    modelo de Klein ............................................................ 158
8.3   Modelo macroeconométrico baseado em Keynes ........... 163
8.4   Modelo macroeconométrico com variáveis reais e nominais 170
8.5   Simulações para a economia brasileira ........................... 176
8.6   Considerações finais ....................................................... 181

Apêndice  Elementos dos Modelos
　　　　　Macroeconométricos ..................................................... 183

**Capítulo 9 – Previsões Econômicas e
Planejamento Financeiro** ................................................ 187

9.1　Elementos da análise financeira ........................................ 188
9.1.1　Determinação do valor dos títulos de dívida ............... 189
9.1.2　Determinação do valor dos títulos
　　　　de propriedade ............................................................... 190
9.1.3　Determinação do valor dos contratos
　　　　a termo e de futuros ..................................................... 193
9.1.4　Determinação do valor dos contratos de opções ......... 194
9.1.5　Análise de risco: seleção de carteiras de ativos ............ 196
9.2　Planejamento econômico e investimento
　　　financeiro ....................................................................... 202
9.3　Considerações finais ....................................................... 204

**PARTE 4 – A EXPERIÊNCIA BRASILEIRA** ....................... 205

**Capítulo 10 – Desafios ao Desenvolvimento no Brasil** ......... 207

10.1　Trajetória de crescimento no longo prazo .................... 208
10.1.1　Fontes do crescimento .............................................. 211
10.2　Restrições ao crescimento: fatores externos
　　　　e internos ..................................................................... 213
10.2.1　Inflação, estabilidade e crescimento ........................ 217
10.3　Outros elementos do desenvolvimento ....................... 219
10.4　Considerações finais ..................................................... 221

**Referências bibliográficas** ................................................. 223

**Índice remissivo** ................................................................ 229

## *Prefácio*

Biógrafos de James Joyce afirmam que o grande escritor irlandês ficou tão impressionado com a história da *Odisséia* que, ainda bem jovem, decidiu escrever um livro com o título de *Ulisses*. Esse livro foi concluído somente quando o autor completou 40 anos – depois de haver publicado poemas, contos e um romance autobiográfico – e, como se sabe, tornou-se uma das obras mais importantes do século XX.

Diferenças à parte, que neste caso têm proporções homéricas, este livro também resulta de um projeto pessoal antigo, uma vez que minha atividade acadêmica e profissional esteve freqüentemente ligada à área de planejamento econômico, tendo como fundo questões relativas ao desenvolvimento e ao crescimento.

Talvez por essa razão o presente trabalho assumiu uma forma distinta em relação a outras referências sobre planejamento e desenvolvimento econômico. Minha principal preocupação foi abordar, de forma abrangente e tecnicamente precisa, os principais tópicos relacionados a estes temas: fontes e estágios do desenvolvimento econômico, crescimento e inflação, poupança agregada e mercado de capitais, métodos quantitativos de planejamento econômico e financeiro, entre outros. Além disso, as ferramentas de análise examinadas ao longo do texto foram aplicadas à experiência histórica do Brasil e também dos Estados Unidos.

Muitos economistas consideram que os tópicos planejamento econômico e desenvolvimento têm estreita ligação e, de fato, vários livros, geralmente publicados no exterior, tratam de ambos. No Brasil, porém, o desenvolvimento tem recebido muito mais atenção do que o planejamento, e a relação entre os dois temas tem sido um pouco relegada. Tal situação justifica o aparecimento deste livro, que se propõe a combiná-los.

Na Introdução, o leitor encontrará uma descrição dos capítulos, assim como uma discussão dos princípios gerais utilizados na elaboração do texto, em especial na seleção dos tópicos efetivamente incluídos. Nesta apresentação, gostaria de enfatizar uma importante característica do livro: seu caráter empírico, uma vez que a maior parte do material apresentado pode ser aplicada a dados econômicos e financeiros no Brasil e em outros países. Inclusive, está disponível na Internet um site voltado para a aplicação de métodos de planejamento econômico e financeiro aqui examinados: www.planejamento.org.

Petrópolis, fevereiro de 2006.

## Introdução

Este livro está dividido em quatro partes. Na Parte 1, examina-se o conceito de desenvolvimento econômico em seus aspectos mais gerais. Na Parte 2, o processo de crescimento e de acumulação de capital, tanto no longo como no médio prazo, é analisado nos seus diversos aspectos. A Parte 3 apresenta os fundamentos dos modelos intersetoriais e macroeconômicos, que são a base do planejamento econômico e financeiro. Finalmente, na Parte 4, é investigada a trajetória de crescimento econômico do Brasil em uma perspectiva de longo prazo.

Levando em conta a vasta gama de tópicos relacionados ao planejamento econômico e ao desenvolvimento, cabe justificar a seleção do material efetivamente incluído neste livro. No caso do planejamento econômico, existe razoável padronização nos textos sobre o assunto, que geralmente incluem modelos de relações intersetoriais, modelos macroeconômicos de simulação e previsão, métodos de estimação e técnicas de programação matemática. Como exemplos de referências nesta área, e nos quais esses tópicos são abordados, pode-se citar Heesterman (1970) e Miglioli (1976); contudo, a seleção feita por cada autor é distinta.

Neste livro, os principais elementos dos modelos intersetoriais e macroeconômicos são apresentados e analisados, inclusive por meio de exemplos. Além disso, achei por bem incluir um tópico que, mesmo não sendo tradicional nas obras sobre planejamento econômico, é certamente interessante e tende a assumir importância crescente no futuro: a relação entre previsões econômicas e decisões de investimento financeiro. Por outro lado, as técnicas de programação e os métodos de estimação não foram incluídos. Embora meu trabalho de pesquisa como estudante de mestrado e doutorado tenha sido exatamente na área de programação matemática aplicada ao planejamento, esse é um assunto tão vasto que, em minha opinião, requer um livro exclusivo. Em relação aos métodos de estimação, que são objeto de uma área específica da Economia, o mesmo problema surge. Existem inúmeras referências excelentes sobre esse tópico e, além disso, minha própria apreciação relativa ao tema já está incluída em obra anterior (Fonseca, 2003).

Na parte de desenvolvimento econômico, a justificativa para os tópicos aqui incluídos – assim como para os omitidos – se torna mais complexa, uma vez que essa é uma área muito mais abrangente. O exame de algumas referências sobre o tema indica que as mais distintas abordagens podem ser usadas, por exemplo, a investigação das teorias econômicas que se aplicam ao processo de desenvolvimento, principalmente aquelas elaboradas por Smith, Marx e Schumpeter; a discussão do papel das instituições e tradições sociais, políticas, econômicas, culturais e religiosas; a avaliação das experiências históricas comparadas; e a análise do crescimento econômico, do ciclo, do equilíbrio macroeconômico e de elementos microeconômicos.

Talvez por essa razão, Arthur Lewis, que recebeu o Prêmio Nobel em Economia por suas contribuições na área de desenvolvimento, tenha afirmado que a "estrutura de um livro sobre desenvolvimento econômico é, em grande parte, questão de preferência pessoal" (1960, p. 23). Se esse é o caso, então não há necessidade de justificativas elaboradas – ou seja, a abordagem adotada aqui, assim como em qualquer outro texto, resulta das preferências do autor. Neste livro são usadas as seguintes referências no exame do processo de desenvolvimento: teorias de crescimento econômico e do ciclo, modelos de equilíbrio macroeconômico, a análise do mercado de capitais e a relação entre inflação e desenvolvimento.

Não resta dúvida de que os tópicos mencionados no parágrafo anterior têm importância na área de desenvolvimento econômico, embora outros itens relevantes pudessem ser incluídos. Ou seja, para se entender os aspectos econômicos do processo de desenvolvimento, é necessário considerar o equilíbrio no longo e no médio prazo, as inter-relações entre crescimento, distribuição de renda e inflação, e o papel do investimento e do seu financiamento.

Uma importante característica deste livro é que suas partes formam um conjunto integrado. Por exemplo, os aspectos econômicos do desenvolvimento, considerados na Parte 1, são examinados em detalhe na Parte 2. Além disso, as análises da demanda agregada e dos mercados financeiros, incluídas na Parte 2, servem de base para os modelos macroeconômicos e financeiros examinados na Parte 3. Por outro lado, a análise da inflação está baseada tanto nos modelos macroeconômicos como nos intersetoriais. Por fim, na Parte 4 todos esses modelos e sistemas teóricos são usados para investigar o processo de crescimento e desenvolvimento econômico brasileiro.

De modo geral, este livro tem um enfoque quantitativo, pois um dos seus objetivos é examinar os principais métodos de planejamento econômico e financeiro. Os tópicos matematicamente mais complexos foram colocados em apêndices e, dessa forma, a leitura das seções incluídas nos capítulos não envolve nada mais que noções de vetores e matrizes – que os estudantes aprendem no Ensino Médio – e conhecimentos básicos de Cálculo. Além disso, certa familiaridade com conceitos econômicos, especialmente em Macroeconomia, é desejável.

Outro aspecto do enfoque quantitativo adotado no texto é que informações numéricas são utilizadas em todos os capítulos. Em várias seções são incluídos dados empíricos – geralmente para o Brasil, e em alguns casos para a economia norte-americana. Além disso, nas análises que envolvem mais detalhes, como os modelos intersetoriais e financeiros – em que o uso de dados empíricos complicaria desnecessariamente a exposição –, são usados exemplos numéricos simples.

## *Descrição dos capítulos*

Na Parte 1, formada pelos Capítulos 1 e 2, o desenvolvimento econômico é considerado em perspectiva ampla – incluindo elementos não propriamente econômicos –, e essa análise mais abrangente fornece as linhas gerais de investigação que serão aprofundadas na Parte 2. No Capítulo 1, elabora-se o conceito de desenvolvimento e suas causas principais são explicitadas. Além disso, considera-se que, uma vez que o desenvolvimento é um *processo*, pode-se identificar diferentes estágios ao longo desse processo.

No Capítulo 2 os fatores econômicos do desenvolvimento são analisados: produtividade do trabalho e riqueza, investimento e crescimento, demanda agregada e produto potencial, bens de consumo essenciais e não-essenciais, a relação entre inflação e desenvolvimento, e o papel do planejamento e da tributação. Os conceitos e conclusões desse capítulo são utilizados posteriormente, principalmente na Parte 2.

O objetivo central da Parte 2, formada pelos Capítulos 3, 4, 5 e 6, é analisar o processo de crescimento e de acumulação de capital, tanto no longo como no médio prazo. No Capítulo 3 alguns dos principais modelos de crescimento econômico, considerado em uma perspectiva de longo prazo, são examinados – modelos de Domar e Harrod, Solow e Kaldor. Ademais, o princípio da aceleração, parte integrante desses modelos, é analisado. Matematicamente, as teorias de crescimento se baseiam em equações dinâmicas, diferenciais e a diferenças, e os elementos básicos dessas equações são apresentados no Apêndice desse capítulo.

O Capítulo 4 tem papel central na estrutura do livro – e, não por acaso, é o mais extenso. Nele os diferentes fatores que contribuem para o processo de crescimento econômico são examinados: consumo das famílias e distribuição de renda, investimento agregado, consumo do governo e arrecadação tributária, oferta e demanda de moeda e sua relação com a taxa de juros, e transações econômicas com outros países e sua relação com a taxa de câmbio. Essa análise se baseia em sistemas tradicionais de equilíbrio macroeconômico, que também são discutidos – modelos de Keynes e Kalecki. Além disso, um modelo simples que permite representar o comportamento macrodinâmico cíclico, elaborado por Samuelson, é apresentado. Alguns dos tópicos incluídos nesse capítulo são usados no restante da Parte 2 – Capítulos 5 e 6 – e também na investigação do processo de crescimento no Brasil, no Capítulo 10. A análise do Capítulo 4 também serve como base para os modelos de planejamento econômico examinados na Parte 3. Alguns elementos matemáticos, necessários ao estudo do equilíbrio macroeconômico e da trajetória dinâmica cíclica, são apresentados no Apêndice desse capítulo, e eles também servem como referência para a Parte 3, principalmente ao Capítulo 8.

A relação entre sistema financeiro e crescimento econômico é discutida no Capítulo 5, com ênfase no mercado de capitais. Os fundamentos dos principais mercados financeiros são examinados, e também se analisam o comportamento da poupança agregada e investimento agregado no Brasil, e as limitações do mercado de capitais no país.

As inter-relações entre crescimento econômico e inflação, consideradas inicialmente no Capítulo 2, são investigadas em detalhe no Capítulo 6. Os determinantes do processo inflacionário são discutidos e classificados em dois conjuntos: fatores de demanda e de custo. Além disso, os aspectos centrais do processo inflacionário no Brasil são examinados. No Apêndice desse capítulo é apresentado um modelo de inflação de custos usando a análise intersetorial – desenvolvida no capítulo seguinte –, que envolve o conflito distributivo entre trabalhadores e empresários.

Na Parte 3, que inclui os Capítulos 7, 8 e 9, são apresentados os fundamentos dos modelos de planejamento econômico e financeiro, e esses capítulos são tecnicamente mais avançados que os anteriores. No Capítulo 7 são discutidos os principais sistemas intersetoriais para a determinação de quantidades e preços de equilíbrio – modelos de Leontief, Sraffa e Miyazawa –, e se analisa também a relação entre equilíbrio macroeconômico e intersetorial. Para unificar a apresentação dos modelos, um mesmo exemplo de quadro de relações intersetoriais, com apenas três setores produtivos, é aplicado a todos eles. No Apêndice desse capítulo, é desenvolvida a análise matemática dos modelos intersetoriais.

O Capítulo 8, no qual são introduzidos os elementos centrais dos modelos macroeconômicos de simulação e previsão, assim como sua relação com os sistemas originais de Keynes e Kalecki, é aquele que tem uma característica mais acentuada de originalidade. Isto porque os modelos apresentados não são encontrados em outros livros, à exceção do sistema desenvolvido por Klein, e mesmo no caso deste sistema, sua solução, tal como aparece aqui, não foi desenvolvida por outros autores, pelo menos nas referências mais conhecidas. As equações desses modelos foram estimadas e resolvidas utilizando-se séries de dados para o Brasil e os Estados Unidos, e alguns detalhes práticos estão colocados no Apêndice.

No Capítulo 9 os elementos centrais da moderna análise financeira são discutidos. Essa análise tem aplicação nos mercados de títulos de dívida, de ações e de derivativos, e também na formação de carteiras de investimento. Além disso, são exploradas as relações entre previsões econômicas, obtidas com modelos macroeconômicos e intersetoriais, e decisões de investimento financeiro. Nesse capítulo não foi incluído um Apêndice técnico, uma vez que a análise mais aprofundada dos modelos financeiros demandaria um espaço desproporcional na estrutura geral do livro. Os interessados nos fundamentos matemáticos de modelos financeiros devem consultar textos específicos – um exemplo é Fonseca (2003).

Para concluir, a última parte inclui apenas um capítulo, voltado para a investigação da trajetória de crescimento no Brasil, em uma perspectiva de longo prazo. E as restrições ao crescimento no país, verificadas principalmente a partir da década de 1980, também são examinadas. Nesse capítulo se usam teorias, informações e conclusões incluídas anteriormente. Em especial, os elementos gerais do processo de desenvolvimento, identificados no Capítulo 1, são utilizados para avaliar a experiência brasileira.

# PARTE 1
# ELEMENTOS DO DESENVOLVIMENTO ECONÔMICO

*Capítulo 1*

# O Processo de Desenvolvimento em Perspectiva

O fenômeno da riqueza dos povos e das nações, assim como o seu oposto – ou seja, a pobreza – é um dos elementos centrais da história da humanidade, tal como os conflitos armados, as grandes religiões e as catástrofes naturais. Não por acaso, esse fenômeno está associado ao surgimento da Economia como uma área bem delimitada do conhecimento – distinta, em particular, da Filosofia. Inclusive, *riqueza* é propriamente um conceito econômico, e não exatamente trivial, uma vez que comporta não um, mas dois sentidos.

Por um lado, riqueza é uma disponibilidade, ou *estoque*, de bens que satisfazem necessidades humanas, ou de determinadas coisas – como ouro e prata – que, embora não satisfazendo nenhuma necessidade básica, tradicionalmente eram usadas para conseguir o que fosse necessário aos "interesses da nação", como navios bem equipados ou exércitos treinados. Exatamente por essa razão, nos séculos XVI e XVII, os mercantilistas – cuja principal preocupação era o fortalecimento da nação – utilizaram esta noção de riqueza, que é aplicada até hoje: disponibilidade de recursos econômicos ou de poder de compra.

No entanto, no século XVIII, os fisiocratas e, posteriormente, Adam Smith desenvolveram um novo sentido para o termo, que é o mais usado atualmente: riqueza é uma produção contínua, ou *fluxo*, de bens (e também de serviços) que são usados pelas pessoas, individualmente ou em sociedade.

Essas idéias, aplicadas originalmente aos países, também descrevem a situação de um indivíduo, que será tão mais rico quanto maior for o valor do seu patrimônio, incluindo ativos físicos e financeiros, ou quanto mais elevada for sua remuneração, decorrente do engajamento na atividade econômica. Evidentemente, os dois sentidos possuem estreita ligação, uma vez que a propriedade de recursos econômicos geralmente dá lugar a uma remuneração – na forma de aluguéis, juros, dividendos e ganhos financeiros – e, por outro lado, uma remuneração alta, quando não é gasta de forma perdulária, permite acumular um patrimônio.

## 1.1 Conceito de desenvolvimento

O desenvolvimento econômico consiste, fundamentalmente, em um processo de enriquecimento dos países e dos seus habitantes, ou seja, em uma acumulação de recursos econômicos, sejam eles ativos individuais ou de infra-estrutura social, e também em um crescimento da produção nacional e das remunerações obtidas pelos que participam da atividade econômica. Evidentemente, o fenômeno do desenvolvimento não se limita ao campo da Economia, mas os elementos econômicos estão no centro desse processo.

Em perspectiva histórica, o desenvolvimento econômico é um processo relativamente recente, pois coincide com o aparecimento do capitalismo e, mais propriamente, com o advento da Revolução Industrial. De modo geral, os sistemas pré-capitalistas eram marcados pela estagnação econômica, uma vez que não existia acumulação nem crescimento da produção (basicamente agrícola) – ou seja, não existia desenvolvimento. Portanto, "o subdesenvolvimento tem sido o estado normal das sociedades humanas".[1]

A própria concepção de desenvolvimento e riqueza, em oposição a subdesenvolvimento e pobreza, é historicamente determinada. Muitos países considerados subdesenvolvidos têm atualmente padrões de renda por habitante semelhantes – ou superiores – aos dos países da Europa ocidental no início da década de 1950 (ver Tabela 2.1 no Capítulo 2). Todavia, essa constatação não é grande consolo, já que as aspirações individuais e sociais, assim como os padrões de consumo, transformam-se continuamente. Fazendo uma comparação com uma corrida de longa distância, é como se, no processo de desenvolvimento, a linha de chegada estivesse permanentemente sendo deslocada para mais longe.

Outro aspecto importante é que o desenvolvimento não é uma via de mão única – os países tanto podem avançar como recuar nesse processo. Nas últimas décadas, os avanços mais notáveis têm sido observados em países da Ásia e da Oceania, particularmente na Coréia do Sul, China, Malásia e Austrália. Por outro lado, alguns países da América Latina, como Argentina e Venezuela, sofreram no passado um trágico processo de empobrecimento.

## 1.2 Causas do desenvolvimento

Conforme mencionado no primeiro parágrafo deste capítulo, a investigação das causas do processo de enriquecimento dos países e das suas populações – ou seja, do desenvolvimento econômico – marca o surgimento da Economia como uma disciplina com objetos e métodos de análise definidos. A origem desse processo está na acumulação de "meios de produção" nas suas mais variadas formas,

---

[1] Robinson e Eatwell, 1973, p. 323. Uma importante conseqüência desse fato é que, historicamente, o crescimento da população levava necessariamente à migração e à tentativa de conquista de novos territórios, pois a produção estava limitada pela disponibilidade de terras cultiváveis.

que de maneira geral são denominados *capital*, e também em diversos fatores que, ao mesmo tempo, resultam de e contribuem para essa acumulação: infra-estrutura de saneamento, comunicações, transportes e energia; fábricas, equipamentos e estruturas de produção agropecuária; escolas, bibliotecas e hospitais; conhecimento técnico e científico aplicado à produção; mão-de-obra com formação e treinamento adequados; empresas competitivas e mentalidade empresarial nos negócios; administração pública eficiente e voltada para o bem-estar da população; e relações sociais marcadas por harmonia e justiça.

Podemos constatar que todos esses elementos estão presentes, em maior ou menor extensão, nos países considerados desenvolvidos e, por outro lado, a maioria dos países subdesenvolvidos carece dramaticamente deles.

## 1.2.1 Investimento e seu financiamento

A acumulação de capital, ou aumento do estoque de meios de produção, é denominada *investimento*. Portanto, o desenvolvimento depende de níveis elevados de investimento e, de fato, os países em fase de expansão econômica apresentam alta proporção de investimento em relação ao produto nacional, o contrário ocorrendo em países marcados por processos crônicos de recessão ou estagnação. Por exemplo, entre 1980 e 1990, a taxa média de investimento em relação ao Produto Interno Bruto (PIB) foi de 29,9% na Coréia do Sul, 28,2% na Malásia, 26,9% na Austrália e 22,2% na China. No mesmo período, essa taxa ficou em 14,6% na Argentina, 15,4% na Venezuela e 16,9% no Brasil.[2]

---

[2] Dados organizados por Summers e Heston (1991, p. 327-68), e citados em Jones (1998). No caso do Brasil, os dados do Instituto Brasileiro de Geografia e Estatística (IBGE) indicam que a taxa média de investimento em relação ao PIB (ambos em valores reais), entre 1980 e 1990, foi de 18,3%. Essa taxa apresenta forte tendência declinante no período, passando de 23,6% em 1980 para 15,5% em 1990.

No caso do setor privado, a decisão de investir depende de uma avaliação favorável sobre a rentabilidade esperada dos novos bens de capital. De modo geral, o crescimento econômico favorece essa rentabilidade prevista, enquanto a estagnação a prejudica. Aqui está presente um importante círculo vicioso do processo de desenvolvimento, ou seja, a ausência de crescimento prejudica o investimento, e a falta de investimento contribui para a estagnação econômica. Uma forma de romper esse ciclo seria com o aumento do investimento realizado pelo setor público.

O investimento, seja privado ou público, precisa ser financiado. Em termos macroeconômicos, se o financiamento ocorrer exclusivamente com recursos internos, ele depende de uma redução do consumo (privado ou do governo) em relação ao PIB. Caso não ocorra uma redução relativa do consumo, então o país estará incorrendo em déficits comerciais, o que significa que as despesas de investimento são, em parte, financiadas com recursos externos. Essa situação (déficits comerciais) cria o problema da geração de divisas para arcar com os compromissos externos – ou seja, parte dos novos investimentos deve gerar exportações, pois, do contrário, ocorrerá um desequilíbrio no Balanço de Pagamentos. O fato é que com freqüência se observa que o processo de desenvolvimento está associado a aumentos das exportações. Em particular, este é o caso do Japão, da Coréia do Sul e da China. No entanto, é importante que esses aumentos contribuam para financiar a ampliação do investimento, e não do consumo.

Os fundos para o financiamento do investimento podem resultar, no setor privado, dos lucros não distribuídos e das reservas de amortização, ou dos superávits fiscais, no caso do investimento público. Porém, a situação mais comum é que tais fundos sejam conseguidos no sistema monetário e financeiro do país e, no caso de financiamento externo, no sistema financeiro internacional. Os recursos podem ser obtidos com créditos proporcionados pelo sistema bancário, ou com a venda de ações e títulos de dívida. Logo, o investimento depende, em parte, da existência de um sistema financeiro nacional bem estruturado. Neste caso, verifica-se uma grave deficiência nos países subdesenvolvidos, onde, em geral, a oferta de crédito interno – principalmente de longo prazo – é totalmente inadequada.

### 1.2.2 Inovações técnicas

O investimento está diretamente relacionado a inovações e ao progresso tecnocientífico, uma vez que os novos bens de capital geralmente incorporam avanços tecnológicos. Essa relação será tão mais acentuada quanto mais forte for a competição entre os produtores. De forma geral, o investimento depende de tecnologias cada vez mais sofisticadas e de níveis mais elevados de educação e de formação profissional daqueles envolvidos no processo produtivo. Esta talvez seja a principal razão por que, nos países desenvolvidos, recursos consideráveis são continuamente destinados ao sistema de ensino básico e às instituições de ensino superior e de pesquisa. Em comparação, o sistema de ensino nos países subdesenvolvidos é, com freqüência, cronicamente deficiente, e essa enorme defasagem em relação às sociedades mais ricas certamente vem aumentando.

### 1.2.3 Educação

Em perspectiva ampla, a educação seguramente é o elemento central do desenvolvimento de uma sociedade, e sua importância transcende os aspectos puramente econômicos. É difícil imaginar uma pessoa não-alfabetizada ou com formação inadequada ser capaz de desenvolver uma atividade de forma eficiente, de aprender novos métodos e procedimentos e, até mesmo, de compreender o mundo à sua volta. Privar um indivíduo de uma educação de qualidade é condená-lo, com a sociedade a que ele pertence, ao subdesenvolvimento.³

Mas, tanto a educação é um fator fundamental para o desenvolvimento quanto é também um dos que envolvem mais dificuldades. Em especial, a formação e o treinamento de pessoal qualificado levam tempo, freqüentemente mais de dez anos. Se um país tiver, como é comum nas sociedades subdesenvolvidas, uma deficiência séria no número de professores com formação adequada, apenas ao final de um período relativamente longo é que profissionais preparados estarão disponíveis para educar as novas gerações.

### 1.2.4 Administração pública eficiente

A criação de um sistema de educação popular de qualidade depende do governo, e nesse ponto reside um dos maiores obstáculos ao desenvolvimento, pois, nas sociedades mais atrasadas, os órgãos e as instituições de administração pública são, em geral, marcados pela ineficiência, quando não afetados também pela doença da corrupção. Essa deficiência é gravíssima porque, além da educação, o governo é o principal responsável pelos investimentos em infraestrutura e, também, pela elaboração de uma estratégia voltada para a promoção do desenvolvimento e a eliminação dos seus entraves.

A ineficiência na administração pública representa um grave desperdício de recursos, tão escassos nos países subdesenvolvidos e

---

³ O papel da educação no desenvolvimento aparece de forma marcante na seguinte passagem, escrita por um economista conhecido por suas contribuições na área de crescimento econômico: "O desenvolvimento econômico é um processo complexo e difícil porque, ao contrário de alguns dos nossos modelos favoritos, é essencialmente um problema humano e não de capital. [...] A educação é a forma mais direta de transformar tanto indivíduos como sociedades – [...] lembremo-nos das impressionantes realizações dos Jesuítas no passado. [...] Como é comum vermos a frase 'educado em colégios missionários' nas biografias de líderes africanos." (Domar, 1972, p. 488-9).

necessários à implementação de projetos voltados ao progresso econômico e social. Um dos maiores problemas nos países mais pobres é que os limitados recursos públicos são aplicados, muitas vezes, de forma pouco criteriosa e sem os controles devidos – uma situação bem diferente do que ocorre nos países avançados, onde, além disso, os fundos públicos são bem mais abundantes. Sistemas políticos e de administração pública perdulários e ineficientes são, sem dúvida, os piores inimigos de uma sociedade marcada pelo subdesenvolvimento. Neste caso, outro ciclo vicioso está presente, pois "o mau governo não se autocorrige mas se autoperpetua".[4]

### 1.2.5 Empresas e cultura empresarial

Outras conseqüências de um mau governo afetam mais diretamente as empresas, principalmente pelo aumento do risco e da incerteza na gestão dos negócios – provocado por mudanças imprevistas nas políticas econômicas e na legislação –, e por outras agressões à atividade empresarial, como uma estrutura tributária inadequada. É importante levar em conta os aspectos microeconômicos do desenvolvimento, ou seja, o investimento, as inovações técnicas, e a expansão da produção, do emprego e das remunerações são realizados por empresas, operando em condições de competição interna e externa.

A existência de uma cultura empresarial, voltada para a obtenção do lucro, também é fundamental para o desenvolvimento. De acordo com um economista bastante conhecido por suas críticas à visão liberal, "o surgimento da empresa voltada para o lucro, característica do capitalismo moderno, foi a causa [...] das mudanças nos modos de produção [...]. O desenvolvimento econômico fortemente acelerado dos últimos 200 anos [...] só pode ser explicado em termos de mudanças de atitudes em relação à aceitação de riscos e à realização de lucros".[5]

---

[4] Galbraith, 1964, p. 48.
[5] Kaldor, 1960, p. 236.

A importância da atividade empresarial para o desenvolvimento também se aplica no caso da produção agropecuária – provavelmente ainda mais do que na indústria, uma vez que a elevação do padrão de vida dificilmente pode ocorrer sem uma maior oferta de alimentos. Esta oferta, caso não possa ser gerada internamente, dependeria de importações, o que reduziria os recursos disponíveis para o investimento. Conseqüentemente, o combate ao uso improdutivo da terra, recorrendo inclusive a reformas na estrutura de propriedade, não é apenas uma questão de justiça social, mas um imperativo econômico.

## 1.3 Estágios do desenvolvimento

O desenvolvimento é um processo e, portanto, os países podem se situar em diferentes etapas ao longo da rota de desenvolvimento, o que de fato ocorre. Nos estágios iniciais, a característica mais marcante é a ausência de órgãos e instituições de administração pública e, também, de elementos que dependem diretamente do governo, como um sistema de educação popular e infra-estrutura de saneamento, comunicações, transporte e energia.

Os estágios iniciais estão normalmente associados às nações mais atrasadas da África, mas muitos países da América Latina têm enormes deficiências nos fatores fundamentais do desenvolvimento. Nesse último caso, o problema não é propriamente a ausência de órgãos públicos, mas seu mau desempenho, aspecto que se torna ainda mais grave quando a participação do governo no PIB cresce sem avanços correspondentes na infra-estrutura socioeconômica e na prestação de serviços.[6]

Um aspecto importante dos estágios iniciais do desenvolvimento é que inexistem condições favoráveis à execução de projetos

---

[6] No Brasil, por exemplo, a participação da arrecadação tributária no PIB passou de 23% em 1980 para 25,3% em 1993, 28,9% em 1998, e se estima que, em 2006, esteja em torno de 38%.

produtivos – "existe uma clara possibilidade de que o capital proporcionado a países nos estágios iniciais do desenvolvimento seja desperdiçado".[7] Nos dias de hoje, certamente essa avaliação se aplicaria apenas a poucos países.

À medida que se avança nos estágios, outros condicionantes passam a desempenhar um papel importante, e generalizações válidas para várias nações tornam-se cada vez menos apropriadas. De qualquer forma, "o capital torna-se o elemento central do desenvolvimento, o fator limitante, apenas em países que estão mais avançados ao longo da linha".[8]

De modo geral, as características comuns dos países em estágios intermediários do processo de desenvolvimento, além das mencionadas anteriormente, são: baixos níveis de qualidade de vida; pobreza e concentração de renda; produção por habitante relativamente reduzida; sérias deficiências nas condições de saúde, nutrição, educação, moradia e transporte; altas taxas de crescimento populacional; elevados níveis de desemprego e subemprego; e forte dependência da agricultura e da exportação de produtos primários.[9] O avanço na rota de desenvolvimento envolve, portanto, a superação dessas limitações.

## 1.4 Considerações finais

O desenvolvimento econômico é um fenômeno historicamente recente, marcado pelo aumento acentuado da riqueza nacional. É também um processo complexo, associado a inúmeros elementos, o que levou ao surgimento de uma nova área do conhecimento, voltada para sua compreensão e análise – a Economia, que, curiosamente, encontra-se hoje bastante distanciada das questões ligadas ao desenvolvimento.

---

[7] Galbraith, 1964, p. 47.
[8] Ibidem, p. 46-7.
[9] Milone, 1998.

A principal variável econômica responsável pelo aumento da riqueza é o investimento, ou acumulação de meios de produção, que depende de fontes adequadas de financiamento e está associado a inovações técnicas e a níveis satisfatórios de educação da força de trabalho. No setor privado, o investimento somente ocorrerá se existir uma avaliação favorável para a rentabilidade esperada dos novos projetos.

A educação tem papel central no processo de desenvolvimento, e depende de uma administração pública eficiente. Em geral, as instituições públicas nos países subdesenvolvidos não cumprem seu papel socioeconômico, ligado à prestação de serviços essenciais. Os estágios mais atrasados do processo de desenvolvimento são caracterizados precisamente pela carência de serviços públicos básicos.

Uma cultura empresarial bem estabelecida e um ambiente favorável aos negócios são também fatores essenciais ao desenvolvimento econômico.

*Capítulo 2*

# Aspectos Econômicos do Desenvolvimento

Vimos no Capítulo 1 que o desenvolvimento econômico de um país está diretamente associado ao aumento da riqueza, ou seja, da produção de bens e serviços em relação ao total de habitantes, embora esse não seja o único fator. O indicador econômico mais diretamente ligado à riqueza de um país é o produto nacional – ou mais propriamente a renda agregada – por habitante.[1] O desenvolvimento envolve, portanto, um aumento contínuo e expressivo da renda *per capita* em valores reais, isto é, descontado o efeito da alta dos preços.

A Tabela 2.1 apresenta dados para o produto real por habitante, para vários países, na segunda metade do século XX e no início do século XXI. Uma importante constatação derivada da tabela é que as principais nações da Europa apresentaram impressionante aumento do produto real *per capita*, embora os números nas últimas colunas

---

[1] A diferença entre o produto agregado, calculado a preços de mercado, e a renda agregada consiste basicamente nos impostos indiretos (descontados os subsídios) e a renda enviada ao exterior (descontados os recebimentos). Os impostos indiretos e a renda enviada ao exterior são subtraídos do produto para se obter a renda.

reflitam grandes alterações nas taxas de câmbio em relação ao dólar.[2] Essa trajetória de crescimento foi ainda mais acentuada no caso do Japão, que evoluiu de uma posição inferior à do Brasil em 1949 – evidentemente refletindo os efeitos da guerra – para a condição de um dos líderes mundiais em renda por habitante. Alguns países da Ásia, particularmente a Coréia do Sul, também apresentaram crescimento econômico marcante. Por outro lado, a trajetória dos países da África incluídos na tabela revela-se decepcionante, com redução do produto *per capita*.

A principal motivação para a elaboração deste livro – que permeia todos os capítulos, obviamente sem a pretensão de se chegar a respostas definitivas – é exatamente explorar e analisar os elementos que explicam trajetórias tão diversas em termos de crescimento econômico e desenvolvimento, seja em relação às experiências de países diferentes, seja em termos de etapas distintas observadas em um mesmo país.

## 2.1 Produtividade do trabalho

O conceito de produtividade do trabalho é definido como a produção realizada em uma empresa, setor ou país dividida pela quantidade de trabalho que foi utilizada no processo produtivo – medida, de forma mais apropriada, pelo número de horas trabalhadas, e não simplesmente pelo número de pessoas empregadas. No caso de um país, a renda *per capita* é o indicador mais empregado para representar a produtividade, o que constitui uma simplificação em relação a esse conceito.

---

[2] A primeira metade de 2002, por exemplo, foi marcada por uma relativa desvalorização do euro diante do dólar (10% abaixo da cotação de um para um), uma tendência que foi revertida posteriormente (25% acima no início de 2004). Em relação ao Brasil, o ano de 2002 foi marcado por forte desvalorização do real, tendo o dólar atingido R$ 4,00. No início de 2006, essa cotação estava em R$ 2,20.

**Tabela 2.1 – Produto nacional *per capita* em dólares (dados reais em valores de 2002)[1]**

| | 1949[2] | 1953[2] | 1965[3] | 1980[4] | 1993[4] | 2002[5] |
|---|---|---|---|---|---|---|
| **Países do G7** | | | | | | |
| Estados Unidos[6] | 13.916 | 16.468 | 21.606 | 20.075 | 30.876 | 35.060 |
| Japão | 804 | 1.412 | 5.206 | 20.389 | 39.300 | 33.550 |
| Reino Unido | 6.214 | 6.664 | 10.958 | 13.438 | 22.539 | 25.250 |
| Alemanha[7] | 2.573 | 3.454 | 11.122 | 17.982 | 29.403 | 22.670 |
| Canadá | 6.994 | 9.445 | 14.967 | 16.668 | 24.923 | 22.300 |
| França | 3.875 | 4.300 | 11.687 | 18.297 | 28.068 | 22.010 |
| Itália | 1.889 | 2.200 | 6.688 | 15.143 | 24.760 | 18.960 |
| **Outros países da OCDE** | | | | | | |
| Suécia | 6.271 | 6.521 | 15.167 | 20.916 | 30.876 | 24.820 |
| Austrália | 5.459 | 6.600 | 12.203 | 14.237 | 21.840 | 19.740 |
| Espanha | n.d. | 1.734 | n.d. | 9.612 | 16.960 | 14.430 |
| **América Latina** | | | | | | |
| México | 973 | 1.433 | 2.764 | 3.853 | 4.505 | 5.910 |
| Chile | 1.511 | 1.792 | n.d. | 2.002 | 3.956 | 4.260 |
| Venezuela | 2.589 | 3.798 | n.d. | 3.112 | 3.544 | 4.090 |
| Argentina | 2.782 | 2.623 | 2.988 | 7.706 | 9.011 | 4.060 |
| Brasil | 900 | 1.541 | 1.701 | 2.818 | 3.657 | 2.850 |
| **Ásia** | | | | | | |
| Coréia do Sul | n.d. | 502 | n.d. | 2.750 | 9.560 | 9.930 |
| Tailândia | 289 | 545 | 765 | 942 | 2.633 | 1.980 |
| China | 217 | 358 | 595 | 176 | 612 | 940 |
| Índia | 458 | 430 | 601 | 204 | 374 | 480 |
| **África** | | | | | | |
| Nigéria | n.d. | 444 | 504 | 304 | 374 | 290 |
| Etiópia | 305 | 358 | n.d. | 128 | 125 | 100 |

Notas:
1. Dados em valores constantes calculados pelo autor com base no Índice de Preços ao Consumidor dos Estados Unidos.
2. Dados em valores correntes em Kindleberger, 1960. Valores ajustados de acordo com a paridade do poder de compra.
3. Dados em valores correntes em Simonsen, 1969.
4. Dados originais em *World Development Report* e citados em Milone (1998). Os números para 1980 foram obtidos usando as taxas reais de crescimento para o período 1980-1993, aplicadas aos dados de 1993. Portanto, estes valores refletem as taxas de câmbio de 1993.
5. Banco Mundial, 2004.
6. Dados de 1949 a 1980 em Baumol e Blinder, 1985.
7. Em 1949 e 1953, os dados são para a Alemanha Ocidental. De 1965 em diante, os números são para a totalidade da Alemanha.
n.d.: Informação não-disponível.

Um dos raros princípios em que todos os economistas se põem de acordo é o de que o fator central do enriquecimento dos países é o aumento da produtividade do trabalho. Certamente, países ricos são aqueles onde a produtividade do trabalho é elevada, enquanto nos países pobres ela é relativamente baixa. Não por acaso, o mesmo indicador (renda *per capita*) é usado para representar tanto a riqueza como a produtividade.

Um dos primeiros a perceber com clareza a importância da produtividade no processo de desenvolvimento foi Adam Smith, para quem ela resulta da especialização do trabalho, do processo produtivo nas fábricas, dos avanços técnicos aplicados à produção, e da acumulação de meios de produção – o que acabaria por promover a riqueza e beneficiar a nação como um todo. Embora essa última afirmativa pudesse ser seriamente questionada com base nos efeitos iniciais da Revolução Industrial sobre a classe trabalhadora, a experiência dos países industrializados nos últimos dois séculos deixa poucas dúvidas quanto ao sentido profético das idéias de Smith.[3]

A elevação da produtividade do trabalho é um fenômeno histórico, que não se restringe aos países mais avançados. Mesmo nações que se encontram em etapas intermediárias do processo de desenvolvimento, como o Brasil, têm obtido fortes ganhos de produtividade. A Figura 2.1 apresenta a evolução do produto *per capita* na economia brasileira nos últimos cem anos. O exame da figura revela, além da clara tendência ascendente da produtividade do trabalho, a

---

[3] Smith, no entanto, com seu espírito fortemente crítico, jamais poderia ser acusado de defender sem restrições a nova ordem econômica. Ele também alertou para algumas das conseqüências mais negativas da especialização, como na seguinte passagem (que antecipa algumas proposições de Marx): "Com o progresso da divisão do trabalho, a atividade da maior parte daqueles que dependem do trabalho [...] acaba ficando restrita a algumas operações muito simples, freqüentemente uma ou duas. Mas o entendimento que a maior parte dos homens tem é necessariamente formado por suas atividades rotineiras. O homem que passa sua vida inteira realizando umas poucas operações simples [...] não tem oportunidade de exercer seu intelecto [...]. Ele [...] geralmente torna-se tão estúpido e ignorante como é possível uma criatura tornar-se [...], a não ser que o governo faça algo para evitá-lo." (1976, p. 302-3).

sucessão de períodos de expansão e de retração – ou seja, uma trajetória cíclica. No longo prazo, o comportamento cíclico do produto nacional, e do produto *per capita*, é observado em todos os países onde predomina o sistema capitalista de produção. A principal explicação para a existência dos ciclos está no comportamento do investimento, que é marcado por fortes oscilações (esse aspecto será examinado nos Capítulos 4 e 8).

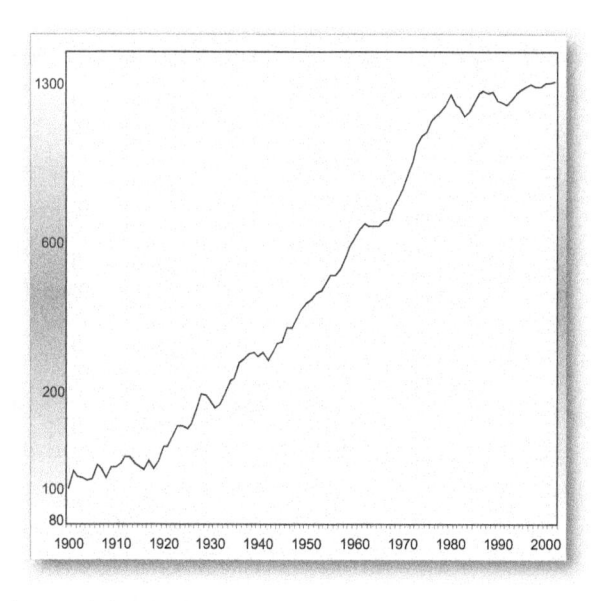

**Nota:** Eixo vertical em escala logarítmica.

**Fontes:** Dados de 1900 a 1988 em IBGE, 1990. A partir de 1988, dados das Contas Nacionais do Brasil, divulgados pelo IBGE.

**Figura 2.1 – Brasil: produto nacional *per capita* em valores constantes, 1900-2002 (Índice, 1900 = 100).**

A trajetória descrita na figura corresponde a um crescimento do PIB, em valores reais, de 110 vezes entre 1901 e 2000. Nesse mesmo período, a população brasileira passou de 17,4 milhões para 169,6 milhões de habitantes.[4] O índice que representa o PIB *per capita* atin-

---

[4] IBGE, 2003.

giu 1.314 em 2002, em comparação com o valor 100 em 1900.[5] No entanto, como mostrado na Tabela 2.1, esse impressionante desempenho não foi suficiente para colocar o Brasil entre os países mais bem-sucedidos em termos de desenvolvimento econômico – nem mesmo considerando apenas os países da América Latina. Uma das razões para o insucesso está na redução do crescimento observada a partir de 1980, e cujas causas serão analisadas no Capítulo 10.

## 2.2 Investimento e crescimento econômico

A elevação da produtividade do trabalho depende do aumento do estoque de capital, ou seja, do investimento, e também de outros fatores associados a ele, como avanços técnicos aplicados à produção, melhor qualificação da força de trabalho, expansão das empresas e disponibilidade de fundos de financiamento. Essas relações estão representadas na Figura 2.2, que descreve os fluxos presentes no processo de crescimento econômico.

Por um lado, os fatores de produção – mão-de-obra, recursos naturais e capital – são combinados no processo produtivo; além disso, o produto agregado é dividido entre consumo e investimento: o consumo é necessário à manutenção da força de trabalho, e o investimento contribui para o aumento do estoque de capital (descontando-se a depreciação do capital já existente). Essa descrição leva em conta apenas os fluxos fundamentais do processo de produção e distribuição, mas, como mostrado na Figura 2.2, o aprimoramento da força de trabalho depende da educação e da formação profissional.

Por outro lado, a ampliação do estoque de capital geralmente envolve a incorporação de avanços tecnológicos. Por último, as instituições financeiras têm um papel importante, uma vez que direcionam recursos excedentes para o financiamento das despesas de investimento.

---

[5] As fontes de dados para o PIB *per capita* aparecem na Figura 2.1.

Algumas relações importantes, porém, não estão representadas na Figura 2.2. Por exemplo, parte dos fundos para financiar o investimento pode resultar da poupança externa. Adicionalmente, o papel do governo no processo de crescimento não fica explicitado, mas ele é fundamental na educação e na formação da força de trabalho, e na eliminação dos obstáculos ao desenvolvimento, além de atuar por meio do investimento público e de ser responsável pela criação de um ambiente favorável à atividade produtiva. Por outro lado, uma parcela da produção pode ser exportada, assim como parte da demanda pode ser atendida com bens importados.

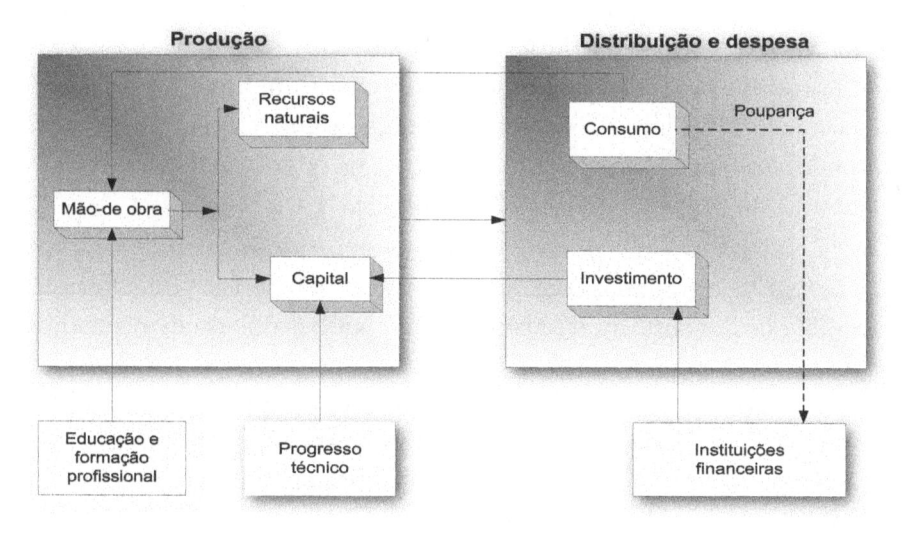

**Nota:** Esta figura é uma adaptação do esquema em Netto, 1966, p. 21.

**Figura 2.2 – Esquema do processo de crescimento econômico.**

A Figura 2.2 ilustra ainda um importante círculo vicioso que limita o processo de crescimento nos países mais pobres. O aumento da renda *per capita* e da produtividade depende da ampliação do estoque de capital. Este, por sua vez, resulta do investimento, que depende do excedente de produção em relação ao consumo. Nas sociedades mais pobres, contudo, esse excedente é necessariamente reduzido. A conclusão é a de que o crescimento econômico nos países em processo de desenvolvimento está condicionado à disponibilidade de financiamento em condições favoráveis (com juros e dividendos não muito elevados) proveniente do exterior.

## 2.3 Demanda agregada e produto potencial

A discussão realizada nos parágrafos anteriores pressupõe que o sistema econômico opera com plena utilização da capacidade produtiva – o que corresponde ao conceito de *produto potencial*. Neste caso, existe clara oposição entre mais investimento ou mais consumo. Todavia, quando a produção agregada encontra-se abaixo do nível do produto potencial, um aumento do investimento é fundamental para cobrir o hiato da demanda agregada em relação a esse nível. Inclusive, esta é uma das principais conclusões da análise macroeconômica de Keynes e Kalecki (Capítulo 4).

Não há dúvida, porém, de que o efeito do investimento sobre a demanda agregada, cobrindo eventuais deficiências de consumo, é mais importante nos países desenvolvidos, nos quais o produto potencial é relativamente alto. No caso das nações em estágios intermediários de desenvolvimento, o problema central é "o aumento considerável do investimento, não para gerar uma demanda efetiva [...], mas para acelerar a expansão da capacidade produtiva indispensável ao rápido crescimento da renda nacional".[6]

## 2.4 Bens de consumo essenciais e não-essenciais

O problema da geração de um excedente em relação ao consumo, que afeta particularmente os países onde a limitação da capacidade

---

[6] Kalecki, 1968. Alguns países da América Latina, no entanto, têm apresentado sérias deficiências na demanda agregada, sendo o Brasil e a Argentina os casos mais notórios.

produtiva é um obstáculo ao desenvolvimento, leva à consideração mais detalhada das despesas de consumo. A tradição entre os economistas, em conformidade com a contribuição de Keynes, é tratar o consumo como um agregado homogêneo e uniforme. No entanto, esse procedimento é inteiramente inadequado para avaliar os efeitos da distribuição de renda sobre a produção, o que corresponde à contribuição de Kalecki. Neste caso, é importante considerar, por um lado, a parcela da renda destinada aos salários e à produção de bens tipicamente consumidos pelos assalariados – que Kalecki denomina *bens essenciais*; por outro, devemos levar em conta a parte da renda correspondente aos lucros, que é usada no financiamento do investimento e, também, no consumo de *bens não-essenciais*, ou supérfluos.[7]

Um dos problemas centrais do desenvolvimento, como vimos, consiste em canalizar o excedente em relação ao consumo para o investimento. Portanto, torna-se fundamental reduzir o consumo supérfluo, possivelmente por meio de uma estrutura adequada de tributação.[8] Essa necessidade é ainda maior quando consideramos que freqüentemente os bens não-essenciais são importados, o que coloca pressões adicionais sobre o Balanço de Pagamentos, reduzindo os fundos disponíveis para o financiamento do investimento.

Outra questão igualmente importante é a necessidade de expandir a produção de bens essenciais, principalmente alimentos,

---

[7] Kalecki, 1970.

[8] "O consumo desnecessário de artigos de luxo, como proporção do dispêndio nacional, é com freqüência surpreendentemente alto em países pobres, freqüentemente muito superior ao dos países ricos. Especialmente em países onde a distribuição de renda é muito desigual – servem de exemplo América Latina e Oriente Médio – a proporção do produto nacional bruto destinada ao consumo desnecessário de uma rica minoria é muito grande.[...] As razões para isso devem ser parcialmente buscadas na concentração da propriedade da riqueza herdada, particularmente a terra, e, por outro lado, são reflexos do insucesso de seus sistemas fiscais." (Kaldor, 1969, p. 71-2).
"Para restringir o aumento do consumo total [...], uma apropriada aplicação de impostos sobre os grupos de renda mais alta e sobre os bens não-essenciais deve ser estabelecida. Isto nos parece o ponto fundamental do problema do financiamento do desenvolvimento econômico [...]." (Kalecki, 1970, p. 171).

uma vez que a elevação dos padrões de vida, proporcionada pelo crescimento, provoca o aumento da demanda desses bens. Caso a oferta não acompanhe a expansão da demanda, o resultado será a elevação dos preços dos bens essenciais, tendo como efeitos inflação e queda da renda real dos trabalhadores, o que é incompatível com a própria idéia de desenvolvimento. Conseqüentemente, o crescimento da produção agropecuária, inclusive com ganhos de produtividade no setor, deve ser encarado como uma etapa essencial do processo de superação do atraso econômico.[9]

## 2.5 Planejamento econômico

O papel do planejamento no processo de desenvolvimento é um tópico ao mesmo tempo fundamental e polêmico. Um aspecto inicial da questão é que, com a exceção de algumas raras experiências históricas – notadamente no caso da Inglaterra e dos Estados Unidos –, o desenvolvimento econômico não pode ser considerado um fenômeno espontâneo, mas, ao contrário, está diretamente associado à atuação do governo, de diferentes formas, tendo como objetivos a industrialização, a expansão da produção agropecuária, o aumento das exportações e o crescimento econômico.

Ao se levar em conta a atividade realizada pelo governo, naturalmente surge a questão da coordenação dessa atividade. Seu aspecto polêmico resulta da contradição, em parte pelo menos, entre planejamento e os princípios do liberalismo econômico. Esse último "se caracteriza pela convicção de que o mecanismo de mercado, dei-

---

[9] "O crescimento da produção industrial pressupõe necessariamente o crescimento da produção agrícola [...]. O progresso econômico implica necessariamente a redução na *proporção* da força de trabalho engajada na produção de alimentos [...]. O desenvolvimento da produção industrial requer um aumento na produção agrícola *total* porque, com a renda real mais alta, o consumo de alimentos aumenta também, embora provavelmente menos que proporcionalmente [...]. No Reino Unido, o país onde se pode dizer que o capitalismo moderno se originou, a chamada 'revolução agrícola' precedeu a 'revolução industrial'." (Kaldor, 1960, p. 239-40) (itálicos no original).

xado à sua sorte, representa o melhor instrumento para promover o desenvolvimento da riqueza".[10] Os opositores à intervenção do governo tendem a ver um conflito entre mercado e planejamento, e uma associação entre planejamento e propriedade estatal dos meios de produção.

Na verdade, esse debate não diz respeito propriamente ao planejamento, mas ao papel do Estado no processo de desenvolvimento. Desde que se conclua que o governo possui funções econômicas relevantes, então o planejamento deve ser visto como uma ferramenta que contribui para a eficiência no desempenho dessas funções.[11] De qualquer forma, as restrições liberais não se aplicam ao planejamento realizado na área privada, o que ocorre de forma generalizada, principalmente nas empresas de maior porte. Neste caso, nas etapas iniciais da elaboração do plano, geralmente são realizados cenários e previsões macroeconômicos, assim como para os setores de atuação da empresa.

O planejamento econômico "consiste na aplicação à economia [ou ao processo administrativo de uma empresa], de modo coordenado e coerente, de determinados princípios e métodos apoiados no conhecimento científico para a obtenção de resultados previamente selecionados".[12] A maior parte desses métodos foi desenvolvida a partir da década de 1930, e vários deles são examinados nos capítulos que formam as Partes 2 e 3 deste livro.[13]

No caso da administração pública, a principal justificativa para o planejamento é a necessidade de superar deficiências de mercado

---

[10] Napoleoni, 1976, p. 346.
[11] "É ilusão pensar que existe a alternativa planejar ou não planejar, pois a única alternativa que existe, na realidade, é planejar bem ou planejar mal. Uma administração federal, estadual ou municipal, ou mesmo privada, não deixa de planejar simplesmente porque não registra de forma consciente as tarefas que terá de realizar no futuro." (Netto, 1966, p. 13).
[12] Miglioli, 1976, p. 9.
[13] O estudo desses métodos envolve também certos desenvolvimentos matemáticos e estatísticos aplicados a Economia e Finanças, alguns dos quais são examinados em Fonseca (2003).

presentes nos países em processo de desenvolvimento, e que resultam, em grande parte, de uma estrutura distributiva injusta e prejudicial ao crescimento – "se depender do mercado e da distribuição de renda e demanda desses países, uma quantia excessiva seria investida em casas de alto padrão ou na fabricação de bens de consumo dispendiosos para o benefício dos abastados, e recursos escassos em reservas internacionais se perderiam em importações de artigos de luxo".[14] Portanto, "a essência do planejamento é fazer aparecer uma estrutura de utilização de recursos diferente da que surgiria do livre jogo das forças econômicas".[15] Por outro lado, no caso de um hiato em relação ao produto potencial, o objetivo do planejamento poderia ser o estímulo da demanda agregada.

Depois da Segunda Guerra Mundial, os países subdesenvolvidos deram atenção especial à elaboração de planos para o desenvolvimento econômico, e, também, em alguns dos principais países da Europa Ocidental, o planejamento na área pública assumiu importância considerável. Contudo, a partir da década de 1970, com o ressurgimento da tradição liberal, essa atividade sofreu forte declínio – no Brasil, por exemplo, os últimos planos de desenvolvimento conhecidos foram elaborados na década de 1970. Um aspecto bastante relevante do caso brasileiro, mostrado pela Figura 2.1, é que a década de 1970 foi, certamente não por acaso, a última em que se observou uma clara trajetória de crescimento da renda *per capita*, pelo menos até o momento atual. A explicação não é, evidentemente, que o desenvolvimento torna-se impossível sem a elaboração de um plano. Mas a ausência de objetivos bem definidos de longo prazo e o foco excessivo em problemas de curto prazo, evidenciados pela inexistência de planejamento, contribuem para o resultado observado nas últimas décadas – ausência de crescimento e de desenvolvimento econômico no Brasil.

---

[14] Galbraith, 1964, p. 68.
[15] Kaldor, 1969, p. 69.

## 2.6 Tributação

Uma vez que a atuação do governo é fator importante do processo de desenvolvimento, surge a questão do financiamento das despesas governamentais – ou seja, a tributação –, cujos efeitos sobre esse processo são, até certo ponto, contraditórios. Por um lado, a capacidade do governo de atingir os objetivos necessários ao desenvolvimento está estritamente ligada ao seu poder de arrecadar impostos. No entanto, quanto maiores as despesas e a arrecadação do governo, mais baixos serão os salários líquidos – isto é, descontados os impostos. Portanto, considerando o efeito negativo da tributação sobre o poder de compra da população, grande zelo e fiscalização devem ser aplicados ao uso de recursos públicos, principalmente nos países em desenvolvimento.

Toda estrutura tributária traz inúmeras conseqüências para o sistema econômico, sendo uma das mais importantes seu efeito sobre a distribuição de renda. Por exemplo, a tributação direta dos grupos de renda mais baixa e os impostos indiretos sobre bens essenciais causam uma redução dos salários líquidos. Neste caso, o financiamento da iniciativa pública é assumido pela parcela da população que, em princípio, seria a maior beneficiária do processo de desenvolvimento.[16] No caso da tributação sobre os grupos de renda mais alta – seja diretamente ou por impostos sobre bens supérfluos –, o principal resultado é a transferência, para o governo, de fundos que, de outra maneira, seriam poupados.[17] Esta é seguramente, pelas razões já examinadas neste capítulo, a alternativa mais favorável ao desenvolvimento. No entanto, é fundamental que os recursos governamentais não sejam desperdiçados em despesas improdutivas – por exemplo, pagamentos elevados de juros sobre a dívida pública,

---

[16] A situação, todavia, é bem menos favorável em países onde, em geral, a atuação do governo não contribui de forma clara para o desenvolvimento. Na América Latina, esse parece ser o caso mais comum.
[17] Kalecki, 1954.

inclusive porque tais transferências são recebidas pelos mais abastados, que são credores do Estado.

A estrutura tributária também tem efeitos importantes sobre o resultado financeiro das empresas e a condução dos negócios em geral. Tributos que pesam muito nos custos, que reduzem a eficiência das empresas, ou que prejudicam sua competitividade são prejudiciais ao desenvolvimento econômico. Mas a tributação pode ser usada para promover a eficiência e a produtividade, principalmente na agricultura. Por exemplo, se a terra improdutiva fosse pesadamente taxada, "as unidades ineficientes ver-se-iam [...] forçadas a repartir suas terras, [...] o que permitiria às unidades mais eficientes expandirem-se pela aquisição de terras adicionais".[18]

Se, por um lado, a tributação excessiva é prejudicial ao desenvolvimento, pelos efeitos negativos sobre o poder aquisitivo da população e a atividade das empresas, "a baixa tributação cria um problema constante de déficits orçamentários, uma das principais fontes de tendências inflacionárias, e leva a políticas monetárias e creditícias altamente restritivas para a economia, tornando muito mais difícil a expansão dos negócios privados".[19]

## 2.7 Inflação e desenvolvimento

Nos países em que a limitação de recursos é mais acentuada, o processo de desenvolvimento tende a ser inflacionário – "ou o desenvolvimento é não-inflacionário, mas extremamente lento, ou é relativamente rápido e acompanhado por violentas pressões inflacionárias".[20] As causas da inflação nos países em processo de desenvolvimento são variadas: além da alta probabilidade de ocorrerem déficits orçamentários, como já visto, "a inelasticidade da oferta na

---

[18] Kaldor, 1969, p. 78.
[19] Ibidem, p. 73.
[20] Kalecki, 1968, p. 140.

agricultura e as tendências monopolistas na indústria surgem como importantes fatores subjacentes aos efeitos inflacionários no curso do rápido desenvolvimento econômico".[21]

Uma forma importante de combate às pressões inflacionárias, mas que não recebe a atenção devida por parte dos economistas, está relacionada à estrutura tributária. Os impostos sobre as rendas mais elevadas têm a grande vantagem de reduzir a formação de "fundos líquidos" que, se não fosse reduzida, estimularia a formação de reservas especulativas e contribuiria para agravar o processo inflacionário.[22]

Outro aspecto fundamental da inflação no desenvolvimento é que ela, pelo efeito negativo sobre o poder aquisitivo da maior parte da população, contribui para reduzir o consumo e aumentar a disponibilidade de fundos necessários ao investimento – ou seja, a inflação atua ao mesmo tempo como um imposto ("imposto inflacionário") e como um mecanismo de transferência de renda dos assalariados para os empresários. O processo de desenvolvimento acompanhado de inflação é, portanto, extremamente vantajoso para os grupos mais favorecidos da sociedade, porque "uma taxa relativamente alta de crescimento é assegurada sem o recurso a uma reforma radical das condições agrárias e com lucros mais altos e impostos mais baixos do que seria o caso se o crescimento a essa taxa fosse equilibrado".[23]

## 2.8 Considerações finais

A produtividade do trabalho é o fator central do desenvolvimento dos países, e se confunde com o próprio conceito de riqueza. Nos últimos 50 anos, a produtividade tem aumentado de forma considerável em muitos países. No Brasil, porém, a partir da década de

---

[21] Kalecki, 1954, p. 151.
[22] Ibidem, p. 161.
[23] Kalecki, 1970, p. 172.

1980, tem-se verificado uma relativa estagnação do produto nacional por habitante. Não por acaso, esse período marca o encerramento da longa tradição de elaboração de planos de desenvolvimento no Brasil.

Caso se aceite a idéia de que o governo tem um papel a desempenhar no processo de desenvolvimento, então o planejamento econômico pode ser encarado como uma ferramenta que torna a atuação governamental mais eficiente. No setor privado, a atividade de planejamento envolve a elaboração de previsões e cenários macroeconômicos e setoriais.

O aumento da produtividade do trabalho tem como pré-requisito a expansão do investimento, que, por sua vez, depende do excedente de produção em relação ao consumo. Nos países mais pobres, esse excedente é muito limitado, o que faz o crescimento ficar condicionado à disponibilidade de fundos financeiros provenientes do exterior.

O problema da geração de um excedente em relação ao consumo leva à análise da distribuição de renda entre salários e lucros, e à distinção entre dois conjuntos de bens de consumo – o de bens essenciais e o de bens não-essenciais. No processo de desenvolvimento, é necessário, por um lado, aumentar a produção de bens essenciais (como alimentos) e, por outro, reduzir o consumo supérfluo – que freqüentemente é atendido por importações, e coloca pressões adicionais sobre o Balanço de Pagamentos.

A tributação pode ser usada para reduzir o consumo de bens não-essenciais e, assim, contribuir para gerar um excedente disponível para investimento. No entanto, uma dada estrutura tributária tem efeitos contraditórios sobre o processo de desenvolvimento: uma tributação excessiva produz resultados adversos sobre o poder aquisitivo da população e o desempenho das empresas; e uma tributação insuficiente gera déficits orçamentários e contribui para o surgimento de pressões inflacionárias que, para serem combatidas, conduzem a políticas monetárias restritivas, prejudicando o crescimento econômico e o desenvolvimento.

Com a limitação de recursos existente nos países subdesenvolvidos, o crescimento mais acelerado causa pressões de custos e de demanda, que tendem a causar inflação. Portanto, o processo de desenvolvimento está geralmente associado à inflação – inclusive, uma vez que a alta de preços diminui o poder aquisitivo dos assalariados, ela contribui para reduzir o consumo e aumentar os lucros e fundos necessários ao investimento. Este é, contudo, um processo perverso de geração de excedente, que deve ser combatido por impostos mais pesados sobre lucros e o consumo supérfluo, o que contribui para o equilíbrio fiscal e a redução das pressões inflacionárias.

# PARTE 2
## CRESCIMENTO ECONÔMICO E ACUMULAÇÃO DE CAPITAL

*Capítulo 3*

# Crescimento Econômico no Longo Prazo: Aumento da Capacidade Produtiva

O papel central do investimento no processo de crescimento econômico, considerado em uma perspectiva de longo prazo, foi examinado nos capítulos anteriores. Em linhas gerais, o investimento (acima do nível referente à depreciação do capital existente) representa um aumento da capacidade produtiva, o que é fundamental para a expansão da produtividade do trabalho e da renda *per capita*. Por outro lado, a partir do período da Grande Depressão, Keynes e Kalecki enfatizaram o efeito das despesas de investimento sobre a demanda agregada – um componente fundamental para cobrir o hiato em relação ao nível de produção correspondente ao pleno emprego e ao produto potencial.

Portanto, o investimento possui um duplo papel, com efeitos dinâmicos até certo ponto contraditórios. Essa característica bastante especial aparece descrita de forma precisa na seguinte passagem: "Alcançar o equilíbrio de pleno emprego exige que se realize um certo volume de inversão líquida para elevar a demanda efetiva total ao nível de utilização plena da capacidade. Mas o fato mesmo de se empreender o volume apropriado de nova inversão altera [...] a capacidade produtiva existente em que se baseava o presente equilíbrio".[1]

Com o surgimento da Macroeconomia, os economistas logo perceberam que esse duplo efeito do investimento possuía importantes implicações macrodinâmicas, e desenvolveram modelos para explorar esses resultados. O trabalho pioneiro foi um artigo de Domar[2] no qual é desenvolvido um modelo que será examinado neste capítulo, juntamente com duas outras importantes contribuições na área de crescimento – o modelo de Solow e uma versão simplificada da contribuição de Kaldor. Com esses modelos, poderemos analisar de forma mais precisa o efeito do investimento sobre a trajetória econômica de longo prazo.

## 3.1 Princípio da aceleração

Uma relação fundamental incluída no modelo de Domar, assim como no modelo de Samuelson, examinado no próximo capítulo, é o chamado *princípio da aceleração*, que estabelece uma relação entre o investimento líquido – ou seja, descontada a depreciação – e a capacidade produtiva. A essência desse princípio está descrita na seguinte citação: "O investimento depende da taxa de variação do produto [...] Desde que o produto $Y$ não se altere, o estoque de capital é adequado e nenhum investimento é necessário. Aumentos do produto, no entanto, requerem um estoque de capital adicional e o investimento líquido é positivo; de forma similar, diminuições do produto demandam um investimento líquido negativo".[3]

De acordo com esse princípio, portanto, existe uma relação entre o estoque de capital e a produção agregada. Um aspecto im-

---

[1] Pasinetti, 1974, p. 113-4.
[2] Domar, 1946, p. 137-47.
[3] Allen, 1968, p. 70-1.

portante, e que não aparece na passagem anterior, é que para essa relação fazer sentido em termos analíticos, o produto $Y$ deve corresponder ao nível de plena utilização do estoque de capital – ou seja, ao produto potencial. De qualquer forma, tal relação tem sido observada na prática, conforme ilustrado na Figura 3.1, que apresenta dados para um período da história econômica norte-americana marcado por fortes variações da renda agregada. Como podemos observar na figura, nos anos de crescimento da renda, o investimento líquido é positivo, enquanto na fase de retração da atividade econômica ele cai, atingindo valores negativos – o investimento bruto é menor do que a depreciação do estoque de capital.

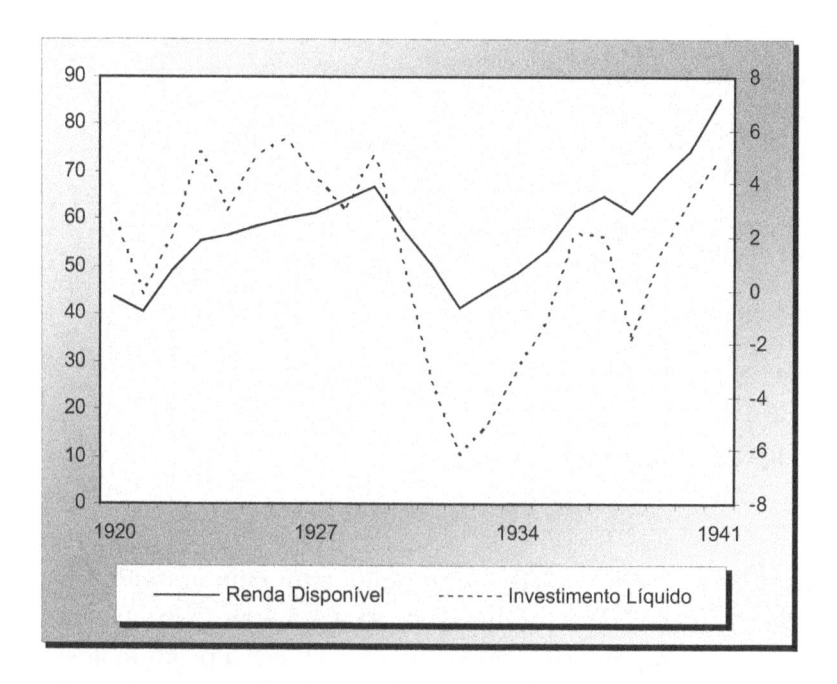

**Renda Disponível (eixo da esquerda). Investimento Líquido (eixo da direita).**
Nota: Renda Disponível é igual ao Produto Interno Bruto menos a renda líquida enviada ao exterior e os tributos diretos e indiretos, mais os subsídios e as transferências do governo.
Fonte: Klein, 1950, Apêndice.

**Figura 3.1 – Estados Unidos: dados macroeconômicos, 1920-1941 (valores constantes, bilhões de dólares de 1934).**

## 3.2 Modelo de crescimento de Domar

De modo geral, os modelos de crescimento econômico envolvem três etapas: a) especificação de um conjunto de relações macrodinâmicas; b) obtenção de uma equação dinâmica, usando diferenças ou derivadas, a partir das relações no item anterior; e c) resolução da equação anterior e análise da trajetória dinâmica das variáveis especificadas no item a. No modelo de Domar, as relações que correspondem à primeira etapa são o princípio da aceleração, o efeito multiplicador, e uma condição de equilíbrio para a produção agregada.[4] Estas equações são apresentadas a seguir, considerando o tempo tanto na forma discreta como na contínua (ver Apêndice a este capítulo).

Princípio da aceleração:

$$I = \Delta K = \Delta\left(\frac{K}{Y^*}Y^*\right) = \Delta(\nu Y^*) = \nu \Delta Y^* \quad \text{(versão discreta)} \quad (3.1)$$

$$I = \frac{d}{dt}K = \frac{d}{dt}\left(\frac{K}{Y^*}Y^*\right) = \frac{d}{dt}(\nu Y^*) = \nu \frac{d}{dt}Y^* \quad \text{(versão contínua)} \quad (3.2)$$

Efeito multiplicador:

$$Y = \frac{1}{s}I, \quad I = sY \quad (3.3)$$

Condição de equilíbrio:

$$Y = Y^* \quad (3.4)$$

Nas equações (3.1) a (3.4), $I$ representa o investimento líquido, $K$ o estoque de capital, $Y^*$ o produto potencial, $\nu$ a relação capital-produto $(0 < \nu)$, $s$ a propensão a poupar $(0 < s < 1)$, e $Y$ o produto agregado (não necessariamente igual ao potencial). A variável $K$ pode ser desconsiderada nas equações (3.1) e (3.2) e, portanto, na versão discreta ou contínua, o modelo possui três equações em três variáveis:

---

[4] Ibidem, Cap. 11.

$I$, $Y$ e $Y^*$. Os parâmetros do modelo são $\nu$ e $s$, além dos valores para as variáveis em $t = 0$ (condições iniciais).

As duas versões da relação (3.3) não têm o mesmo sentido econômico. Na equação da esquerda, está representado o multiplicador keynesiano aplicado ao investimento, e a direção de determinação é de $I$ para $Y$. A equação da direita, porém, mostra que o investimento é uma *proporção fixa* do produto agregado, e a determinação é de $Y$ para $I$.

Na segunda etapa do desenvolvimento desse modelo, as relações anteriores são usadas para derivar uma equação dinâmica. Utilizando o conjunto formado pelas equações (3.1), (3.3) e (3.4) – a versão discreta –, obtemos o seguinte resultado:

$$I = \nu \Delta Y^* = \nu \Delta Y = sY, \quad \Delta Y = \frac{s}{\nu} Y \qquad (3.5)$$

Esta é uma versão da equação (3A.3), examinada no Apêndice a este capítulo, com $g = s/\nu$. A última etapa corresponde à solução, que aparece a seguir:

$$Y_t = Y_0 \left(1 + \frac{s}{\nu}\right)^t, \quad Y_0 = Y_0^* \qquad (3.6)$$

A equação (3.4) é aplicada à condição inicial, pois, para que o equilíbrio se verifique ao longo do tempo, é necessário que o ponto de partida respeite a condição de equilíbrio. Multiplicando os dois lados de (3.6) por $s$, e levando em conta a relação (3.3), temos a trajetória dinâmica para o investimento líquido:

$$I_t = I_0 \left(1 + \frac{s}{\nu}\right)^t, \quad I_0 = sY_0^* \qquad (3.7)$$

As etapas que foram seguidas no desenvolvimento da versão discreta também se aplicam à versão contínua, conforme aparece a seguir [ver também a solução da equação (3A.4) no Apêndice]:

$$I = \nu \frac{d}{dt} Y^* = \nu \frac{d}{dt} Y = sY, \quad \frac{d}{dt} Y = \frac{s}{\nu} Y \qquad (3.8)$$

$$Y(t) = Y(0) e^{(s/\nu)t}, \quad Y(0) = Y^*(0) \qquad (3.9)$$

$$I(t) = I(0) e^{(s/\nu)t}, \quad I(0) = sY^*(0) \qquad (3.10)$$

O sentido econômico dos resultados derivados do modelo de Domar é que, desde que $Y$ corresponda ao nível de plena utilização de capacidade em $t = 0$, e que $I$ se mantenha como uma proporção constante do produto agregado, existe apenas uma taxa de crescimento de $I$ que garante a manutenção de $Y$ ao nível do produto potencial. Essa taxa única é determinada pela propensão marginal a poupar (diretamente) e pela relação capital-produto (inversamente). Uma taxa mais baixa não permitirá alcançar o produto potencial, mas uma taxa mais alta também não o permitirá – uma característica que ficou conhecida como "equilíbrio do fio da navalha".[5]

O significado da solução do modelo de Domar está ilustrado na Figura 3.2, que apresenta simulações com $s = 0,3$, $\nu = 3$ e $K(0) = 300$. Com estes valores para $s$ e $\nu$, existe apenas uma taxa de crescimento para o investimento que proporciona a igualdade entre o produto potencial, dado por $K(t)/\nu$, e o produto agregado, igual a $I/s$.

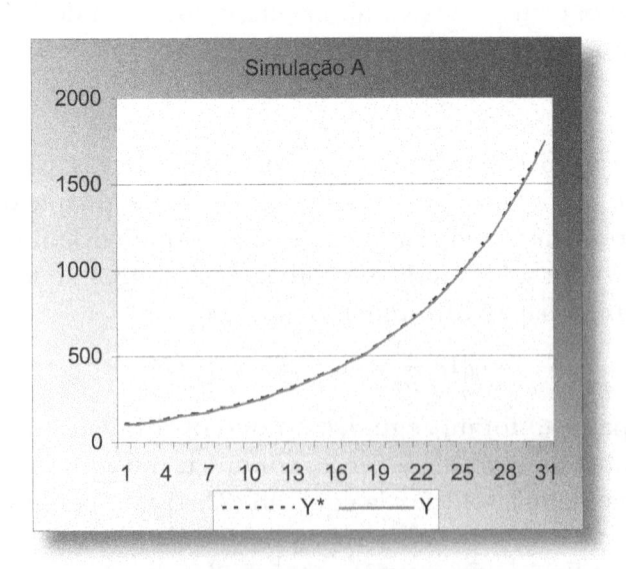

**Figura 3.2 – Simulações com o modelo de Domar.** (Continua)

---

[5] Chiang, 1974, p. 463-4.

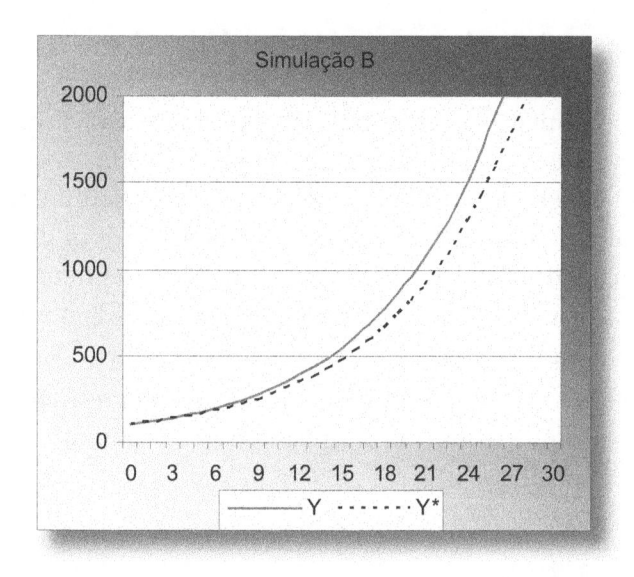

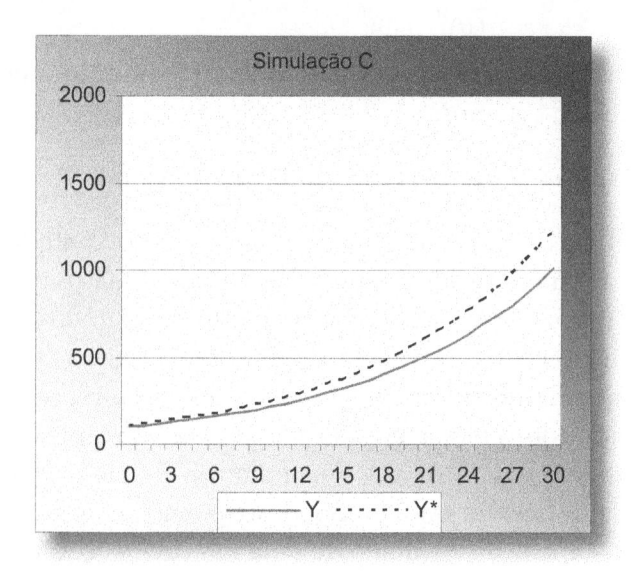

(s = 0,3, v = 3, K(0) = 300).
Taxas de crescimento para o investimento – A: 0,1, B: 0,12, C: 0,08.

**Figura 3.2 – Simulações com o modelo de Domar.**

### 3.2.1 A contribuição de Harrod

No modelo de Domar, a força de trabalho não aparece de forma explícita, o que impede que se derive alguma conclusão sobre a ocorrência, ou não, do pleno emprego. Em princípio, o nível do produto potencial não é equivalente ao da plena utilização da mão-de-obra disponível. Essa limitação pode ser superada com a inclusão de algumas relações adicionais na análise anterior, uma contribuição realizada por Harrod.[6]

Supondo que a força de trabalho cresça a uma taxa constante $n$, e que o crescimento da produtividade do trabalho corresponda à taxa $\lambda$, temos as seguintes equações, respectivamente, tratando o tempo como variável contínua:[7]

$$L(t) = L(0)e^{nt} \qquad (3.11)$$

$$\frac{Y(t)}{L(t)} = \frac{Y(0)}{L(0)}e^{\lambda t} \qquad (3.12)$$

Desenvolvendo uma expressão para $Y(t)$ e usando a equação (3.11) em (3.12), obtemos:

$$Y(t) = \frac{Y(0)}{L(0)}L(t)e^{\lambda t} = Y(0)e^{nt}e^{\lambda t} = Y(0)e^{(n+\lambda)t} \qquad (3.13)$$

Uma conclusão óbvia derivada da equação (3.13) é que a taxa máxima de crescimento do produto agregado é dada por $n+\lambda$, ou seja, é igual à soma das taxas de crescimento da mão-de-obra e da produtividade do fator trabalho. Por outro lado, levando em conta a solução do modelo de Domar, para que o pleno emprego ocorra simultaneamente com a plena utilização do estoque de capital, é necessário ter $(s/\nu) = n + \lambda$. Portanto, uma trajetória de crescimento que permitisse manter, ao mesmo tempo, o pleno emprego e o produto potencial seria apenas o resultado de uma improvável coincidência.

---

[6] Pasinetti, 1974, Cap. 4.
[7] Os mesmos resultados seriam obtidos com a versão discreta.

### 3.3 Modelo de crescimento de Solow

Um dos modelos mais celebrados na área de crescimento econômico foi elaborado por Solow, e possui forte inspiração neoclássica.[8] As relações desse modelo podem ser interpretadas à luz da contribuição de Domar e Harrod, examinada na seção anterior, e a principal conclusão derivada dele é que a trajetória de crescimento que assegura a igualdade entre pleno emprego e plena utilização da capacidade, longe de ser um evento improvável, é uma possibilidade bastante concreta – um resultado consistente com a visão tipicamente idealizada das relações econômicas que caracteriza a análise neoclássica.

A principal distinção em relação à contribuição de Domar e Harrod está no princípio da aceleração. Em primeiro lugar, podemos verificar que a relação (3.2), por exemplo, corresponde a uma *função de produção* agregada, em que o fator trabalho foi omitido.

Função de produção implícita em (3.2):

$$\frac{d}{dt}Y^* = \frac{1}{\nu}\frac{d}{dt}K, \quad \int \frac{d}{dt}Y^* dt = \frac{1}{\nu}\int \frac{d}{dt}K\,dt, \quad Y^* = \frac{1}{\nu}K + C \qquad (3.14)$$

As duas constantes de integração em (3.14) estão incluídas em $C$, e esta equação representa uma função para o produto potencial: $Y^* = F(K)$. Uma vez que a força de trabalho $L$ não está incluída na função (3.14), não existe substituição entre os fatores de produção e, logo, podemos concluir que trabalho e capital são necessariamente combinados em proporções fixas – o que equivale à função de produção usada por Leontief em seu modelo intersetorial, e que será vista no Capítulo 7.

O ponto de partida do modelo de Solow consiste em considerar uma função de produção tipicamente neoclássica, $Y^* = F(K, L)$, com infinitas combinações possíveis entre $L$ e $K$. Uma hipótese matemática usada, neste caso, é de que $F(K, L)$ seja homogênea e

---
[8] Solow, 1956, p. 65-94.

linear – isto é, para $c > 0$, $F(cK, cL) = cF(K, L)$.[9] Adicionalmente, esta função pode ser representada em termos de outra variável: o capital disponível por trabalhador.

Função de produção de Solow:

$$Y^* = F\left[L\left(\frac{K}{L}, 1\right)\right] = LF(k, 1), \quad y^* = f(k) \qquad (3.15)$$

Na função (3.15), $k = (K/L)$ e $y^* = (Y^*/L)$. O conjunto de relações macrodinâmicas especificadas neste modelo aparece a seguir.

Equações do modelo de Solow:

$$y^* = f(k), \quad y^* = \frac{Y^*}{L}, \quad k = \frac{K}{L}$$

$$Y = Y^*$$

$$I = \frac{d}{dt}K = sY$$

$$L = L(0)e^{nt}$$

Como se pode verificar, a única alteração em relação à contribuição de Domar e Harrod está na substituição do princípio da aceleração pela função de produção agregada (3.15). As três últimas equações neste conjunto são aquelas especificadas, respectivamente, em (3.4), (3.3) e (3.11). Para obter a equação diferencial correspondente ao modelo, podemos usar a expressão para a taxa de variação do estoque de capital por trabalhador (ver a análise para taxas de variação desenvolvida no Apêndice a este capítulo):

$$\frac{1}{k}\frac{d}{dt}k = \frac{d}{dt}\ln k = \frac{d}{dt}(\ln K - \ln L) = \frac{1}{K}\frac{d}{dt}K - \frac{1}{L}\frac{d}{dt}L$$

Podemos constatar que o resultado é igual à taxa de variação do estoque de capital menos $n$ – a taxa de crescimento do fator trabalho. Usando as equações (3.2) e (3.3), e dividindo os dois lados por $K$, encontramos uma expressão para a primeira dessas taxas:

---

[9] Allen, 1968, Cap. 3, Seção 3.4, e Wallis, 1979, Cap. 2.

$$\frac{1}{K}\frac{d}{dt}K = s\frac{Y}{K} = s\frac{y}{k} = \frac{s}{k}f(k)$$

Na última igualdade, utilizamos também a equação (3.4). Usando este resultado na expressão anterior, obtemos a equação diferencial do modelo de Solow:

$$\frac{1}{k}\frac{d}{dt}k = \frac{s}{k}f(k) - n, \quad \frac{d}{dt}k + nk = sf(k) \quad (3.16)$$

Essa equação determina, implicitamente, a trajetória no tempo do estoque de capital *per capita* consistente com a plena utilização da capacidade produtiva e do fator trabalho, e com a hipótese de que o investimento líquido é uma proporção constante do produto agregado. Para resolver a equação (3.16), é necessário especificar a função $f(k)$. Uma possibilidade, usada com bastante freqüência pelos neoclássicos, é empregar uma função desenvolvida por Wicksell (também denominada Cobb-Douglas).[10]

Função de produção de Wicksell:

$$Y = K^\alpha L^{1-\alpha} = L\left(\frac{K}{L}\right)^\alpha = Lk^\alpha, \quad y = \frac{Y}{L} = k^\alpha, \quad 0 < \alpha < 1$$

Usando esta equação em (3.16), encontramos a seguinte equação dinâmica:

$$\frac{d}{dt}k + nk = sk^\alpha \quad (3.17)$$

A equação diferencial (3.17) não é linear e, logo, não pode ser resolvida com métodos convencionais, desenvolvidos para equações lineares. No entanto, a solução aparece no Apêndice, e o resultado final, que corresponde a uma aproximação, está reproduzido a seguir:

$$\text{Para } t \to \infty: \quad k \to \left(\frac{s}{n}\right)^{\frac{1}{1-\alpha}} \quad (3.18)$$

---

[10] É fato bastante conhecido que Wicksell, um economista com amplo domínio dos desenvolvimentos matemáticos do seu tempo, foi o primeiro a usar essa função, que possui propriedades consistentes com a teoria neoclássica da produção e distribuição.

Dado o resultado aproximado em (3.18), podemos encontrar soluções para as principais variáveis do modelo. Usando a equação (3.11), obtemos:

$$K = kL = L(0)\left(\frac{s}{n}\right)^{\frac{1}{1-\alpha}} e^{nt} \qquad (3.19)$$

$$Y = yL = k^\alpha L = L(0)\left(\frac{s}{n}\right)^{\frac{\alpha}{1-\alpha}} e^{nt} \qquad (3.20)$$

$$I = sY = L(0)\left(\frac{s}{n}\right)^{\frac{\alpha}{1-\alpha}} se^{nt} \qquad (3.21)$$

O sentido econômico da solução do modelo de Solow é que existe uma trajetória de crescimento para o investimento, dada de forma aproximada por (3.21), que garante o pleno emprego e a produção ao nível do produto potencial. Essa solução está ilustrada na Figura 3.3, na qual aparecem valores obtidos com as equações para $k(t)$ e $Y(t)$ desenvolvidas no Apêndice.

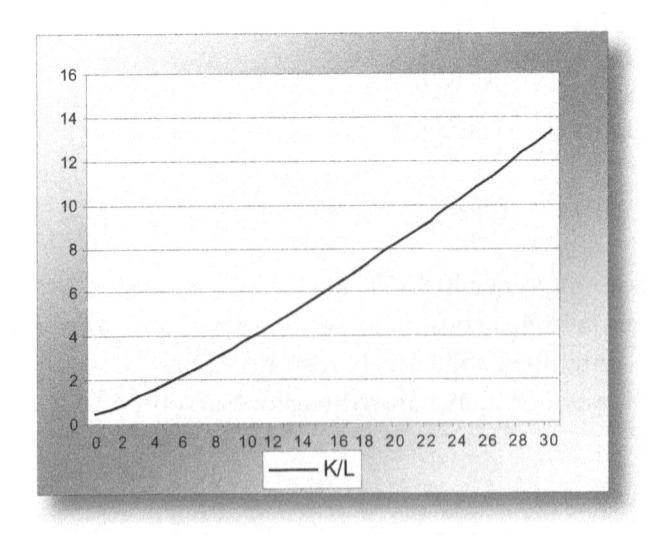

**Figura 3.3 – Simulação com o modelo de Solow.** (Continua)

(s = 0,3, n = 0,01, α = 0,3, L(0) = 700, K(0) = 300).

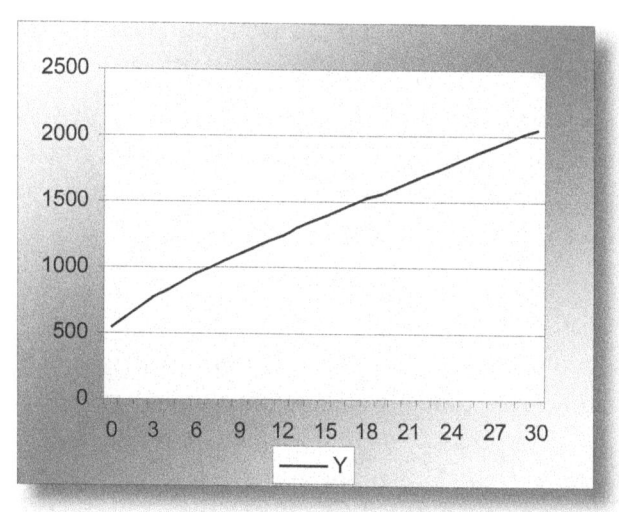

**Figura 3.3 – Simulação com o modelo de Solow.**

De acordo com o modelo de Solow, quanto maior a propensão a poupar, maiores serão os níveis de $I$, $Y$ e $K$, mas a trajetória de crescimento não será afetada, uma vez que é determinada, quando $t \to \infty$, apenas pela taxa de crescimento da mão-de-obra.

## 3.4 Uma versão do modelo de Kaldor

Um modelo de crescimento com inspiração bem diversa daquele examinado na seção anterior foi elaborado por Kaldor.[11] Devido às características muito particulares desse conjunto de relações macrodinâmicas, não é possível obter um desenvolvimento matemático convencional, baseado em equações dinâmicas e suas soluções.[12] No entanto, podemos usar um elemento central do modelo, uma função-poupança do tipo kaleckiano, e analisar suas implicações de

---

[11] Kaldor, 1957. Reimpresso em Kaldor, 1960, Capítulo 13.
[12] Allen, 1968, Cap. 16, Seção 16.1.

forma comparativa – isto é, em relação aos resultados obtidos para os modelos anteriores.

Kaldor considera que a renda agregada pode ser distribuída entre duas categorias de remuneração: salários e lucros, representados respectivamente por $W$ e $\Pi$. Uma vez que $W = Y - \Pi$, temos a seguinte expressão para a poupança agregada:

$$S = s_w(Y - \Pi) + s_\pi \Pi = s_w Y + (s_\pi - s_w)\Pi = \left[s_w + (s_\pi - s_w)\frac{\Pi}{Y}\right]Y \quad (3.22)$$

Na equação (3.22), $s_w$ e $s_\pi$ representam a propensão a poupar dos trabalhadores e dos que recebem lucros, respectivamente ($0 \leq s_w < s_\pi \leq 1$). A expressão entre colchetes na equação (3.22) corresponde ao parâmetro $s$ nos modelos de Domar e Solow, que não levam em conta aspectos distributivos. Podemos incluir ainda um parâmetro para representar a estrutura distributiva: a taxa de lucro, representada por $\pi$.

$$sY = \left[s_w + (s_\pi - s_w)\frac{\Pi}{Y}\right]Y = \left[s_w + (s_\pi - s_w)\frac{\Pi}{K}\frac{K}{Y}\right]Y = \left[s_w + (s_\pi - s_w)\pi\nu\right]Y \quad (3.23)$$

Na equação (3.23), $\nu$ representa a relação capital-produto. O principal objetivo desse modelo de crescimento é analisar como o processo de geração e distribuição de renda cria a poupança necessária para financiar o investimento que os empresários decidem realizar.[13] Para avaliar os efeitos da distribuição sobre o crescimento, podemos aplicar a equação (3.23) ao sistema de Domar e Harrod – um procedimento que, no entanto, não corresponde à análise original de Kaldor. Neste caso, as relações macrodinâmicas aparecem a seguir:

Equações da versão do modelo de Kaldor:

$$I = \frac{d}{dt}K = \nu\frac{d}{dt}Y^*$$
$$I = sY$$
$$s = s_w + (s_\pi - s_w)\pi\nu$$
$$Y = Y^* = Y(0)e^{(n+\lambda)t}$$

---

[13] Ibidem, p. 215.

Como podemos verificar, a única diferença em relação ao modelo de Domar e Harrod está na terceira equação: as duas primeiras são as equações (3.2) e (3.3), e a última corresponde a (3.4) e (3.13). Conseqüentemente, a solução vem a ser a mesma que foi obtida anteriormente, mas com parâmetros adicionais.

$$\frac{s}{\nu} = \frac{1}{\nu}\left[s_w + (s_\pi - s_w)\pi\nu\right] = \frac{s_w}{\nu} + (s_\pi - s_w)\pi = n + \lambda \qquad (3.24)$$

Uma conclusão que pode ser derivada da equação (3.24) é que a distribuição da renda agregada entre lucros e salários – exogenamente determinada – deve ser estabelecida de tal forma que a taxa de lucro $\pi$ equilibre os dois lados de (3.24), e garanta a trajetória de crescimento compatível com o pleno emprego e o produto potencial. Uma vez que $0 \leq \Pi \leq Y = (K/\nu)$, temos as seguintes restrições para a taxa de lucro: $0 \leq \pi \leq (1/\nu)$.

Finalmente, podemos usar a simplificação de supor que os trabalhadores não poupam ($s_w = 0$). Neste caso, a relação capital-produto deixa de ser um elemento relevante na trajetória de crescimento, e temos um resultado simples para $\pi$:

$$s_\pi \pi = n + \lambda, \qquad \pi = \frac{n + \lambda}{s_\pi} \qquad (3.25)$$

## 3.5 Considerações finais

O investimento, elemento central do processo de crescimento econômico, tem efeitos dinâmicos distintos: por um lado, ele aumenta a capacidade produtiva e, por outro, atua sobre a demanda agregada, com resultados no produto nacional que são multiplicados, de acordo com a análise macroeconômica convencional. Vários modelos macrodinâmicos foram elaborados com o objetivo de explorar os efeitos desse duplo papel do investimento sobre a trajetória econômica de longo prazo, sendo os modelos de Domar e Harrod, Solow e Kaldor os mais conhecidos.

Os modelos dinâmicos voltados para a análise do investimento e da trajetória de longo prazo de variáveis macroeconômicas são denominados *modelos de crescimento*, e resultam da especificação de um conjunto de relações macrodinâmicas. Tais relações são consolidadas em uma equação dinâmica – em termos matemáticos, uma equação a diferenças ou diferencial – e, por meio da solução dessa equação, são obtidos os resultados do modelo e seu significado econômico.

No modelo de Domar e Harrod, as relações macrodinâmicas representam o princípio da aceleração, o efeito multiplicador do investimento, a igualdade entre a renda agregada e o produto potencial, e a condição de plena utilização do fator trabalho. A principal conclusão do modelo é que existe uma única taxa de crescimento do investimento que garante que o produto potencial seja atingido. Por outro lado, mesmo que a trajetória dinâmica correspondente ao produto potencial se mantenha, não há garantia de que essa trajetória seja compatível com o pleno emprego.

No modelo de Solow, a principal alteração em relação ao sistema desenvolvido por Domar e Harrod é que o princípio da aceleração é substituído por uma função de produção neoclássica. As conclusões do modelo são: existe uma trajetória de crescimento para o investimento compatível tanto com o produto potencial como com o pleno emprego, e a trajetória econômica de longo prazo é determinada pela taxa de crescimento da mão-de-obra. Essa última conclusão (crescimento limitado pela expansão do fator trabalho), embora coerente com a proposição neoclássica de que o pleno emprego é a situação normal, não parece encontrar respaldo na realidade econômica de qualquer país.

Na contribuição de Kaldor, são introduzidos elementos distributivos. Na versão examinada neste capítulo, a diferença em relação ao modelo de Domar e Harrod está na introdução de uma propensão a poupar determinada pelo comportamento dos capitalistas e dos trabalhadores, e pela taxa de lucro. A principal conclusão é a de que a taxa ideal para o crescimento do investimento depende desses fatores distributivos. Adicionalmente, existe uma taxa de lucro – determinada também pela distribuição de renda entre lucros e salários – compatível com a trajetória correspondente ao produto potencial.

# Apêndice
# Análise Matemática do Crescimento

A análise matemática do crescimento econômico começa com a especificação de funções definidas no tempo e de taxas de variação obtidas para essas funções. Um aspecto interessante dessa análise é que as fórmulas para a taxa de crescimento também se aplicam à capitalização de valores no tempo, de acordo com a sistemática de juros compostos.

## 3A.1 Fórmulas para a taxa de variação

Dada uma função $Y$ definida em relação ao tempo, representada por $Y(t)$, existem duas definições para a taxa de variação, dependendo de se considerar $t$ uma variável *contínua* (que assume valores não-negativos no conjunto dos números reais) ou *discreta* (valores não-negativos no conjunto dos inteiros) – nesse último caso, costuma-se representar a função por $Y_t$. Essas definições aparecem a seguir.

Taxa de variação, tempo discreto:

$$\frac{\Delta Y_t}{Y_t} = \frac{Y_{t+1} - Y_t}{Y_t} \qquad (3A.1)$$

Taxa de variação, tempo contínuo:

$$\frac{d}{dt}\ln Y(t) = \frac{1}{Y}\frac{d}{dt}Y \qquad (3A.2)$$

Na definição (3A.1), aparece a função diferença, representada por $\Delta Y_t$. Por outro lado, a função logarítmica com o número $e$ como base aparece na definição (3A.2), juntamente com a derivada de $Y$ em relação ao tempo. A escolha de uma ou outra dessas definições é, até certo ponto, uma questão secundária, embora a análise matemática com tempo contínuo esteja bem mais desenvolvida, sendo também mais simples. No entanto, o uso da função diferença permite que se especifique uma determinada defasagem de tempo entre as variáveis consideradas na análise – algo que não pode ser feito se considerarmos o tempo contínuo. Esta característica é importante, por exemplo, no modelo multiplicador-acelerador de Samuelson, que será examinado no Capítulo 4.

## 3A.2 Equações dinâmicas e suas soluções

Se considerarmos que a taxa de variação é fixa – um parâmetro $g$, por exemplo –, então as definições anteriores passam a ser *equações dinâmicas*, que descrevem a trajetória de $Y$ no tempo.

Equações dinâmicas definidas para uma taxa $g$:

$$Y_{t+1} = (1+g)Y_t \quad (3A.3)$$

$$\frac{d}{dt}Y = gY \quad (3A.4)$$

A equação (3A.3) é um caso particularmente simples de uma equação a diferenças, enquanto (3A.4) é a equação diferencial equivalente. A trajetória no tempo de $Y$, determinada implicitamente por essas equações, corresponde à *solução* destas. Os procedimentos para se obter a solução não serão examinados aqui, mas aparecem em inúmeras referências.[1] Os resultados são apresentados a seguir:

---

[1] Ver, por exemplo, Fonseca, 2003, Cap. 8.

Solução das equações (3A.3) e (3A.4):

$$Y_t = Y_0(1+g)^t \quad (3A.5)$$

$$Y(t) = Y(0)e^{gt} \quad (3A.6)$$

As equações (3A.5) e (3A.6) correspondem a fórmulas de capitalização com juros compostos. No primeiro caso, a capitalização ocorre uma única vez por período, e no segundo, infinitas vezes. Uma vez que a solução de uma equação dinâmica seja obtida, podemos verificar que o resultado é, de fato, correto. Para isso, substituímos a função obtida para $Y$ na equação original. Aplicando esse procedimento às equações (3A.3) e (3A.4), encontramos:

$$Y_{t+1} = Y_0(1+g)^{t+1} = Y_0(1+g)(1+g)^t = (1+g)Y_t$$

$$\frac{d}{dt}Y = gY(0)e^{gt} = gY$$

É possível demonstrar ainda que as soluções (3A.5) e (3A.6) são as únicas funções que satisfazem, respectivamente, as equações (3A.3) e (3A.4).[2] Ademais, uma verificação adicional pode ser feita: podemos determinar as taxas de variação que correspondem às funções (3A.5) e (3A.6). Aplicando as definições (3A.1) e (3A.2), encontramos:

$$\frac{\Delta Y_t}{Y_t} = \frac{Y_0(1+g)^{t+1} - Y_0(1+g)^t}{Y_0(1+g)^t} = 1 + g - 1 = g$$

$$\frac{1}{Y}\frac{d}{dt}Y = \frac{gY(0)e^{gt}}{Y(0)e^{gt}} = g$$

## 3A.3 Equações lineares e não-lineares

As equações dinâmicas examinadas na seção anterior são casos particulares de equações lineares de primeira ordem. As formas gerais dessas equações, com diferenças e derivadas, aparecem a seguir:

---

[2] Ibidem.

Forma geral de uma equação a diferenças linear de primeira ordem:

$$x_{t+1} + Q(t)x_t = R(t) \qquad (3A.7)$$

Forma geral de uma equação diferencial linear de primeira ordem:

$$\frac{d}{dt}x + Q(t)x = R(t) \qquad (3A.8)$$

Nessas equações, são incluídas apenas a diferença e a derivada de *primeira ordem*, respectivamente. Nas equações (3A.7) e (3A.8), $Q$ e $R$ podem ser funções não-lineares de $t$, mas não de $x$, que deve aparecer apenas na forma linear. Podemos verificar que, nas equações da seção anterior, $R = 0$. Uma equação dinâmica com essa característica é denominada *homogênea*. No caso de (3A.3), $Q = -(1+g)$, enquanto na equação (3A.4), $Q = -g$.

A equação diferencial (3.17), definida no modelo de crescimento de Solow, não é linear e, portanto, não pode ser resolvida com métodos convencionais, desenvolvidos para equações lineares.[3] Mas a solução pode ser obtida usando um pequeno truque – uma transformação que torna (3.17) uma equação linear – e que consiste em introduzir uma nova variável, definida a partir de $k$, que aparece a seguir:[4]

$$x = k^{1-\alpha}$$

A derivada de $x$ em relação a $t$ é dada por:

$$\frac{d}{dt}x = (1-\alpha)k^{-\alpha}\frac{d}{dt}k \quad \rightarrow \quad \frac{1}{1-\alpha}\frac{d}{dt}x = k^{-\alpha}\frac{d}{dt}k \qquad (3A.9)$$

Usando a equação (3.17) em (3A.9), encontramos o seguinte resultado:

$$\frac{1}{1-\alpha}\frac{d}{dt}x = s - nx \quad \rightarrow \quad \frac{d}{dt}x + n(1-\alpha)x = s(1-\alpha) \qquad (3A.10)$$

Esta é, como desejado, uma equação linear, uma vez que corresponde a (3A.8), com $Q = n(1-\alpha)$, e $R = s(1-\alpha)$. A equação (3A.8) pode ser resolvida usando o método de *separação de variáveis*:[5]

---

[3] A não-linearidade da equação (3.17) resulta da função $k$.
[4] Ramanathan, 1982, Cap. 3, e Gandolfo, 1997, Cap. 13.
[5] Ver, por exemplo, Fonseca, 2003, Cap. 8.

$$\int \frac{dx}{R-Qx} = \int dt \quad \rightarrow \quad \frac{-1}{Q}\ln|R-Qx| = t + C^* \quad \rightarrow \quad R - Qx = C^{\ddagger -Qt}$$

Portanto, a solução de (3A.8) é dada por:

$$x(t) = Ce^{-Qt} + \frac{R}{Q} \qquad (3A.11)$$

Fazendo $t = 0$, encontramos a expressão para $C$, que depende da condição inicial $x(0)$.

$$x(0) = C + \frac{R}{Q} \quad \rightarrow \quad C = x(0) - \frac{R}{Q}$$

Substituindo as expressões para $Q$ e $R$ em (3A.11), obtemos a solução para (3A.10):

$$x(t) = Ce^{-n(1-\alpha)t} + \frac{s}{n}, \quad C = x(0) - \frac{s}{n} \qquad (3A.12)$$

Finalmente, a definição de $x$ aplicada a (3A.12) nos permite encontrar a solução do modelo de Solow, representada pela equação (3.17):

$$k(t) = \left[Ce^{-n(1-\alpha)t} + \frac{s}{n}\right]^{\frac{1}{1-\alpha}}, \quad C = k(0)^{1-\alpha} - \frac{s}{n}$$

Adicionalmente, as definições $Y = Ly = Lk^\alpha$ e $L = L(0)e^{nt}$ nos permitem especificar a equação para $Y(t)$:

$$Y(t) = L(0)e^{nt}\left[Ce^{-n(1-\alpha)t} + \frac{s}{n}\right]^{\frac{\alpha}{1-\alpha}}$$

Quando $t$ tende a infinito, o primeiro termo entre colchetes nesta equação tende a zero, uma vez que $n(1 - \alpha) > 0$. Neste caso, a trajetória de $Y$ é dada pela seguinte equação:

$$Y(t) = L(0)e^{nt}\left(\frac{s}{n}\right)^{\frac{\alpha}{1-\alpha}}$$

Ou seja, $Y(t)$ cresce exponencialmente à taxa $n$.

## 3A.4 Aproximação para a taxa de variação

Uma aproximação bastante conveniente para a taxa de variação resulta da aplicação da definição (3A.1) à função representada em (3A.6):

$$\frac{Y_{t+1}}{Y_t} - 1 = \frac{Y(0)e^{g(t+1)}}{Y(0)e^{gt}} - 1 = e^g - 1 \quad (3A.13)$$

Logo, concluímos que $\ln(Y_{t+1}/Y_t) = g$, a taxa de variação correspondente à função. Esse resultado não se aplicará de forma exata, mas servirá como aproximação para essa taxa, quando a trajetória de $Y$ não for dada por (3A.6). Neste caso, a aproximação será tão melhor quanto menor (em valor absoluto) for a taxa de variação. O resultado geral aparece a seguir:

$$\ln Y_{t+1} - \ln Y_t \cong \frac{\Delta Y_t}{Y_t} \quad (3A.14)$$

*Capítulo 4*

# Crescimento Econômico no Médio Prazo: Variações na Demanda Agregada

Alguns dos elementos centrais da análise macroeconômica – o investimento agregado, com seu duplo papel sobre a demanda efetiva e sobre a formação de capital, o multiplicador da despesa autônoma (o inverso da propensão a poupar), e a distribuição de renda entre lucros e salários – foram considerados no Capítulo 3, em modelos que tinham como objetivo a análise de longo prazo das principais variáveis macroeconômicas. No entanto, a investigação do crescimento econômico deve levar em conta também os elementos responsáveis pela trajetória no médio prazo do produto nacional – algo que, todavia, freqüentemente não recebe a devida atenção na literatura sobre desenvolvimento. A experiência de vários países da América Latina, sendo o Brasil e a Argentina os casos mais notórios, revela que fatores mais propriamente associados a tendências de curto e médio prazo têm inviabilizado o crescimento do produto por habitante.

A investigação da trajetória do produto nacional em prazos mais curtos começa naturalmente pela análise dos modelos de *equi-*

*líbrio estático* – isto é, aqueles que permitem determinar variáveis macroeconômicas a partir de uma dada condição de equilíbrio, sem que o fator tempo seja considerado explicitamente – desenvolvidos por Keynes e Kalecki. Esses modelos são examinados a seguir de acordo com uma abordagem baseada em sistemas lineares. Posteriormente, serão investigados os diversos componentes dos modelos: a função consumo, a função investimento, os elementos da demanda e oferta de moeda, o setor público, e os elementos do setor externo. Além disso, um modelo tradicional voltado para a análise macroeconômica de médio prazo, desenvolvido por Samuelson, também será examinado.

## 4.1 Modelo keynesiano de determinação da renda

Utilizando funções *lineares*, os principais elementos do modelo desenvolvido por Keynes podem ser representados da seguinte forma:[1]

$$Y = C + I + G + EX - IM$$
$$C = \alpha_0 + \alpha_1(Y - T)$$
$$I = \beta_0 + \beta_1 r$$
$$T = \gamma_0 + \gamma_1 Y$$
$$M/P = \delta_0 + \delta_1 r + \delta_2 Y$$

A condição de equilíbrio está representada na primeira equação: produto nacional = demanda agregada. Nesse sistema, várias restrições se aplicam aos parâmetros. Em primeiro lugar, devemos considerar a Propensão Marginal a Consumir: $dC/d(Y - T) = \alpha_1$, $0 < \alpha_1 < 1$. A variável $T$ corresponde aos impostos e $(Y - T)$ representa a renda disponível. Keynes supõe que $C/Y$, a participação do consumo na renda, diminui à medida que $Y$ cresce e, para isso, devemos ter $0 < \alpha_0$.[2]

---

[1] Allen, 1968, especialmente o Exercício 7.5.
[2] Wallis, 1979, Cap. 1.

O parâmetro $\beta_1$ resulta da Eficiência Marginal do Capital, que é a taxa interna de retorno que torna o preço do bem de capital "marginal", considerado fixo, igual ao seu fluxo esperado de rendimentos futuros. O investimento será realizado desde que essa taxa de retorno seja maior do que a taxa de juros do mercado. Quanto maior a taxa de juros, maior a taxa de retorno requerida dos novos bens de capital, e esta varia inversamente com $I$ – portanto, quanto maior a taxa de juros, menor $I$. Conseqüentemente, $\beta_1 < 0$.[3] Por outro lado, o parâmetro $\gamma_1$ representa a relação entre os tributos e a renda agregada, e devemos ter $0 < \gamma_1 < 1$.

A última equação representa a igualdade entre os saldos de moeda, em valores reais, e a demanda de moeda ($P$ é um índice geral de preços). O parâmetro $\delta_2$ corresponde à Demanda Transação de Moeda, e temos $0 < \delta_2$ (esse parâmetro é o inverso da Velocidade de Circulação da Moeda). Por outro lado, os demais termos do lado direito representam a Demanda Especulativa de Moeda. De acordo com Keynes, os possuidores de riqueza comparam o retorno sobre os ativos monetários (geralmente igual a zero) com aquele que resulta da aplicação em títulos de renda fixa. A rentabilidade dos títulos é formada por duas partes: a taxa de juros e a variação do preço dos títulos. Quando as taxas de juros estão baixas, os preços dos títulos são altos e perdas de capital tornam-se mais prováveis.[4] Nesta situação, faz sentido manter parte da riqueza na forma de saldos monetários, o que não acontece quando os juros estão altos. Portanto, temos uma relação inversa entre juros e a demanda especulativa: $\delta_1 < 0$.

Todas as variáveis no sistema keynesiano são medidas em unidades reais (deflacionadas). As variáveis endógenas são a renda agregada $Y$, o consumo das famílias $C$, o investimento $I$, os tributos $T$, e a taxa de juros $r$.[5] As variáveis exógenas são o consumo do governo

---

[3] Allen, 1968, Cap. 4.
[4] A relação inversa entre juros e preços dos títulos, tanto de renda fixa como de renda variável, é um resultado básico da análise financeira. Ver, por exemplo, Fonseca, 2003, Apêndice 8A. Sobre a demanda de moeda em Keynes, consultar Sawyer, 1984, Cap. 2.
[5] Embora apareça no lado direito da terceira e da última equação, a taxa de juros $r$ é, na análise keynesiana, uma das variáveis determinadas pelo modelo.

$G$, os saldos monetários em unidades reais $M/_p$, e o saldo comercial $EX - IM$.

## 4.2 Modelo kaleckiano de determinação da renda

O modelo de determinação da renda de Kalecki se distingue daquele desenvolvido por Keynes principalmente pela introdução da distribuição de renda entre lucros e salários, e por estabelecer a relação entre a distribuição e o mecanismo de formação de preços em mercados oligopolizados – relação que é determinada pelo famoso conceito de Grau de Monopólio. Os principais elementos da análise de Kalecki, colocados na forma de um sistema linear, aparecem representados a seguir:[6]

$$Y = C + I + G + EX - IM$$
$$C = \alpha_0 + \alpha_1(1-\gamma_1)W + \alpha_2(1-\gamma_2)\Pi$$
$$I = \beta_0 + \beta_1\Pi + \beta_2 r$$
$$\Pi = d(W + IM)$$
$$W = Y - \Pi - T$$
$$T = \gamma_1 W + \gamma_2 \Pi$$
$$M/_P = \delta_0 + \delta_1 r + \delta_2 Y$$

Nestas equações, as seguintes restrições se aplicam aos parâmetros: $0 < \alpha_2 < \alpha_1 < 1$; $0 < \beta_1$; $\beta_2 < 0$; $0 < d$; $0 < (\gamma_1, \gamma_2) < 1$; $\delta_1 < 0$; $0 < \delta_2$. As variáveis endógenas são, além daquelas que aparecem no modelo keynesiano, o total de lucros $\Pi$, e o total de salários $W$. Todas as variáveis são medidas em unidades reais.

Dada a separação da renda entre lucros e salários, temos duas propensões marginais a consumir, uma referente aos assalariados ($\alpha_1$) e outra que se aplica àqueles que usufruem lucros ($\alpha_2$), e tam-

---

[6] Os interessados devem contrastar esse sistema com a principal obra de Kalecki, 1954. Ver também Sawyer, 1984.

bém dois coeficientes de tributação – respectivamente, $\gamma_1$ e $\gamma_2$. Ademais, na equação para o investimento, leva-se em conta a relação com os lucros, dada pelo coeficiente $\beta_1$.

A quarta equação, referente aos lucros, resulta de uma análise microeconômica de formação de preços em mercados oligopolizados: ao preço de cada produto se agrega uma margem de lucro, que é determinada a partir dos componentes de custo – neste caso, salários e insumos importados.[7] O parâmetro $d$ corresponde ao Grau de Monopólio, conceito fundamental na análise de Kalecki.

Finalmente, em relação à última equação, uma observação deve ser feita. Em sua análise da moeda e da taxa de juros, Kalecki utiliza três equações: uma demanda de moeda, uma oferta de moeda – determinada pela base monetária e pelo Multiplicador dos Meios de Pagamentos – e uma relação de equilíbrio. No entanto, estas podem ser reduzidas à equação da Seção 4.2, que é equivalente àquela utilizada por Keynes.[8]

## 4.3 Resolução dos modelos lineares

De modo geral, os modelos lineares, sejam eles estáticos, como os modelos de determinação da renda de Keynes e Kalecki, ou *dinâmicos* – isto é, aqueles em que as variáveis são definidas para diferentes períodos de tempo –, podem ser colocados na forma da seguinte equação matricial:

$$By = -\Gamma x \quad \rightarrow \quad By + \Gamma x = \mathbf{0} \quad (4.1)$$

O sistema linear representado em (4.1) é um caso particular (que não inclui variáveis aleatórias) dos modelos de estimação de

---

[7] Existe aqui uma simplificação, uma vez que, na prática, as importações incluem bens finais, além de insumos.

[8] Estas relações são

$$(M/P)^d = \delta_0^* + \delta_1^* r + \delta_2^* Y; \quad (M/P)^s = \phi_0 + \phi_1 {}^B\!/_P + \phi_2 r; \quad (M/P)^d = (M/P)^s$$

onde ${}^B\!/_P$ é a base monetária em unidades reais e $\emptyset_1$ é o multiplicador dos meios de pagamento. Fazendo $M = \emptyset_1 B$, estas relações correspondem à equação na Seção 4.2.

equações simultâneas, estudados na Econometria.[9] As letras β (beta) e Γ (gama) representam matrizes, $y$ é um vetor com as variáveis endógenas definidas no modelo, e $x$ é um vetor com as exógenas. Dados os parâmetros do modelo, incluídos nas matrizes, e valores para as variáveis exógenas, o sistema (4.1) nos permite encontrar valores para as variáveis endógenas. O desenvolvimento da solução para os modelos estáticos de Keynes e Kalecki aparece no Apêndice deste capítulo, e alguns resultados estão colocados a seguir. Em primeiro lugar, vamos definir os vetores com as variáveis endógenas e exógenas para o modelo keynesiano.

Variáveis endógenas e exógenas no modelo keynesiano:

$$y = \begin{bmatrix} Y \\ C \\ I \\ T \\ r \end{bmatrix}; \quad x = \begin{bmatrix} 1 \\ G \\ M/P \\ EX - IM \end{bmatrix}$$

Duas observações devem ser feitas em relação a esses vetores. Em primeiro lugar, a letra (minúscula) usada para representar o vetor com as variáveis endógenas, $y$, não deve ser confundida com a letra (maiúscula) usada para a renda agregada, $Y$. Por outro lado, o algarismo incluído no vetor com as variáveis exógenas corresponde aos interceptos presentes nas equações do modelo, à exceção da primeira (ver Apêndice). Para resolver esse sistema, devemos especificar seus parâmetros, e um exemplo aparece a seguir.

Equações do modelo keynesiano com parâmetros especificados:

$$C = 20 + 0{,}7(Y - T)$$
$$I = 80 - 250r$$
$$T = 15 + 0{,}2Y$$
$$M/P = 0{,}15Y + 10 - 20r$$

---

[9] Sobre estes modelos, ver Desai, 1977, Caps. 2 e 8, Kenkel, 1974, Cap. 11, Wallis, 1979, Cap. 4, e também Fonseca, 2003, Apêndice 6B.

A solução do modelo keynesiano resulta destes coeficientes e dos valores especificados para as variáveis exógenas (ver Apêndice):

Solução do modelo keynesiano:

$$x = \begin{bmatrix} 1 \\ 95 \\ 70 \\ 10 \end{bmatrix} \rightarrow y = \begin{bmatrix} 408,0 \\ 238,0 \\ 65,0 \\ 96,6 \\ 0,060 \end{bmatrix}$$

Uma análise que tradicionalmente é feita com modelos macroeconômicos estáticos é a avaliação dos efeitos de políticas fiscais e monetárias. Por exemplo, podemos avaliar os efeitos de uma política fiscal expansionista e de uma política monetária contracionista:

Efeitos de políticas fiscal e monetária no modelo keynesiano:

$$x = \begin{bmatrix} 1 \\ 100 \\ 70 \\ 10 \end{bmatrix} \rightarrow y = \begin{bmatrix} 410,2 \\ 239,2 \\ 61,0 \\ 97,0 \\ 0,076 \end{bmatrix}; \quad x = \begin{bmatrix} 1 \\ 95 \\ 65 \\ 10 \end{bmatrix} \rightarrow y = \begin{bmatrix} 381,0 \\ 222,9 \\ 53,1 \\ 91,2 \\ 0,107 \end{bmatrix}$$

No caso da política fiscal expansionista, que envolve um aumento do consumo do governo de 95 para 100, sem um aumento correspondente da oferta de moeda, podemos observar um efeito negativo sobre o investimento privado – queda de 65 para 61 –, que resulta da elevação da taxa de juros. Esse aumento dos gastos do governo acompanhado por uma redução do investimento é denominado, nos textos de Macroeconomia, de efeito *crowding-out*.

Uma vantagem de usar sistemas lineares é que os procedimentos de solução se aplicam a todos os modelos, independentemente do número de equações. No caso do modelo kaleckiano de determinação da renda, podemos seguir os mesmos passos do sistema de Keynes. Em primeiro lugar, temos os vetores com as variáveis endógenas e exógenas.

Variáveis endógenas e exógenas no modelo kaleckiano:

$$y = \begin{bmatrix} Y \\ C \\ I \\ \Pi \\ W \\ T \\ r \end{bmatrix}; \quad x = \begin{bmatrix} 1 \\ G \\ EX \\ IM \\ M/_P \end{bmatrix}$$

No vetor $y$, aparecem duas variáveis adicionais, o total de lucros, $\Pi$, e o total de salários, $W$. Por outro lado, um dos determinantes de $\Pi$ é o total das importações (quarta equação do modelo) e, portanto, esta variável deve aparecer no vetor $x$ separada do total das exportações. As equações desse modelo com parâmetros especificados aparecem a seguir:

Equações do modelo kaleckiano com parâmetros especificados:

$$C = 20 + 0,85(1 - 0,25)W + 0,55(1 - 0,35)\Pi$$
$$I = 80 + 0,3\Pi - 250r$$
$$\Pi = 0,2(W + IM)$$
$$T = 0,25W + 0,35\Pi$$
$$M/_P = 10 + 0,15Y - 20r$$

A solução do modelo de Kalecki resulta destes coeficientes e dos valores especificados para as variáveis exógenas (ver Apêndice):

Solução do modelo kaleckiano:

$$x = \begin{bmatrix} 1 \\ 95 \\ 55 \\ 45 \\ 70 \end{bmatrix} \quad \rightarrow \quad y = \begin{bmatrix} 403,0 \\ 205,5 \\ 92,5 \\ 60,4 \\ 257,1 \\ 85,4 \\ 0,023 \end{bmatrix}$$

Adicionalmente, podemos analisar os efeitos de políticas fiscais e monetárias usando esse modelo – por exemplo, os efeitos de uma política fiscal expansionista e de uma política monetária contracionista.

Efeitos de políticas fiscal e monetária no modelo kaleckiano:

$$x = \begin{bmatrix} 1 \\ 100 \\ 55 \\ 45 \\ 70 \end{bmatrix} \rightarrow y = \begin{bmatrix} 405,1 \\ 206,5 \\ 88,6 \\ 60,7 \\ 258,5 \\ 85,9 \\ 0,038 \end{bmatrix} ; \quad x = \begin{bmatrix} 1 \\ 95 \\ 55 \\ 45 \\ 65 \end{bmatrix} \rightarrow y = \begin{bmatrix} 376,6 \\ 193,2 \\ 78,4 \\ 57,0 \\ 239,8 \\ 79,9 \\ 0,075 \end{bmatrix}$$

Os resultados obtidos são equivalentes aos do modelo keynesiano, inclusive com a redução observada no investimento. Contudo, no caso deste modelo, podemos avaliar o efeito dessas políticas sobre a distribuição de renda entre lucros e salários.

## 4.4 Determinantes do consumo agregado

Nos modelos de determinação da renda, uma das principais relações é a função consumo. Na análise keynesiana, o consumo agregado, realizado pelo conjunto das famílias, é função da renda disponível – que se obtém do Produto Interno Bruto abatendo-se a renda líquida enviada ao exterior e o total dos impostos diretos e indiretos, e incluindo-se os subsídios e as transferências do governo às famílias, formadas principalmente pelas transferências ao sistema de previdência oficial, e o pagamento de juros sobre a dívida pública.

Por outro lado, supõe-se que a escolha entre consumir ou poupar a partir da renda disponível independe das alterações no nível geral de preços e, portanto, considera-se que a função consumo deve ser expressa em unidades reais (ou deflacionadas). Na Figura 4.1, estão representados dados para a renda disponível e o consumo das famílias na economia brasileira, que ilustram a relação relativamente estável existente entre esses dois agregados macroeconômicos, com exceção de alguns anos em que o consumo se situou em patamar relativamente mais baixo.

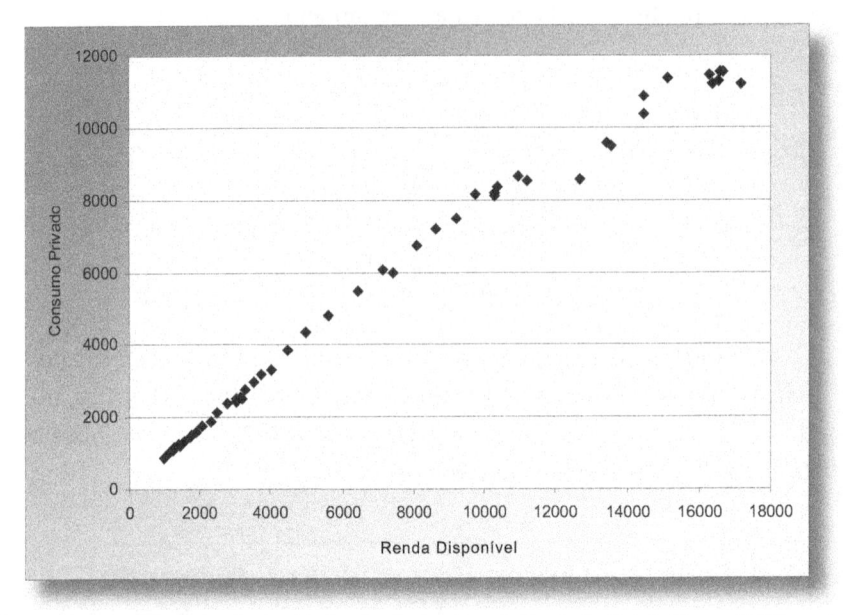

**Fontes:** Dados originais das Contas Nacionais, divulgados pela Fundação Getulio Vargas (FGV) e pelo Instituto Brasileiro de Geografia e Estatística (IBGE). Elaboração do autor.

**Figura 4.1 – Brasil: renda disponível e consumo das famílias, 1947-2003 (valores constantes de 1980, bilhões de cruzeiros).**

Na análise de Kalecki, separa-se o conjunto das famílias em dois grupos distintos, e leva-se em conta que a propensão a consumir dos trabalhadores é consideravelmente maior que a dos capitalistas – ou, visto de outra forma, que a propensão a poupar dos capitalistas é significativamente maior que a dos trabalhadores.[10] A principal razão para esse comportamento diferenciado está na natureza competitiva do sistema capitalista, que faz com que a poupança realizada

---

[10] Esta distinção entre as famílias pode ser generalizada, incluindo-se mais do que dois grupos de renda. Ver o modelo intersetorial de Miyazawa, examinado no Capítulo 7.

a partir dos lucros seja uma pré-condição para a sobrevivência e expansão das empresas.[11]

Um problema de ordem prática que se verifica na análise de Kalecki é que, enquanto a divisão da renda entre lucros e salários está incorporada aos sistemas de contabilidade social de muitos países, inclusive do Brasil, não existem dados para o consumo agregado que levem em conta a diferenciação entre a despesa dos trabalhadores e a dos capitalistas. Como aproximação, essa falta de informações poderia ser compensada com a distinção, introduzida pelo próprio Kalecki, entre bens essenciais – mais diretamente ligados ao consumo dos trabalhadores – e não-essenciais (ver Capítulo 2).[12]

Tanto na análise de Keynes como na de Kalecki, a função consumo está mais propriamente relacionada a decisões de curto e médio prazo, determinadas a partir da renda disponível em um dado período. Mas existem outras análises que consideram as decisões de consumo em uma perspectiva de longo prazo e, conseqüentemente, supõem que elas estejam menos sujeitas a variações em prazos relativamente curtos. Estas formulações são conhecidas como a "hipótese do ciclo de vida" e a "hipótese da renda permanente".[13]

De acordo com essas hipóteses, os consumidores tomam suas decisões levando em conta uma restrição orçamentária intertemporal, que expressa a relação entre as possibilidades de consumo no presente e no futuro, a renda atual e esperada, a riqueza inicial do consumidor, e o legado que ele pretende deixar para sua família.

Restrição orçamentária intertemporal:

$$\sum_{t=1}^{T}\frac{C_t}{(1+r)^t} + \frac{LE}{(1+r)^T} = R_0 + \sum_{t=1}^{A}\frac{Y_t}{(1+r)^t} \qquad (4.2)$$

---

[11] Sawyer, 1984, Cap. 5.
[12] Nas matrizes de insumo-produto disponíveis no Brasil, o consumo aparece desagregado por faixas de renda (0 a 2 salários mínimos, mais de 2 a 5 salários mínimos etc.). Neste caso, uma parcela do consumo da faixa mais elevada (mais de 10 salários mínimos) poderia ser associada, como aproximação, aos capitalistas.
[13] Wallis, 1979, Cap. 1.

Na equação (4.2), $C_t$ representa a despesa de consumo no ano $t$, $Y_t$ o rendimento decorrente do trabalho, $r$ a taxa de juros, $A$ o número de anos até a aposentadoria, $T$ o número de anos de vida, $R_0$ o valor da riqueza inicial que o consumidor possui, e $LE$ o legado que ele pretende deixar como herança.[14]

Como exemplo de aplicação da equação (4.2), podemos considerar um indivíduo que está com 35 anos, não possui nenhuma riqueza acumulada nem pretende deixar nenhum legado ($R_0 = LE = 0$), recebe salário de R$ 30.000 por ano e espera continuar recebendo esse valor em termos reais até se aposentar aos 65 anos, e espera viver até 80 anos. Se a taxa real de juros – isto é, descontada a inflação – que ele pode obter nas suas aplicações é de 3% ao ano, existe um padrão de consumo e poupança, em termos reais, que permite manter a mesma despesa de consumo ao longo de toda a sua vida: consumir R$ 23.982 e poupar R$ 6.018 até a aposentadoria. Este padrão de consumo permitiria acumular um patrimônio de R$ 286.309 aos 65 anos, valor suficiente para manter sua despesa de consumo por mais 15 anos.[15]

## 4.5 Determinantes do investimento

No Capítulo 3, vimos que o investimento é um elemento-chave na trajetória econômica de longo prazo de um país. Mas este agregado também desempenha um papel crucial nos movimentos de curto prazo. Uma das principais características das despesas de investimento é sua forte variabilidade, que resulta do fato de que as decisões de investir, ou de não investir, são consideradas tendo em conta avaliações em relação ao futuro, as quais são necessariamente marcadas por um significativo componente de incerteza e estão sujeitas a mudanças acentuadas e repentinas. Um aspecto especial do

---

[14] Bodie e Merton, 1998, Cap. 5.
[15] A solução deste problema está desenvolvida em Bodie e Merton, 1998, Cap. 5.

investimento é que, uma vez que ele traz conseqüências importantes para a trajetória futura da economia, as expectativas que o condicionam são, em parte, auto-realizadas.

Em linhas gerais, as decisões de investimento dependem da rentabilidade esperada dos novos bens de capital, que, por sua vez, está ligada às possibilidades de crescimento do produto agregado e a eventuais mudanças nas técnicas de produção. Na análise de Keynes, estas idéias estão representadas em um esquema para a decisão de investir de uma empresa, que resulta da comparação entre a taxa interna de retorno válida para incrementos ao estoque de capital – a Eficiência Marginal do Capital – e a taxa de juros.

Determinação da Eficiência Marginal do Capital:

$$V_K = \sum_{t=1}^{T} \frac{R_t}{(1+\rho)^t} \qquad (4.3)$$

Na equação (4.3), $V_K$ representa o custo da adição ao estoque de capital da empresa, incorrido apenas no período atual, $R_t$ o retorno adicional no período $t$, que resulta dos novos bens de capital, e $\rho$ é a taxa interna de retorno que torna iguais os dois lados da equação. A regra correspondente à equação (4.3) é: investir desde que $\rho$ seja maior do que a taxa de juros de mercado. Um aspecto importante dessa equação é que ela reflete o custo dos novos bens de capital em relação ao preço médio dos bens produzidos pela empresa. Um aumento relativo desse custo, ou uma queda relativa do preço dos bens, implica redução de $\rho$, o que tende a desestimular o investimento.

Uma vez que o investimento realizado por uma empresa tem de ser financiado de alguma forma – geralmente por meio de lucros retidos, empréstimos bancários ou emissão de ações e de títulos de dívida –, a disponibilidade de fundos e o custo do financiamento, que pode ser um custo efetivo ou de oportunidade, são fatores relevantes para as decisões de investir. Todos esses elementos associados ao custo de financiamento estão refletidos na taxa de juros de mercado, que, conforme colocado no parágrafo anterior, é contrastada com estimativas de rentabilidade futura.

De todos os fatores que afetam as decisões de investimento de uma empresa, os mais importantes são provavelmente a rentabilidade e o total de lucros.[16] Isto porque um aumento dos lucros causa, por um lado, um incremento dos fundos disponíveis para investimento e, por outro, afeta positivamente as avaliações sobre os retornos futuros – estes estão representados no lado direito da equação (4.3). Conseqüentemente, na análise macroeconômica, o total de lucros deve ser considerado um dos principais determinantes do investimento. Cumpre ressaltar que no modelo keynesiano, especificado na Seção 4.1, os lucros não aparecem diretamente na equação para o investimento agregado, já que Keynes não leva em conta a distribuição entre lucros e salários. Esta é uma séria limitação desse modelo e, portanto, representa um forte argumento em favor da superioridade da análise de Kalecki. Na Figura 4.2, está ilustrada a estreita relação entre a trajetória do investimento e a dos lucros, usando dados para a economia brasileira. No mesmo gráfico, aparece a variação real do PIB, variação que, de acordo com o princípio da aceleração, está diretamente associada ao investimento.

No Capítulo 3 consideramos o princípio da aceleração como determinante do investimento agregado, supondo a existência de uma relação capital-produto fixa na equação $\Delta K = \nu \Delta Y^*$. Uma alternativa em relação a essa análise simplificada consiste em usar uma versão generalizada, a qual pressupõe que o investimento efetivamente realizado é apenas uma proporção do investimento necessário para atingir um determinado estoque de capital $K^*$.[17] As equações desta abordagem aparecem a seguir.

Equações do acelerador flexível (hipótese de "ajuste parcial"):

$$I_t = (1-\gamma)(K_t^* - K_{t-1}), \quad 0 < \gamma < 1 \quad (4.4)$$

$$K_t^* = \nu Y_t^* \quad (4.5)$$

---

[16] Dado que a rentabilidade pode ser definida como o total de lucros dividido pelo capital investido, rentabilidade e lucros são conceitos equivalentes no curto prazo, já que o estoque de capital não varia.
[17] Wallis, 1979, Cap. 3.

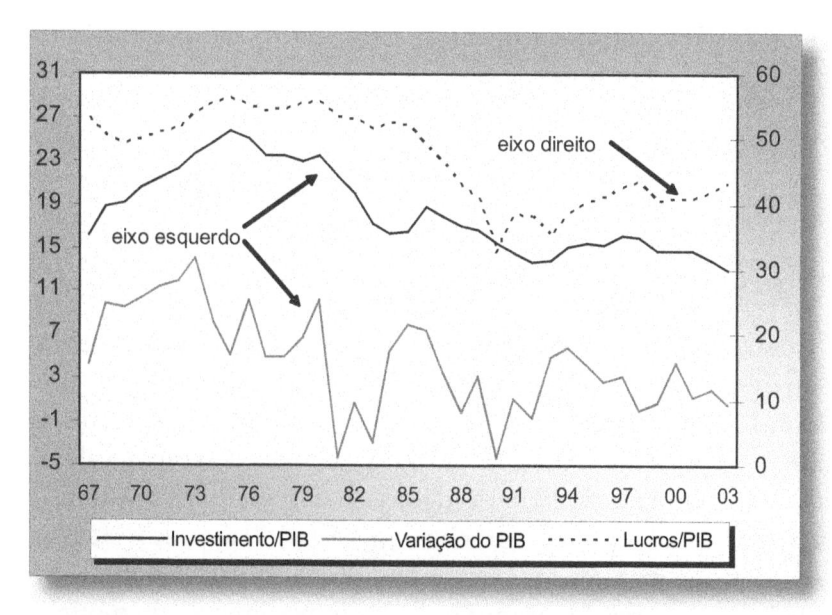

**Fontes:** Dados originais das Contas Nacionais, divulgados pela Fundação Getulio Vargas (FGV) e pelo Instituto Brasileiro de Geografia e Estatística (IBGE). Elaboração do autor.

**Figura 4.2 – Determinantes do investimento no Brasil, 1967-2003 (dados em %).**

Substituindo a equação (4.5) em (4.4), obtemos uma relação para o investimento em termos do produto potencial $Y^*$, do estoque de capital no período anterior, e dos parâmetros $\nu$ e $\gamma$:

$$I_t = \nu(1-\gamma)Y_t^* - (1-\gamma)K_{t-1} \qquad (4.6)$$

Na equação (4.4), $K^*$ pode ser interpretado como um estoque desejado de capital, e poderíamos introduzir outras relações para essa variável no lugar de (4.5).

Um outro esquema de análise das decisões de investi r é o chamado modelo neoclássico de investimento, desenvolvido por Jorgenson, que busca determinar a demanda intertemporal de uma firma por capital, considerado como um fator de produção.[18] As equações desse modelo aparecem a seguir:

---

[18] Ibidem.

Equações do modelo neoclássico de investimento:

$R(t) = p(t)Q(t) - w(t)L(t) - c(t)I(t)$ (receita líquida no período $t$) (4.7)

$I(t) = \dfrac{d}{dt}K + \delta K$ (relação entre investimento e estoque de capital) (4.8)

$Q(t) = F[K(t), L(t)]$ (função de produção) (4.9)

$W(0) = \int_0^\infty R(t)e^{-rt}dt$ (valor presente dos ganhos futuros) (4.10)

Nestas equações, $p$ é o preço médio do produto; $w$ e $c$ representam, respectivamente, os custos associados ao fator trabalho e ao investimento; o parâmetro $\delta$ é a taxa de depreciação do estoque de capital; e $r$ representa a taxa de juros, usada para descontar valores futuros. O problema da firma é determinar seqüências no tempo de bens de capital e de mão-de-obra, $K(t)$ e $L(t)$, dadas as restrições (4.8) e (4.9), que maximizam o valor líquido da empresa, $W(0)$. Essas demandas por fatores de produção, dados os parâmetros do modelo, dependem apenas dos preços relativos, e não dos níveis de produção, conforme representado a seguir.[19]

$K^* = K[p(t), c(t), w(t)]$ (4.11)

$L^* = L[p(t), c(t), w(t)]$ (4.12)

Por último, usando a solução representada em (4.11) na equação (4.8), obtemos o resultado para o investimento realizado pela empresa ao longo do tempo: $I^*(t) = dK^*(t)/dt + \delta K^*(t)$. Essa conclusão, de que o investimento é determinado pelos preços relativos, não é incorporada de forma explícita nos modelos macroeconômicos convencionais e, claramente, não aparece representada nos sistemas de determinação da renda de Keynes e Kalecki. No entanto, devemos considerar que os preços relativos afetam os lucros, o Grau de Monopólio e a Eficiência Marginal do Capital e que, por sua vez, estes elementos estão incorporados nesses sistemas.

---

[19] A solução está desenvolvida em Wallis, 1979, Cap. 3.

## 4.6 Modelo macrodinâmico de Samuelson

Os dois componentes da demanda agregada examinados nas Seções 4.4 e 4.5, o consumo das famílias e o investimento, estão incluídos em um dos primeiros modelos dinâmicos desenvolvidos na Macroeconomia, e também um dos mais simples: o modelo de Samuelson, também chamado de "multiplicador-acelerador",[20] cujas equações estão colocadas a seguir:

Equações do modelo de Samuelson:

$$Y_t = C_t + I_t + G_t$$
$$C_t = \alpha Y_t$$
$$I_t = \beta(Y_{t-1} - Y_{t-2})$$
$$G_t = G$$

Em comparação com as contribuições de Keynes e Kalecki, as relações econômicas deste modelo são bastante simples: o setor externo e o sistema monetário não são levados em conta, e embora as despesas do governo sejam incluídas, o mesmo não ocorre com seu financiamento (os impostos). Por outro lado, uma vez que a função $C_t$ não inclui intercepto, a participação do consumo na renda é constante.[21] No caso do investimento, a função $I_t$ incorpora o princípio da aceleração e, portanto, pode ser comparada à equação (3.1), no Capítulo 3. Todavia, podemos notar duas diferenças em relação à versão anterior: no modelo de Samuelson, a variável que aparece no lado direito é a renda agregada, e não o produto potencial; além disso, a variação da renda aparece defasada no tempo (temos $\Delta Y_{t-1}$ no lugar de $\Delta Y$).

A inclusão dessa defasagem se deve às propriedades dinâmicas desejadas para o modelo. Sem ela, o sistema anterior corresponderia

---

[20] Samuelson, 1939, p. 75-8.
[21] Em seu artigo, Samuelson introduz uma defasagem de tempo na função consumo, $C_t = \alpha Y_{t-1}$. Contudo, essa modificação não leva a nenhuma alteração importante em relação à versão apresentada aqui.

a uma equação a diferenças de primeira ordem (ver Apêndice ao Capítulo 3), cuja trajetória dinâmica é adequada para representar o crescimento no longo prazo, mas não as tendências no médio prazo. Por exemplo, uma equação de primeira ordem não permite representar um comportamento cíclico.[22]

Substituindo as equações para $C_t$, $I_t$ e $G_t$, definidas no modelo de Samuelson, na equação para $Y_t$, obtemos a seguinte equação dinâmica:

$$Y_{t+2} - \frac{\beta}{1-\alpha}(Y_{t+1} - Y_t) = \frac{G}{1-\alpha} \quad (4.13)$$

A equação (4.13) é uma equação a diferenças de segunda ordem, linear e com coeficientes constantes (ver Apêndice a este capítulo). A trajetória dinâmica de $Y_t$ depende das raízes de (4.13), e estas raízes, por sua vez, são determinadas pelos parâmetros $\alpha$ e $\beta$. Podemos verificar que as raízes serão reais e distintas quando $\beta - 4(1-\alpha) > 0$, e serão números complexos conjugados quando $\beta - 4(1-\alpha) < 0$.

A possibilidade de as raízes serem complexas é especialmente interessante, pois está associada a uma trajetória cíclica para o produto nacional, algo que é observado na prática. A solução da equação (4.13) para esse caso aparece como:

$$Y_t = A_1 \omega^t \cos(\theta t + A_2) + \frac{G}{1-\alpha} \quad (4.14)$$

Na equação (4.14), $A_1$ e $A_2$ são constantes, determinadas pelas condições iniciais especificadas para (4.13). Por outro lado, $\omega$ e $\theta$

---

[22] Sem defasagem na equação para o investimento, o modelo de Samuelson corresponderia à seguinte equação a diferenças (linear e de primeira ordem):

$$Y_{t+1} = \frac{-\beta}{1-\alpha-\beta}Y_t + \frac{G}{1-\alpha-\beta}$$

A solução desta equação é dada por:

$$Y_t = \left(Y_0 - \frac{G}{1-\alpha}\right)\left[\frac{-\beta}{1-\alpha-\beta}\right]^t + \frac{G}{1-\alpha}$$

Uma vez que o termo elevado ao expoente $t$ é maior do que 1 (ver Kenkel, 1974, p. 245-6), esta solução não converge para um valor constante (ela tende a infinito).

são parâmetros que resultam das raízes da equação a diferenças (ver Apêndice). Como exemplo, podemos examinar a Figura 4.3, que corresponde aos seguintes parâmetros e resultados:

Parâmetros e resultados usados na Figura 4.3:
$\alpha = 0,7; \beta = 1/4;$
raízes: $(5/12)\left[1 \pm \sqrt{(19/5)}\,i\right]; \omega = 0,91287; \theta = 1,0968;$
$G = 350; Y_0 = 900; Y_1 = 950; A_1 = -296,65; A_2 = 100,08$

A Figura 4.3 mostra que a trajetória de $Y_t$ oscila em torno do *estado estacionário* $G/(1 - \alpha)$, e a distância em relação a esse valor reduz-se com o tempo – ou seja, $Y_t$ converge para o estado estacionário. A convergência ocorre porque o módulo das raízes, correspondente a $\omega$, é menor do que 1.

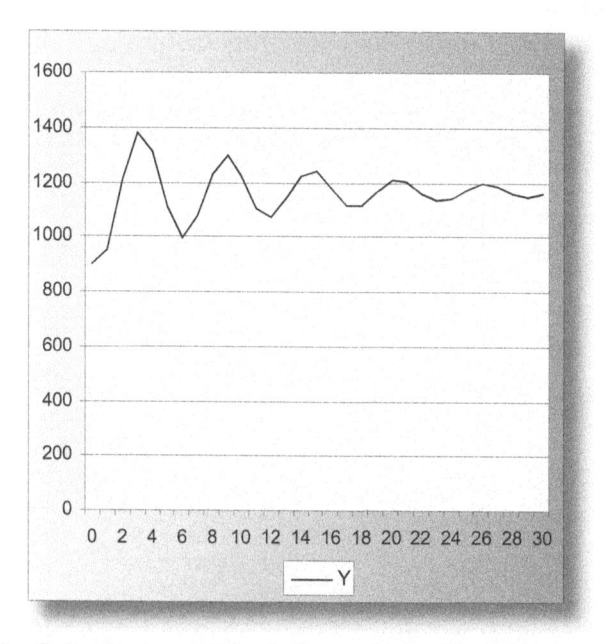

**Figura 4.3** – **Solução do modelo de Samuelson com raízes complexas.**
($\alpha$ = 0,7; $\beta$ = 1/4; $G$ = 350; $Y_0$ = 900; $Y_1$ = 950).

Como variação do exemplo representado na Figura 4.3, podemos introduzir uma alteração no modelo de Samuelson para incorporar uma trajetória de equilíbrio com crescimento, o que permite conciliar a análise de longo prazo do Capítulo 3 com a de médio prazo examinada neste capítulo.[23] Essa modificação consiste em introduzir um elemento autônomo na equação para o investimento, como representado a seguir:

Investimento com crescimento autônomo:

$$I_t = \beta(Y_{t-1} - Y_{t-2}) + \gamma_t$$
$$\gamma_t = \gamma_0(1+g)^t$$

Esse componente autônomo para o investimento agregado, incorporando uma taxa constante de crescimento $g$, pode ser interpretado, por exemplo, como resultado de oportunidades de investimento proporcionadas por mudanças tecnológicas – que se expandiriam ao longo do tempo a uma taxa constante. Com a introdução desse

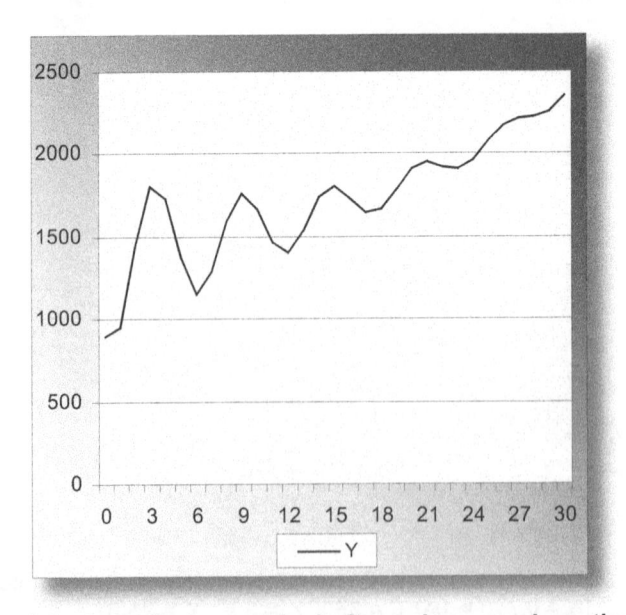

**Figura 4.4 – Solução do modelo de Samuelson com investimento autônomo** ($\alpha = 0{,}7$; $\beta = 1/4$; $G = 350$; $Y_0 = 900$; $Y_1 = 950$; $\gamma_0 = 60$; $g = 0{,}06$).

---

[23] Esta formulação aparece em Kenkel, 1974, Cap. 10, Seção 10.5.

componente autônomo, a solução do modelo fica alterada, e aparece representada na seguinte equação:

$$Y_t = A_1 \omega^t \cos(\theta t + A_2) + \frac{G}{1-\alpha} + \frac{\gamma_0 (1+g)^{t+2}}{(1-\alpha)(1+g)^2 - \alpha\beta} \qquad (4.15)$$

Como exemplo da trajetória dinâmica correspondente à solução (4.15), com $\gamma_0 = 60$ e $g = 0,06$, temos a solução para o produto nacional representada na Figura 4.4. A trajetória de equilíbrio dinâmico neste caso, em torno da qual oscila a solução para $Y_t$, é denominada de "crescimento de estado regular" (*steady-state growth*).

## 4.7 Receitas e despesas do governo

Na análise da demanda agregada e do crescimento econômico no médio prazo, a influência do governo se dá pela arrecadação de impostos, que depende do nível do produto nacional, e pelas despesas públicas, consideradas como um elemento exógeno, uma vez que resultam de decisões governamentais, e não estão diretamente associadas a outras variáveis econômicas.

A arrecadação do governo é formada por impostos diretos, que afetam negativamente a renda disponível das famílias, e por impostos indiretos, que são incluídos nos preços dos bens e serviços. No Brasil, parcela importante da receita do governo corresponde às chamadas contribuições sociais, que, ao longo dos anos, vêm assumindo uma participação crescente no total da arrecadação.[24]

---

[24] Estas contribuições incluem o Programa de Integração Social (PIS) e o Programa de Formação do Patrimônio do Servidor Público (Pasep), criados em 1970; o Fundo de Investimento Social (Finsocial), criado em 1982, e atualmente denominado Contribuição para o Financiamento da Seguridade Social (Cofins); e a Contribuição sobre o Lucro da Pessoa Jurídica. O PIS incide sobre o faturamento das empresas e estes recursos, juntamente com o Pasep, são administrados pelo BNDES – no início da década de 1990, eles correspondiam a 35% da receita total do Banco (BNDES, 1992). A Cofins também incide sobre o faturamento, e sua alíquota vem aumentando sistematicamente, tendo atingido 7,6% em 2004. A razão para o aumento da arrecadação por meio de contribuições é que – diferentemente de outros impostos (em particular, o Imposto de Renda e o Imposto sobre Produtos Industrializados) – o governo federal não necessita dividir o total arrecadado com estados e municípios.

Quanto às despesas, elas são formadas por gastos com pessoal e encargos sociais, despesas correntes com bens e serviços, transferências ao setor privado, e investimento público. Nas transferências, são incluídos os juros e encargos sobre a dívida pública, os subsídios ao setor privado, e as transferências à previdência social. Na Tabela 4.1, aparecem dados para as receitas e despesas do governo brasileiro nas últimas décadas.

Tabela 4.1 – Brasil: receitas e despesas do governo (% do PIB)[1]

|  | 1947 –54 | 1955 –63 | 1964 –72 | 1973 –79 | 1980 –84 | 1985 –93 | 1994 –98 | 1999 –03 |
|---|---|---|---|---|---|---|---|---|
| **Receita** | 18,2 | 18,8 | 23,1 | 24,2 | 24,2 | 25,8 | 28,5 | 33,0 |
| Impostos diretos | 5,1 | 5,2 | 7,9 | 11,5 | 12,4 | 12,0 | 13,1 | 16,1 |
| Impostos indiretos[2] | 13,1 | 13,6 | 15,2 | 12,7 | 11,8 | 13,8 | 15,4 | 16,9 |
| **Consumo do governo** | 11,2 | 11,7 | 11,0 | 9,8 | 9,7 | 15,0 | 18,3 | 19,5 |
| Salários | n.d. | n.d. | 2,7 | 6,9 | 6,7 | 10,7 | 13,8 | n.d. |
| Outras despesas | n.d. | n.d. | 8,3 | 3,0 | 3,0 | 4,3 | 4,5 | n.d. |
| **Transferências** | 3,8 | 5,1 | 7,8 | 10,5 | 15,1 | 22,8 | 15,9 | 22,0 |
| Juros[3] | n.d. | n.d. | 0,4 | 1,6 | 3,8 | 13,4 | 6,2 | 7,1 |
| Subsídios e previdência | n.d. | n.d. | 7,4 | 9,0 | 11,3 | 9,5 | 9,7 | 14,9 |
| **Investimento do governo** | 3,0 | 3,8 | 3,9 | 3,5 | 2,3 | 3,2 | 2,6 | 1,9 |

Notas:
1. Médias no período.
2. Inclui "Outras receitas".
3. Juros no conceito "operacional", que desconta a correção monetária sobre a dívida do período anterior.
n.d.: Informação não-disponível.

**Fontes:** Dados originais das Contas Nacionais, divulgados pela Fundação Getulio Vargas (FGV) e pelo Instituto Brasileiro de Geografia e Estatística (IBGE). Elaboração do autor.

O resultado fiscal é igual às receitas menos as despesas do governo, e há mais de uma definição para ele. Na definição correspondente ao resultado *nominal*, todas as despesas são incluídas, enquanto no resultado *primário*, as despesas com juros sobre a dívida pública não são incluídas. Por outro lado, se ajustarmos as despesas com juros, eliminando o efeito da inflação, temos o conceito de resultado *operacional*.[25]

O resultado fiscal, em especial no conceito nominal, possui importante relação com a oferta de moeda disponível no país. A equação que representa essa relação – desenvolvida na década de 1970 por Modigliani, Christ, Blinder e Solow[26] – é denominada "restrição orçamentária do governo", e aparece a seguir:

Restrição orçamentária do governo:

$$\text{Déficit fiscal} = \Delta(\text{base monetária}) + \Delta(\text{dívida pública}) - \Delta(\text{reservas internacionais})$$

A restrição orçamentária resulta do balanço do Banco Central, que inclui, no ativo, empréstimos ao governo e reservas internacionais e, no passivo, a base monetária.[27] Esta pode ser considerada um resíduo que, ao variarem os demais itens do balanço do Banco Central, mantém ativo e passivo equilibrados. Por outro lado, como será visto na próxima seção, uma vez determinada a base monetária, a oferta de moeda fica especificada pelo multiplicador dos meios de pagamento.

Um aspecto importante da restrição orçamentária é que ela vem a ser um elemento de ligação entre variáveis monetárias e não-

---

[25] Este ajuste é feito abatendo-se das despesas com juros a variação da dívida decorrente da inflação, que é igual à dívida no período anterior vezes $\Delta P/P$ ($P$ representa um índice geral de preços). No caso da dívida externa, antes de realizar esta operação, é necessário transformar o saldo do período anterior em moeda nacional.

[26] Ramalho, 1990.

[27] Os principais itens do balanço do Banco Central aparecem a seguir (ver Simonsen e Cysne, 1995, Cap. 1):

| ATIVO | PASSIVO |
|---|---|
| Reservas internacionais | Base monetária |
| Empréstimos ao governo | Papel-moeda em poder do público |
| Títulos públicos | Reservas totais dos bancos comerciais |
| Redesconto e outros empréstimos aos bancos comerciais | Em moeda corrente |
| Outras aplicações | Em depósitos no Banco Central (compulsórios e voluntários) |
| | Depósitos do governo |
| | Empréstimos externos |

monetárias. Em particular, ela mostra que a política fiscal traz conseqüências para a política monetária e, por extensão, para o sistema financeiro em geral.[28] Portanto, os efeitos da política fiscal não se limitam àqueles descritos nos modelos de determinação da renda examinados nas Seções 4.1 e 4.2.

## 4.8 Determinantes da oferta e da demanda de moeda

Na análise macroeconômica tradicional, representada pelo modelo de equilíbrio estático de Keynes (Seção 4.1), a oferta de moeda é considerada uma variável exógena – ou seja, que não é influenciada pelas demais variáveis do modelo. No entanto, essa abordagem é claramente irrealista, e um tratamento mais satisfatório consiste em considerar que a oferta de moeda resulta da aplicação do chamado "multiplicador dos meios de pagamento" ao saldo da base monetária – esse último fica determinado pelas operações financeiras, em moeda nacional e estrangeira, envolvendo o Banco Central (ver seção anterior).

Este multiplicador pode ser desenvolvido considerando, em primeiro lugar, que a oferta de moeda, ou meios de pagamento ($M$), é a soma do papel-moeda em poder do público e dos depósitos à vista nos bancos comerciais; em seguida, que a base monetária ($B$) é igual ao papel-moeda em poder do público, mais o papel-moeda mantido pelos bancos comerciais (caixa dos bancos), mais os depósitos dos bancos comerciais no Banco Central. Definindo-se a razão $m$ = papel-moeda em poder do público/$M$, temos esta relação para a base:

$$B = mM + (B - mM)$$

Adicionalmente, definimos a razão $d$ = reservas totais dos bancos/depósitos à vista = $(B - mM)/(1 - m)M$. Logo, temos a seguinte expressão para os meios de pagamento:

---

[28] Esta relação será examinada no Capítulo 8, como parte de um modelo macroeconômico desenvolvido pelo autor.

$$M = mM + \frac{B - mM}{d}$$

Desenvolvendo essa equação, obtemos:

$$M = \left(1 - m + \frac{m}{d}\right) = \frac{B}{d} \quad \rightarrow \quad M = \frac{1}{m + d(1-m)} B \quad (4.16)$$

O termo que multiplica $B$ na equação (4.16) é o multiplicador dos meios de pagamento,[29] que depende das decisões das empresas e famílias sobre a quantidade de papel-moeda que desejam manter em relação aos depósitos, e da proporção das reservas bancárias em relação aos depósitos à vista – em parte, determinada pelo Banco Central, que fixa uma proporção mínima para as reservas bancárias (os depósitos compulsórios). Os dados para o multiplicador dos meios de pagamento no Brasil estão ilustrados na Figura 4.5.

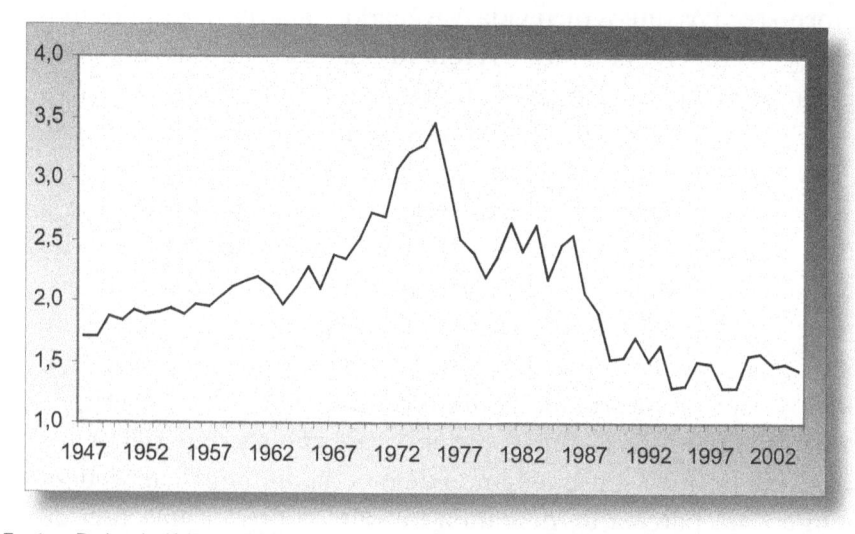

**Fontes:** Dados de 1947 a 1988 obtidos de IBGE (1990). A partir de 1988, dados dos meios de pagamento, divulgados pelo Banco Central.

**Figura 4.5 – Multiplicador dos meios de pagamento no Brasil, 1947-2004.**

---

[29] Podemos ainda obter uma expressão alternativa, freqüentemente usada no denominador deste multiplicador (por exemplo, no Capítulo 1 de Simonsen e Cysne, 1995):
$$m + d(1-m) = 1 - (1-m) + d(1-m) = 1 - (1-m)(1-d)$$

Quanto à demanda, ela depende de duas das funções da moeda: a função de meio de troca e a de reserva de valor (ou de riqueza).[30] A primeira delas está associada à demanda de moeda para *transações*, que possui relação direta com o produto nacional em valores correntes. A segunda função corresponde à demanda *especulativa* de moeda, que resulta das decisões sobre a alocação de riqueza entre diferentes ativos financeiros – uma das alternativas é a aplicação em ativos monetários, que geralmente não têm remuneração (não rendem juros).

Na versão original da demanda especulativa, elaborada por Keynes, apenas dois ativos são considerados nas decisões sobre alocação de riqueza: saldos monetários e títulos de dívida. As decisões são tomadas considerando-se os retornos proporcionados por esses dois ativos em um determinado período futuro – na verdade, apenas o retorno com os títulos de dívida é avaliado, uma vez que saldos monetários não têm remuneração. A rentabilidade dos títulos resulta de dois fatores: os juros (cupons), que estão especificados nos papéis, e a variação patrimonial. Esta última está inversamente relacionada com as taxas de juros no futuro – em particular, se estas taxas se elevarem, a variação patrimonial será negativa, o que pode levar a perdas com esses ativos. Portanto, quando as taxas de juros estão relativamente baixas, e tendem a subir no futuro, existe um incentivo para se manter riqueza na forma de moeda, isto é, a demanda de moeda aumenta. Por outro lado, se as taxas de juros estão altas, e tendem a cair no futuro, existe um incentivo para se manter riqueza na forma de títulos – uma vez que a variação patrimonial destes ativos seria positiva –, e a demanda de moeda diminui. Conseqüentemente, esta parcela da demanda de moeda possui uma relação inversa com a taxa de juros.

Essa análise simplificada da demanda especulativa possui duas limitações, quando se consideram aspectos práticos das decisões financeiras. Em primeiro lugar, as taxas previstas de inflação devem

---

[30] A terceira função da moeda é a de unidade de valor.

ser levadas em conta e, neste caso, saldos monetários podem ter, e freqüentemente têm, retornos *reais* negativos. Por outro lado, existe uma alternativa além dos saldos monetários, que têm rentabilidade nominal zero, e dos títulos com rentabilidade futura incerta (sujeita a risco). Esta alternativa corresponde aos chamados títulos *sem risco* – títulos de curto prazo emitidos pelo governo –, que certamente devem ser considerados nas decisões sobre alocação de riqueza.[31]

Conforme examinado nos parágrafos anteriores, os saldos monetários existentes em qualquer período são determinados por dois conjuntos de fatores, representados genericamente pela oferta e pela demanda de moeda. No mundo real, esses dois elementos são necessariamente iguais. No entanto, uma questão que pode ser colocada é sobre a predominância da oferta ou da demanda na determinação dos saldos monetários. Na análise macroeconômica, geralmente se considera que a demanda é o principal determinante dos saldos de moeda, e a oferta tem necessariamente de se ajustar. Segundo essa análise, variações nesses saldos resultam de mudanças nas despesas com bens e serviços.[32]

Um importante exemplo da predominância da demanda de moeda está nas decisões de investimento das empresas. Um aumento das despesas de investimento causa uma expansão correspondente da poupança, que permitirá financiar os gastos ampliados com bens de capital, mas esse é um resultado que somente se verificará *a posteriori* – ou seja, o aumento da poupança não ocorre no momento em que se decide investir. Tanto Keynes como Kalecki enfatizaram o papel central desempenhado pelo sistema bancário na criação de saldos monetários necessários para que maiores despesas com bens de capital possam se realizar. Nas palavras de Kalecki, "o financiamento do investimento adicional é realizado pela chamada criação de poder de compra. Há um aumento da demanda por créditos bancários e estes são proporcionados pelos bancos".[33]

---

[31] Fonseca, 2003, Apêndice 8A.
[32] Sawyer, 1984, Cap. 5.
[33] Kalecki, 1977, p. 24.

Mesmo que as empresas se financiem com emissão de ações ou de títulos de dívida, ocorrerá uma expansão da demanda de crédito, pois o valor total dos ativos disponíveis no sistema financeiro tende a aumentar, e essa demanda ampliada deve ser compensada por uma maior oferta de crédito por parte do sistema bancário.

### 4.9 Elementos do setor externo

A principal ligação do sistema econômico de um país com o resto do mundo está na balança comercial, e um fenômeno repetidamente observado é que a expansão das exportações contribui de forma importante para o crescimento econômico e o desenvolvimento. Nas últimas décadas, a relação entre aumento das exportações e crescimento econômico tem sido particularmente forte nos países da Ásia. Por outro lado, como foi visto nas Seções 4.7 e 4.8, os efeitos das relações internacionais sobre a atividade econômica interna também se manifestam via sistema financeiro – em particular, as reservas de divisas, por causa dos seus impactos sobre a base monetária, contribuem para determinar a oferta de moeda.

Uma das principais variáveis do setor externo, que afeta as relações tanto comerciais como financeiras entre um país e o resto do mundo, é o câmbio. Cotações cambiais são *preços*, não de bens e serviços, mas da unidade monetária de um país, e esses preços são expressos em unidades monetárias de outros países. Por exemplo, a taxa de câmbio \$/¥ é o preço, em moeda norte-americana, da moeda japonesa.

Como ocorre com todos os preços, podemos obter um indicador do câmbio *real* (em valores constantes) usando índices de preços. Representando o câmbio em valores correntes por $e$, um indicador para o câmbio real é obtido dividindo-se o numerador por um índice de preços internos, representado por $P$, e o denominador por um índice de preços externos, representado por $P^*$, ou seja, $e^* = eP^*/P$. Os valores obtidos para o índice de câmbio real são geralmente arbitrários, e podem ser usados apenas em análises comparativas, isto é, podemos comparar o câmbio real em um período com o de outros períodos.

Por outro lado, se os índices para os preços internos e externos forem construídos com o mesmo período de referência – mesmo período-base –, então o câmbio real corresponderá aos preços desse período-base. Na Figura 4.6, aparece representado um índice para o câmbio real no Brasil.

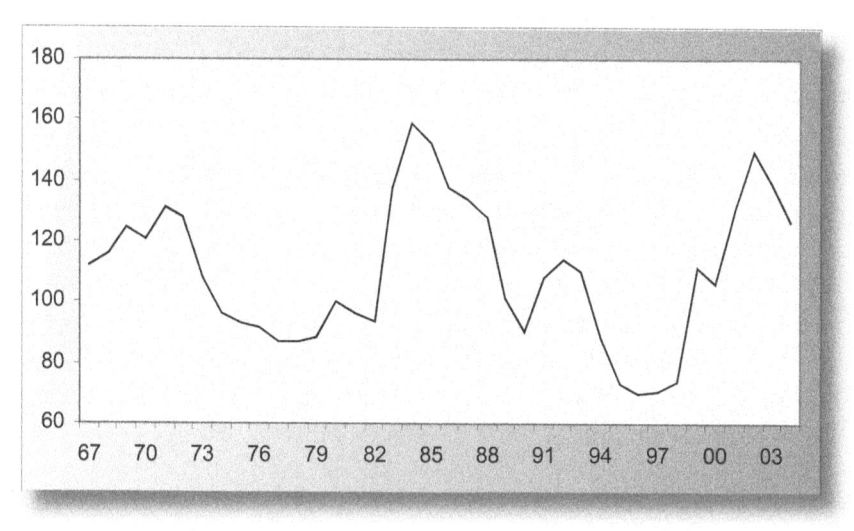

**Nota:** Dados para o câmbio corrente, reais/dólares (médias no período), ajustados pelo deflator do PIB do Brasil e do PNB dos Estados Unidos.

**Fontes:** Dados para o Brasil: de 1967 a 1988, em IBGE, 1990; a partir de 1988, dados para o deflator do PIB divulgados pelo IBGE, e dados para o câmbio divulgados pelo Banco Central.

Dados para os Estados Unidos: de 1967 a 1984, em Baumol e Blinder, 1985; a partir de 1984, dados divulgados pelo Banco Central do Brasil.

**Figura 4.6 – Índice de câmbio real no Brasil, 1967-2004 (1980 = 100).**

O câmbio em valores constantes é uma das variáveis que determinam o saldo da balança comercial, já que está *diretamente* relacionado às exportações – isto é, quanto maior o câmbio real, maiores tendem a ser as vendas externas –, e está *inversamente* relacionado às importações – com o câmbio real mais elevado, as importações tendem a diminuir. Conseqüentemente, existe uma relação direta entre câmbio real e saldo comercial.

Se à balança comercial forem agregados os recebimentos líquidos decorrentes de serviços prestados a indivíduos e empresas residentes no exterior – que incluem os serviços de capital, além de fretes, seguros e viagens – e transferências pessoais e doações, chega-se ao saldo em conta corrente. Este saldo é o principal indicador das transações comerciais entre um país e o resto do mundo, e tem de ser compensado por movimentos de capitais (autônomos e compensatórios). Por exemplo, um país que tem saldo positivo em conta corrente é um exportador líquido de capital, enquanto um país com saldo negativo é um importador de capital, ou seja, absorve poupança externa.

A equivalência entre poupança externa e saldo nas transações com o exterior, com o sinal trocado, pode ser estabelecida por identidades macroeconômicas e pela definição de poupança nacional ($S^N$). Esta é igual à soma da poupança privada, $S^P = Y - T - C$ (estas variáveis foram definidas na Seção 4.1), e da poupança do governo, $S^G = T - G$. Usando a igualdade entre o produto nacional e a demanda agregada (primeira equação nos modelos de Keynes e Kalecki), encontramos:

$$S^N = S^P + S^G = Y - C - G = I + (EX - IM) \qquad (4.17)$$

Conseqüentemente, o investimento agregado é igual à poupança nacional mais a poupança externa – o saldo comercial com o sinal trocado. Esse desenvolvimento será válido se o saldo comercial, $(EX - IM)$, for aproximadamente igual ao saldo em conta corrente, que é o verdadeiro indicador da poupança externa (com o sinal trocado). Caso essa igualdade não se verifique, a equação (4.17) serve apenas como uma aproximação.

Nas Seções 4.1 e 4.2, o saldo da balança comercial foi tratado como uma variável exógena (não-explicada pelo modelo), mas essa característica pode ser alterada se for levado em conta que esse saldo possui relação direta com o câmbio real e a renda no exterior ($Y^e$), e relação inversa com a renda interna:

$$(EX - IM) = \zeta_1 + \zeta_2 e^* + \zeta_3 Y + \zeta_4 Y^e; \quad (\zeta_2, \zeta_4) > 0; \zeta_3 < 0 \quad (4.18)$$

Esta equação pode ser agregada ao modelo keynesiano da Seção 4.1, ou ao modelo kaleckiano da Seção 4.2. No primeiro caso, temos o seguinte sistema:

Modelo keynesiano para uma economia aberta (saldo comercial endógeno):

$$Y = C + I + G + (EX - IM)$$
$$C = \alpha_0 + \alpha_1(Y - T)$$
$$I = \beta_0 + \beta_1 r$$
$$T = \gamma_0 + \gamma_1 Y$$
$$M/P = \delta_0 + \delta_1 r + \delta_2 Y$$
$$(EX - IM) = \zeta_1 + \zeta_2 e^* + \zeta_3 Y + \zeta_4 Y^e$$

As variáveis endógenas desse modelo são as mesmas da versão anterior (Seção 4.1) mais o saldo comercial, e as variáveis exógenas são o consumo do governo ($G$), os saldos monetários em valores constantes ($M/P$), o índice de câmbio real ($e^*$), e o indicador da renda agregada no exterior ($Y^e$). Uma vez que os parâmetros estejam especificados, o modelo pode ser resolvido usando-se os procedimentos empregados anteriormente (que são analisados no Apêndice).[34]

## 4.10 Considerações finais

As principais ferramentas teóricas disponíveis para a análise do crescimento no médio prazo são os modelos de equilíbrio *estático* de Keynes e Kalecki, que incorporam vários elementos da análise macroeconômica: a função consumo, a função investimento, a oferta e demanda de moeda, o setor público e o setor externo. O modelo de Kalecki se distingue do de Keynes pela introdução da distribuição de renda entre lucros e salários, e por levar em conta a relação entre

---

[34] Neste modelo, os efeitos do setor externo sobre o sistema monetário não são levados em conta. No Capítulo 8, será analisado um modelo mais geral, que incorpora tais efeitos.

a distribuição e o mecanismo de formação de preços em mercados oligopolizados.

Por outro lado, existem modelos *dinâmicos* voltados para a análise da trajetória macroeconômica de médio prazo. Um dos primeiros modelos desse tipo foi elaborado por Samuelson, e inclui a função consumo e uma relação intertemporal para o investimento. Esse sistema pode ainda ser modificado, incluindo-se um componente autônomo na função investimento, o que permite estabelecer uma relação entre a trajetória de prazo mais curto e as tendências de longo prazo, examinadas nos modelos de crescimento econômico do Capítulo 3.

O consumo das famílias, na análise keynesiana, é função da renda disponível, enquanto, na contribuição de Kalecki, o conjunto das famílias é separado em dois grupos, com comportamentos econômicos distintos: os trabalhadores e os capitalistas. Existem ainda sistemas de análise que consideram as decisões de consumo em uma perspectiva de longo prazo, conhecidos como "hipótese" do ciclo de vida e da renda permanente.

No caso das despesas de investimento, elas são marcadas por forte instabilidade, que resulta do fato de que as decisões de investir dependem de avaliações em relação ao futuro – condicionadas pela incerteza e sujeitas a mudanças repentinas. O investimento, por outro lado, tem de ser financiado, seja com lucros retidos seja com fundos obtidos no sistema financeiro. Os custos de financiamento estão refletidos na taxa de juros de mercado, que tem uma relação inversa com o investimento. Além da análise de Keynes e Kalecki, as decisões de investir são investigadas em outros sistemas teóricos, como a "hipótese" de ajuste parcial (acelerador flexível) e o modelo neoclássico de Jorgenson.

Nos modelos macroeconômicos, a influência do governo se dá por meio das despesas públicas e da arrecadação de impostos, que determinam o resultado fiscal. Este possui importante relação com a oferta de moeda, estabelecida pela restrição orçamentária do governo, que permite especificar a base monetária como um resíduo. Uma vez determinada a base monetária, a oferta de moeda resulta do multiplicador dos meios de pagamento. Por sua vez, a demanda de moeda tem relação direta com o produto nacional (demanda para transações) e relação inversa com a taxa de juros (demanda especulativa). Na análise macroeconômica, a demanda é o principal determinante dos saldos monetários, e podemos considerar que a oferta se ajusta às necessidades de moeda da sociedade.

Uma importante ligação do sistema econômico de um país com o resto do mundo está na balança comercial, e uma das principais variáveis do setor externo, que afeta tanto as relações comerciais como as financeiras, é o câmbio. Em particular, o câmbio em valores constantes tem relação direta com o saldo comercial. Por outro lado, o principal registro das transações comerciais entre um país e o resto do mundo é o saldo em conta corrente – que corresponde à poupança externa, com o sinal trocado.

## Apêndice
# Soluções de Modelos Lineares Estáticos e Dinâmicos

No Capítulo 4, foram introduzidas versões lineares dos modelos de equilíbrio estático de Keynes e Kalecki, e foram apresentadas soluções para esses modelos. Nas duas primeiras seções deste Apêndice, serão desenvolvidos os procedimentos de solução dos modelos lineares. Duas versões de um modelo macrodinâmico simples, elaborado originalmente por Samuelson, também foram apresentadas no Capítulo 4, com suas soluções. A solução de modelos dinâmicos lineares será igualmente examinada neste Apêndice.

## 4A.1 Elementos da solução dos modelos lineares

De modo geral, as variáveis de um modelo podem ser divididas em dois grupos: variáveis *endógenas* (determinadas pelo modelo), e variáveis *exógenas* (não-determinadas pelo modelo). Resolver o sistema de equações consiste em encontrar valores para as variáveis endógenas a partir das exógenas e, portanto, alterações nessas últimas causarão mudanças na solução.

As variáveis endógenas podem ser colocadas em um vetor $y$, e as exógenas, em um vetor $x$. Dessa forma, qualquer modelo linear pode ser representado pela seguinte equação:

$$By + \Gamma x = \mathbf{0} \quad (4A.1)$$

Uma vez que o número de equações e de variáveis endógenas é necessariamente o mesmo, a matriz B (beta) na equação matricial (4A.1) é quadrada (tem o mesmo número de linhas e colunas). No caso da matriz (gama), a única restrição em termos de dimensão é que o número de linhas tem de ser igual ao de B, mas o número de colunas pode ser superior, inferior ou igual ao número de linhas. O símbolo no lado direito de (4A.1) representa um vetor nulo.[1]

Supondo que a matriz B tenha inversa, o que dificilmente deixaria de ocorrer,[2] a solução do sistema (4A.1) pode ser representada como:

$$y = -B^{-1}\Gamma x \quad (4A.2)$$

Uma vez que os elementos das matrizes B e $\Gamma$ sejam especificados, e também o vetor $x$, existem inúmeros programas de compu-

---

[1] A análise de sistemas lineares depende de definições e resultados básicos da Álgebra Linear. Entre as inúmeras referências nessa área, uma que desenvolve aplicações em Economia e Finanças é Fonseca (2003).
[2] A inexistência de inversa implica que uma das linhas de B é combinação linear das demais. Isso significa que ou uma das equações é redundante – poderia ser eliminada sem alteração do modelo – ou o sistema é inconsistente – não tem solução.

tador que permitem encontrar a matriz inversa e calcular a solução (4A.2).[3]

Um aspecto importante do sistema (4A.1), e da sua solução, é que ele pode ser aplicado tanto a modelos *estáticos* como *dinâmicos*. Neste último caso, as variáveis incluídas em $x$ e $y$ são definidas para um determinado período de tempo, e o vetor $x$ inclui todas as variáveis *predeterminadas* no período $t$ – isto é, tanto as exógenas como as endógenas que foram obtidas na solução do modelo para períodos anteriores.

### 4A.2 – Construção das matrizes B e Γ

Uma etapa preliminar da solução dos modelos lineares corresponde à construção das matrizes usadas no sistema (4A.1). De início, devemos colocar todos os termos das equações em um mesmo lado (somente zero aparecendo do outro lado). Posteriormente, os elementos das matrizes B e Γ são identificados usando-se um quadro no qual as equações do modelo ficam associadas às *linhas* e as variáveis, às *colunas*. Como exemplo, o quadro correspondente ao modelo keynesiano aparece a seguir.

Construção das matrizes B e Γ para o modelo de Keynes:

| Equações | Variáveis endógenas (B) | | | | | Variáveis exógenas (Γ) | | | |
|---|---|---|---|---|---|---|---|---|---|
| | Y | C | I | T | r | Constante | G | M/P | EX – IM |
| 1ª | 1 | −1 | −1 | 0 | 0 | 0 | −1 | 0 | −1 |
| 2ª | $-\alpha_1$ | 1 | 0 | $\alpha_1$ | 0 | $-\alpha_0$ | 0 | 0 | 0 |
| 3ª | 0 | 0 | 1 | 0 | $-\beta_1$ | $-\beta_0$ | 0 | 0 | 0 |
| 4ª | $-\gamma_1$ | 0 | 0 | 1 | 0 | $-\gamma_0$ | 0 | 0 | 0 |
| 5ª | $-\delta_2$ | 0 | 0 | 0 | $-\delta_1$ | $-\delta_0$ | 0 | 1 | 0 |

Para ilustrar o uso desse método em um modelo dinâmico, podemos aplicá-lo à versão original do modelo de Samuelson, exa-

---
[3] Até mesmo planilhas eletrônicas, que são programas de fácil utilização, podem ser usadas. Ver Fonseca, 2003, Apêndice 1A.

minada no Capítulo 4, que corresponde à equação (4.13). O quadro correspondente aparece a seguir:

Construção das matrizes B e Γ para o modelo de Samuelson:

| Equações | Variáveis endógenas (B) | | | Variáveis predeterminadas (Γ) | | |
|---|---|---|---|---|---|---|
| | $Y_t$ | $C_t$ | $I_t$ | $Y_{t-1}$ | $Y_{t-2}$ | $G$ |
| 1ª | 1 | −1 | −1 | 0 | 0 | −1 |
| 2ª | −α | 1 | 0 | 0 | 0 | 0 |
| 3ª | 0 | 0 | 1 | −β | β | 0 |

Nesse caso, a solução em cada período é dada por:

$$y_t = -\mathrm{B}^{-1}\Gamma x_t \quad (4A.3)$$

Para cada período $t$, soluções correspondentes a $t_{-1}$ e $t_{-2}$ são usadas no vetor $x_t$, com a variável exógena $G$. No período $t = 2$ (solução inicial), são usados valores para $Y_0$ e $Y_1$ – que são denominados *condições iniciais*. Por outro lado, a matriz $-\mathrm{B}^{-1}\Gamma$ é a mesma em todos os períodos.

## 4A.3 Solução de equações a diferenças de segunda ordem

A equação (4.13), desenvolvida no Capítulo 4, é uma equação a diferenças linear de segunda ordem. A forma geral dessas equações aparece a seguir:

$$x_{t+2} + P(t)x_{t+1} + Q(t)x_t = R(t) \quad (4A.4)$$

Quando $P$ e $Q$ são constantes, dizemos que a equação tem coeficientes constantes, e quando $R = 0$, a equação é *homogênea*. No entanto, ainda que essa última condição não se verifique, dizemos que a equação a diferenças possui uma versão homogênea, obtida igualando a zero o termo do lado direito. A solução da equação (4A.4) com coeficientes constantes está representada a seguir:[4]

---
[4] Ver, por exemplo, Fonseca, 2003, Cap. 8.

$$x_t = A_1\lambda_1^t + A_2\lambda_2^t + x^*(t) \quad (4A.5)$$

Nessa equação, $\lambda_1$ e $\lambda_2$ são as raízes da equação $\lambda^2 + P\lambda + Q = 0$, e os dois primeiros termos do lado direito representam a solução geral da versão homogênea de (4A.4). Por sua vez, $x^*(t)$ é uma solução da equação completa (incluindo o termo não-homogêneo). O termo $x^*(t)$ é denominado *estado estacionário* da equação a diferenças, e corresponde à solução de equilíbrio estático – ou seja, para encontrar essa solução, supomos que todas as variáveis, embora datadas, permaneçam constantes ao longo do tempo. Como ilustração, o estado estacionário da equação (4.13) aparece calculado a seguir:

$$Y - \frac{\beta}{1-\alpha}(Y-Y) = \frac{G}{1-\alpha} \quad (4A.6)$$

A solução $x(t)$ será *estável* se convergir para $x^*(t)$ quando $t \to \infty$. Uma solução *instável* é aquela na qual $x(t)$ cresce ou decresce sem limite ao longo do tempo. A condição de estabilidade, como será visto adiante, depende das raízes da equação a diferenças.

As raízes $\lambda_1$ e $\lambda_2$ serão reais e distintas desde que tenhamos $P^2 - 4Q > 0$, e serão números complexos conjugados quando $P^2 - 4Q < 0$. No caso da equação (4.13), temos $P = -\beta/(1-\alpha)$ e $Q = \beta/(1-\alpha)$. Uma equação do segundo grau com raízes $\lambda_1$ e $\lambda_2$ pode ser representada como $(x - \lambda_1)(x - \lambda_2) = x^2 - (\lambda_1 + \lambda_2)x + \lambda_1\lambda_2 = 0$. Como na equação (4.13) temos $\lambda^2 - \beta/(1-\alpha)\lambda + \beta/(1-\alpha) = 0$, concluímos que as condições a seguir devem valer:

$$\frac{\beta}{1-\alpha} = \lambda_1 + \lambda_2 \quad (4A.7)$$

$$\frac{\beta}{1-\alpha} = \lambda_1\lambda_2 \quad (4A.8)$$

Dadas as restrições sobre os parâmetros dos modelos macroeconômicos, discutidas no Capítulo 4, temos que $\beta > 0$ e $1 - \alpha > 0$. Caso as raízes $\lambda_1$ e $\lambda_2$ sejam números reais, a equação (4A.8) indica que elas devem ter o mesmo sinal. Além disso, (4A.7) nos garante que ambas as raízes devem ser positivas. Em termos da trajetória dinâmica de $Y_t$, podemos concluir que, quando as raízes são reais, não há oscilação ao longo do tempo: ou a trajetória cresce indefinidamente, o que ocorre se (pelo menos) uma das raízes for maior do que 1, ou tem como limite a solução para a versão não-homogênea (estado estacionário), dada em (4A.6).[5]

Uma trajetória cíclica para $Y_t$ se verifica quando as raízes $\lambda_1$ e $\lambda_2$ forem números complexos (conjugados). A trajetória será estável – ou seja, a amplitude dos ciclos diminui indefinidamente – quando o módulo das raízes for menor do que 1. Esse é o caso dos exemplos que aparecem no Capítulo 4. Caso o módulo seja maior do que 1, a trajetória será instável – a amplitude cresce indefinidamente.

Um resultado geral que se aplica a raízes complexas é que, dada a equação $x^2 + ax + b = 0$, seu módulo é igual a $\sqrt{b}$.[6] No caso do modelo de Samuelson, temos para o módulo das raízes $\sqrt{[\beta/(1-\alpha)]}$. Portanto, uma condição suficiente para que a solução seja estável é $\beta < 1 - \alpha$. Vale mencionar que esta condição, que implica que $\beta$ deve ser menor do que 1, representa uma distinção importante em relação aos modelos de crescimento examinados no Capítulo 3. Naqueles modelos, a relação capital-produto aparece na equação para o investimento, e esse parâmetro é normalmente maior do que 1.

Quando a equação a diferenças tem raízes complexas, os parâmetros da forma trigonométrica desses números – o módulo $\omega$ (ômega) e o ângulo $\theta$ (teta) – são usados na solução. Essa característica está representada na equação (4.14), que aparece no Capítulo 4.

---

[5] Ibidem.
[6] Ver Chiang, 1974, Cap. 17, Seção 17.1.

*Capítulo 5*

# Mercado de Capitais e o Financiamento do Crescimento

Nos capítulos anteriores, vimos que o crescimento e o desenvolvimento econômico dependem da ampliação da capacidade produtiva e que esta, por sua vez, está sujeita à disponibilidade de fundos adequados de financiamento. Em uma análise macroeconômica simplificada, representada no esquema da Figura 2.2 – que aparece no Capítulo 2 –, pode-se concluir que o financiamento do investimento resulta do hiato entre produto nacional e consumo das famílias. Esse hiato corresponde, mais precisamente, à poupança nacional, que é definida no Capítulo 4: igual à renda agregada menos o consumo final (consumo das famílias mais o consumo do governo).

Além disso, levando em conta as relações econômicas com outros países, existe ainda a poupança externa, que é igual ao déficit em conta corrente – equivalente à entrada de recursos provenientes do exterior. Portanto, segundo a ótica macroeconômica, os fundos disponíveis para a ampliação da capacidade produtiva são dados pela soma das poupanças interna e externa. Todavia, nessa análise mais agregada, alguns aspectos fundamentais não são levados em conta – em particular, que os fundos absorvidos pelos setores privado e público resultam, na prática, da atuação de *intermediários financeiros*.

Em linhas gerais, as instituições financeiras têm a função de canalizar recursos, tanto no país como no exterior, de unidades superavitárias – famílias e empresas que dispõem de saldos líquidos – para unidades deficitárias (que têm necessidade de recursos). Essas instituições fazem parte dos chamados *mercados financeiros*, nos quais diferentes tipos de ativos são transacionados. Na Seção 5.1, serão examinados os principais instrumentos e mercados financeiros e, posteriormente, o mercado de capitais no Brasil será avaliado.

## 5.1 Principais mercados financeiros

Para elaborar uma classificação dos mercados financeiros, em primeiro lugar é necessário levar em conta que cada um desses mercados possui estreita ligação com certos tipos de ativos e de instituições – ou seja, classificar esses mercados envolve especificar os ativos e as instituições correspondentes. Na Tabela 5.1, aparecem as principais instituições no mercado financeiro norte-americano, que é um dos mais avançados do mundo. A seguir, a relação entre mercados, ativos e instituições financeiras é explorada em detalhe.

**Tabela 5.1 – Principais intermediários financeiros nos Estados Unidos**

|  | % de ativos em relação ao total |
|---|---|
| **Instituições depositárias (bancos)** | |
| Bancos comerciais | 28,9 |
| Associações de poupança e empréstimo | 16,1 |
| Bancos mútuos de poupança | 3,3 |
| Cooperativas de crédito | 2,3 |
| **Instituições contratuais de poupança** | |
| Companhias de seguro de vida | 12,9 |
| Companhias de seguro contra incêndio e acidentes | 5,0 |
| Fundos de pensão privados | 9,0 |
| Fundos de pensão governamentais | 6,8 |
| **Intermediários de investimento** | |
| Fundos mútuos | 6,0 |
| Fundos mútuos no mercado monetário | 4,0 |
| Financeiras | 5,7 |
| **Total dos ativos** | **100,0** |

**Nota:** Dados de 1987.
**Fonte:** Federal Reserve, citado em Mishkin (1989), Tabela 3.2.

## 5.1.1 Mercado direto e indireto

Os mercados financeiros podem ser divididos em duas partes: aquela na qual se realizam aplicações e investimentos de forma *direta* – por exemplo, em que se adquirem diretamente ações e títulos de dívida – e aquela na qual certas instituições concentram recursos de inúmeros poupadores e, posteriormente, esses fundos são usados para formar carteiras de ativos, com retornos geralmente maiores do que poderia ser obtido pelos investidores individuais. Essas instituições, que permitem que recursos sejam aplicados de forma *indireta*, são conhecidas como fundos de investimento, ou fundos mútuos. Os ativos que correspondem a esse mercado são as cotas de fundos de investimento.

Por outro lado, pode-se considerar que os fundos mútuos fazem parte de um conjunto mais amplo, conhecido como "investidores institucionais". Outros tipos de instituição que se encaixam nesta denominação são os fundos de pensão, as companhias de seguros e as empresas de previdência privada. Cada uma dessas instituições faz aplicações no mercado direto usando recursos obtidos de inúmeros poupadores ou clientes. Nos países mais desenvolvidos, "os investidores institucionais tornaram-se os mais importantes investidores nos mercados acionários e de títulos. Nos Estados Unidos, por exemplo, mais de 50% das ações das empresas abertas estão em seu poder ... Recentemente, os investidores institucionais, em seu conjunto, têm elevado sua participação nos mercados financeiros internacionais como compradores finais de títulos e ações emitidos em diferentes países".[1]

Por sua vez, o mercado direto está subdividido em quatro mercados principais: monetário, de capitais, de derivativos e de câmbio. Nas Seções 5.1.3 a 5.1.6, cada um deles é examinado.

---

[1] Lima, 1998, p. 9.

### 5.1.2 Mercado primário e secundário

As ações e os títulos de dívida são vendidos, quando ocorre seu lançamento *inicial*, no mercado primário. Por exemplo, o Banco Central e o Tesouro Nacional realizam leilões de letras, notas e bônus, que são adquiridos por instituições financeiras e investidores finais. Ademais, quando empresas fazem lançamentos de ações ou de títulos (*commercial papers*, debêntures etc.), esses papéis são vendidos inicialmente por meio de bancos de investimento.

Por outro lado, existem mercados secundários nos quais papéis *já existentes* podem ser transacionados – por exemplo, bolsas de valores no caso de ações. O bom funcionamento dos mercados secundários é fundamental para dar liquidez aos papéis e, dessa forma, viabilizar a venda inicial destes.

### 5.1.3 Mercado monetário

Os títulos de curto prazo, normalmente com maior liquidez e menor risco, fazem parte do chamado mercado monetário – em geral, títulos de dívida com vencimento em prazo inferior a um ano. No entanto, alguns instrumentos financeiros desse mercado têm uma função especial no sistema econômico – o papel-moeda (emitido pelo Banco Central) e os depósitos à vista (emitidos pelos bancos comerciais), que servem como moeda. Além disso, títulos de curto prazo emitidos pelo governo são também ativamente transacionados no mercado monetário, sendo inclusive usados pelo Banco Central para controlar os saldos de moeda disponíveis para as famílias e empresas (operações no mercado aberto). Na Tabela 5.2, aparecem os principais instrumentos monetários no mercado norte-americano.

**Tabela 5.2 – Principais instrumentos monetários nos Estados Unidos (não inclui moeda)**

| | % dos saldos em relação ao total |
|---|---|
| Certificados de depósito bancário (negociáveis, grandes valores) | 29,7 |
| Notas do governo federal | 23,0 |
| *Commercial papers* | 21,3 |
| Acordos de recompra | 10,1 |
| Eurodólares | 6,6 |
| Fundos federais | 4,9 |
| Aceites bancários | 4,4 |
| **Total dos saldos** | **100,0** |

**Nota:** Dados de 1987.
**Fonte:** Mishkin, 1989, Tabela 3.3.

## *5.1.4 Mercado de capitais*

Os títulos com vencimento em prazo superior a um ano, inclusive títulos de propriedade (ações), que não têm vencimento, correspondem ao mercado de capitais, que, entre todos os mercados financeiros, é o mais importante no financiamento dos bens de capital e da ampliação da produção (ver Tabela 5.3). Por essa razão, a existência de um mercado de capitais bem estruturado e eficiente é essencial ao processo de crescimento e desenvolvimento – o que, infelizmente, não ocorre em muitos países onde as instituições econômicas estão menos desenvolvidas. No setor privado brasileiro, por exemplo, "pela quase inexistência de títulos de dívida de longo prazo, esse mercado está reduzido ao mercado de ações, sendo inclusive as expressões 'mercado de capitais' e 'mercado acionário' consideradas sinônimos...".[2]

Além de ser fundamental para o setor privado, o mercado de capitais também desempenha papel decisivo no financiamento dos déficits do governo. Em um país onde não há possibilidade de o déficit

---

[2] Ibidem, p. 5.

público ser financiado pela emissão de títulos de prazo mais longo, existem poucas alternativas além da simples emissão de moeda, o que implica pressões inflacionárias e, por fim, um processo de arrecadação por meio da inflação – o chamado "imposto inflacionário".

No lançamento de títulos privados, as instituições mais importantes são os bancos de investimento, que, embora geralmente não invistam diretamente nesses ativos, cuidam da venda dos papéis aos tomadores finais.

Tabela 5.3 – Principais instrumentos no mercado de capitais dos Estados Unidos

|  | % dos saldos em relação ao total |
|---|---|
| Ações de empresas (valor de mercado) | 37,5 |
| Hipotecas residenciais | 18,6 |
| Títulos do governo federal (de longo prazo) | 11,2 |
| Títulos de empresas | 6,9 |
| Empréstimos aos consumidores | 6,6 |
| Hipotecas comerciais e de propriedades agrícolas | 6,4 |
| Empréstimos comerciais bancários | 5,1 |
| Títulos de governos estaduais e municipais | 4,8 |
| Títulos de agências do governo federal | 2,9 |
| **Total dos saldos** | **100,0** |

Nota: Dados de 1987.
Fonte: Mishkin, 1989, Tabela 3.3.

### 5.1.5 Mercado de derivativos

Os derivativos são instrumentos financeiros com a característica de que seus preços e retornos dependem, ou derivam, de outros ativos mais básicos, como ações, títulos públicos, moeda estrangeira, *commodities* e, até mesmo, índices de mercado. Alguns derivativos têm longa tradição nos mercados financeiros, enquanto outros adquiriram importância em períodos recentes. Os contratos a termo de câmbio, por exemplo, vêm sendo ativamente negociados por grandes bancos com atuação internacional desde a década de

1920.³ Os contratos de futuros, embora existindo desde o século XIX, passaram a ter importância crescente nos mercados mundiais com a expansão dos negócios nas principais bolsas norte-americanas. No início de 1990, a média de futuros negociados diariamente atingia 1,6 milhão de contratos. Desse total, 60% correspondiam a transações nos Estados Unidos – na Chicago Board of Trade, Chicago Mercantile Exchange, e New York Mercantile Exchange.⁴

Os contratos de opções tiveram desenvolvimento mais recente, embora sejam atualmente os derivativos mais transacionados nas principais praças financeiras. A popularização das opções aconteceu a partir de 1973, ano em que, coincidentemente, ocorreram dois eventos marcantes: a criação de uma divisão da Chicago Board of Trade especializada em opções – a Chicago Board Options Exchange – e a publicação de um artigo com uma fórmula operacional para o preço das opções – um problema que por muito tempo desafiou os especialistas em Finanças.⁵

A principal função dos derivativos é a redução do risco associado aos investimentos financeiros ou às operações de uma empresa, mas eles permitem também que se realizem investimentos alavancados e, portanto, de caráter especulativo. Além disso, pelas características desses ativos, eles podem ser usados em estratégias de engenharia financeira, desenvolvidas para explorar oportunidades de ganhos nos mercados.

## 5.1.6 Mercado de câmbio

Entre os mercados financeiros, o de moedas estrangeiras é aquele que movimenta mais recursos, com um total de transações diárias

---

³ Keynes, *Tract on monetary reform*, 1971. Publicado originalmente em 1923, faz uma longa análise do mercado a termo de câmbio (na Seção 4 do Capítulo 3).
⁴ Dados em A survey of international capital markets, *The Economist*, edição de 21 de julho de 1990.
⁵ Black e Scholes, 1973.

acima de 1 trilhão de dólares (dados de 1992). Ao contrário de outros mercados, nos quais a maior parte das operações é feita em bolsas, com pregão viva-voz ou eletrônico, esse é um mercado de balcão (*over the counter*), em que as transações são realizadas por operadores em bancos e corretoras especializadas, que se comunicam por ligações telefônicas e redes de computadores.

Nesse mercado, geralmente as moedas são cotadas em relação ao dólar norte-americano, de maneira que, quando é necessário obter a cotação entre as moedas de outros países – real e euro, por exemplo –, calculam-se as taxas cruzadas (passando pelo dólar). Além disso, uma vez que o mercado de dólar tem custos de transação relativamente reduzidos, as operações são geralmente feitas usando o dólar como intermediário – por exemplo, para comprar euros com reais, primeiro se adquirem dólares com reais, e depois euros com dólares.

Por outro lado, no mercado de câmbio, os derivativos têm peso considerável, já que os contratos a termo, de futuros e de opções correspondem a aproximadamente metade do total de transações (ver Tabela 5.4).

Tabela 5.4 – Participação das operações cambiais no total do mercado[1] (%)

|  | À vista | A termo[2] | | Futuros e opções |
|---|---|---|---|---|
|  |  | Puro | *Swaps* |  |
| Reino Unido | 50 | 6 | 41 | 3 |
| Estados Unidos | 51 | 6 | 31 | 12 |
| Suíça | 54 | 9 | 33 | 4 |
| França | 52 | 4 | 38 | 6 |

**Notas:**
1. Dados de 1992.
2. Um contrato a termo "puro" é firmado entre um banco e seu cliente (empresa não-financeira). Contratos de *swaps* (trocas) são firmados entre instituições financeiras, e geralmente envolvem duas operações opostas (compra de uma moeda e venda da mesma moeda), uma no mercado à vista e outra no mercado a termo, o que virtualmente elimina a exposição da instituição à variação cambial.

**Fonte:** Goldstein, M. D. et al. *International capital markets, part I: exchange rate management and international flows*. (Washington: FMI, 1993) Citado em McCallum, 1996, Tabela 2.3.

## 5.2 Poupança e mercado de capitais no Brasil

Um dos principais problemas da economia brasileira, em termos de limitações no processo de desenvolvimento, está nos níveis relativamente baixos de investimento em relação ao produto nacional (ver Tabela 5.5), inclusive com números para os últimos anos menores do que aqueles verificados nas décadas de 1970 e 1980. Vimos no Capítulo 1 (Subseção 1.2.1) que países com elevadas taxas de crescimento geralmente apresentam níveis elevados de investimento em relação ao PIB. No caso da Coréia do Sul – um dos países com maior aumento de riqueza nas últimas décadas –, essa relação fica próxima de 30%.

Os dados para o Brasil mostram ainda que o investimento público decresceu significativamente desde 1992, e que, a partir do período 1991-1992, o investimento privado em relação ao PIB encontra-se em níveis bem inferiores àqueles observados entre 1975 e 1988. Portanto, pode-se concluir que não apenas o investimento vem sendo insuficiente no Brasil, como a trajetória recente tem sido de redução nesse indicador.

Por sua vez, os dados para a poupança mostram que, com exceção dos anos entre 1985 e 1992, a entrada de recursos externos tem contribuído de forma expressiva para o financiamento do investimento. Essa característica – dependência em relação à poupança externa – é esperada em países em processo de desenvolvimento, já que o excedente interno é geralmente insuficiente. No entanto, tal dependência pode se revelar um problema grave se os recursos externos não forem usados na expansão da capacidade produtiva, e sim na ampliação do consumo, particularmente de bens não-essenciais. Muito provavelmente, no período entre 1995 e 1998, essa foi a situação no Brasil, pois ocorreu forte expansão da poupança externa sem um aumento equivalente do investimento (em relação ao PIB).

**Tabela 5.5 – Poupança e investimento no Brasil[1] (% do PIB)**

|  | 1970 –74 | 1975 –79 | 1980 –84 | 1985 –88 | 1991 –92 | 1995 –98 | 1999 –04 |
|---|---|---|---|---|---|---|---|
| **Poupança interna** | 18,9 | 19,5 | 17,5 | 21,7 | 18,9 | 16,7 | 18,6 |
| Privada | 13,4 | 16,1 | 18,1 | 30,6 | 26,9 | 22,0 | n.d. |
| Do governo[2] | 5,5 | 3,3 | –0,6 | –9,0 | –8,0 | –5,3 | n.d. |
| **Poupança externa** | 1,4 | 3,1 | 4,4 | –0,3 | –0,6 | 3,2 | 2,0 |
| **Investimento[3]** | 20,3 | 22,5 | 21,9 | 21,4 | 18,3 | 19,9 | 20,6 |
| Privado | 16,2 | 19,2 | 19,6 | 18,3 | 15,1 | 17,6 | n.d. |
| Do governo[2] | 4,0 | 3,4 | 2,3 | 3,1 | 3,2 | 2,3 | n.d. |

Notas:
1. Médias nos períodos. Os anos de inflação extremamente elevada (deflator do PIB com variação acima de 1.000%) não foram incluídos por causa das distorções causadas pelo pagamento de juros sobre a dívida pública, que tende a ficar muito elevada em relação ao PIB.
2. As empresas estatais não são incluídas.
3. Percentuais obtidos a partir de valores correntes.
n.d.: Informação não disponível.

**Fontes:** Elaboração do autor a partir dos dados das Contas Nacionais, divulgados pelo IBGE. No período 1999-2004, dados em *Boletim do Banco Central*.

O mercado de capitais, conforme foi visto (Subseção 5.1.4), é aquele que corresponde ao crédito de prazo mais longo – o tipo de financiamento mais importante para a expansão dos meios de produção –, e praticamente se limita ao mercado de ações, no que se refere ao setor privado brasileiro. Todavia, no caso do setor público, existe um montante expressivo de títulos de dívida emitidos pelo Tesouro e pelo Banco Central, a maior parte com vencimento em prazo acima de um ano.[6] Conseqüentemente, em relação a títulos de dívida, o mercado de capitais brasileiro está praticamente restrito aos papéis emitidos pelo governo, o que vem garantindo aos investidores juros reais elevados com baixo risco.

---

[6] No final de 2005, o valor dos títulos emitidos pelo Tesouro Nacional era de R$ 1.253 bilhão, o que correspondia a aproximadamente 65% do PIB. Deste total, um quarto (22,3%) estava na carteira do Banco Central (dados no *Boletim do Banco Central*). No entanto, nem todos esses papéis podem ser considerados de longo prazo – ou seja, nem todos fazem parte do mercado de capitais.

Por causa dessa limitação no crédito privado, a maioria das empresas no Brasil tem financiado projetos de investimento com lucros retidos. Ademais, a partir do acordo de renegociação da dívida externa, celebrado em 1992, que retirou o país da situação de inadimplência no sistema financeiro internacional, empresas brasileiras conseguiram obter financiamentos de prazos mais longos no exterior. O lançamento de bônus no mercado internacional, que era praticamente inexistente até 1990, atingiu valores expressivos posteriormente: US$ 12,7 bilhões em 1992, US$ 46,8 bilhões em 1994, e US$ 20,5 bilhões em 1998. A partir da crise cambial de 1999, todavia, essas colocações praticamente se encerraram.[7]

Em relação ao mercado de ações, duas tendências importantes se verificam, como ilustrado na Tabela 5.6: o fechamento do capital de inúmeras empresas, que se reflete na redução sistemática do número de companhias abertas, e a tendência de elevação do valor total das ações em relação ao PIB, embora sujeita a fortes oscilações, em razão da instabilidade do mercado.

Embora o valor de mercado das companhias abertas venha apresentando uma tendência de alta (em relação ao PIB) a partir de 2002, um aspecto que revela as limitações do mercado de ações no Brasil é que um número relativamente pequeno de empresas – fornecedoras de *commodities* e serviços essenciais, como petróleo, minério de ferro, telefonia e energia elétrica – vem concentrando a maior parte das transações em bolsa. No início de 2001, por exemplo, 42,9% do principal índice do mercado, o Ibovespa, correspondia a apenas cinco empresas: Petrobras, Telemar, Eletrobrás, Embratel e Vale do Rio Doce.

Dadas as limitações ao crédito de mais longo prazo no Brasil, é necessária, para permitir que o processo de desenvolvimento se acelere no país, a reestruturação do mercado de capitais para que este passe a contribuir de forma efetiva no financiamento das empresas

---

[7] Dados do Balanço de Pagamentos, divulgados pelo Banco Central.

– principalmente no caso de títulos de dívida. Nessa reestruturação, é imprescindível reduzir o saldo da dívida pública, que, pelos juros elevados e risco relativamente baixo, constitui alternativa extremamente atraente de investimento financeiro – o que contribui para excluir as empresas do mercado de crédito de prazo mais longo.

Tabela 5.6 – Valor de mercado das companhias abertas (Bolsa de Valores de São Paulo)

|  | US$ bilhões[1] | PIB (US$ bilhões)[2] | % do PIB | Nº de companhias |
|---|---|---|---|---|
| 1991 | 43,6 | 405,7 | 10,8 | 570 |
| 1992 | 45,3 | 387,3 | 11,7 | 565 |
| 1993 | 99,4 | 429,7 | 23,1 | 550 |
| 1994 | 189,1 | 543,1 | 34,8 | 544 |
| 1995 | 147,6 | 705,4 | 20,9 | 543 |
| 1996 | 216,9 | 775,5 | 28,0 | 550 |
| 1997 | 255,4 | 807,8 | 31,6 | 536 |
| 1998 | 160,9 | 787,9 | 20,4 | 527 |
| 1999 | 228,5 | 536,6 | 42,6 | 478 |
| 2000 | 225,5 | 602,2 | 37,5 | 459 |
| 2001 | 185,4 | 510,4 | 36,3 | 428 |
| 2002 | 124,0 | 451,0 | 27,5 | 399 |
| 2003 | 202,9 | 489,9 | 41,4 | 370 |
| 2004 | 340,9 | 604,9 | 56,4 | 358 |
| 2005 | 472,9 | 843,3 | 56,1 | 344 |

Notas:
1. Valores no final de dezembro, divididos pela taxa de câmbio R$/US$ (cotação de venda no final do período). Em 2005, valor em setembro.
2. Dados divulgados pelo Banco Central. Em 2005, estimativa do PIB, em reais, dividida pela taxa média de câmbio no ano.

Fonte: *Boletim do Banco Central*, vários números.

## 5.3 Considerações finais

Uma vez que a ampliação dos meios de produção – ou investimento, no sentido macroeconômico do termo – é uma variável central no processo de desenvolvimento, o financiamento das despesas de investimento, que necessariamente ocorre em prazos mais longos, torna-se também um elemento-chave nesse processo. De forma geral, os fundos disponíveis para esse financiamento correspondem à soma das poupanças interna e externa. No entanto, em uma análise mais aprofundada, é necessário levar em conta o papel desempenhado pelos intermediários financeiros e os mercados em que eles atuam.

Os mercados financeiros podem ser classificados de várias formas. Por exemplo, pode-se fazer a distinção entre aplicações que são realizadas diretamente pelos investidores finais, ou de forma indireta, mediante investidores institucionais. Por outro lado, para cada ativo, existe um mercado primário, no qual ocorre o lançamento inicial dos papéis, e um mercado secundário, que garante liquidez aos títulos previamente emitidos.

O mercado direto pode ainda ser dividido em quatro submercados: monetário, de capitais, de derivativos e de câmbio. Desses, o mais importante para a expansão dos meios de produção é o mercado de capitais, que corresponde ao financiamento de longo prazo – principalmente com títulos de dívida com vencimento em prazo acima de um ano, ou títulos de propriedade, que não têm vencimento. Esse mercado é fundamental para o financiamento não apenas da atividade privada, mas também dos déficits do governo (sem causar pressões inflacionárias).

No Brasil, o processo de crescimento e desenvolvimento vem sendo prejudicado pelo desempenho insatisfatório do investimento produtivo. Pelo lado do financiamento, essa tendência está associada à estagnação da poupança interna e à forte limitação do mercado de capitais no que se refere aos fundos disponíveis para o setor privado. Atualmente, uma parcela considerável do mercado de capitais brasileiro está direcionada ao financiamento do setor público, o que, ainda assim, não tem contribuído para a expansão do investimento realizado pelo governo.

*Capítulo 6*

# Inflação e Crescimento Econômico

Conforme foi examinado no Capítulo 2 (Seção 2.7), vários fatores contribuem para que a trajetória de crescimento e desenvolvimento seja freqüentemente acompanhada por um processo de alta generalizada de preços: limitação de recursos para financiar projetos de infra-estrutura e de ampliação da capacidade produtiva, e também eventuais déficits do governo; inelasticidade da oferta de bens de consumo, principalmente no setor agropecuário; e tendências oligopolistas no setor industrial, que contribuem para elevar preços e margens de lucro. Uma característica dos processos inflacionários é que as tendências de alta de preços geralmente se propagam de forma circular e ampliada, com trajetória de aceleração ao longo do tempo. Provavelmente por essa razão, a reversão de uma trajetória de inflação é freqüentemente difícil de realizar, sobretudo quando já existe um histórico relativamente longo de espiral inflacionária.

A história econômica do Brasil nos últimos cem anos ilustra bem essa associação entre inflação e crescimento. Ao longo do século XX, o Produto Interno Bruto brasileiro cresceu 110 vezes em termos reais, o que permitiu que o produto *per capita* fosse multiplicado por

11 entre 1901 e 2000, mesmo com o aumento expressivo da população no período – de 17,4 milhões para 169,6 milhões de habitantes. Por outro lado, a elevação dos preços foi incrivelmente alta, com um resultado acumulado de $1,113 \times 10^{18}\%$ – isto é, uma taxa de mais de 1 *quintilhão*.[1]

Embora a trajetória de inflação no Brasil tenha sido extrema, muitos países em desenvolvimento têm atravessado longos períodos com elevadas taxas de inflação, principalmente na América Latina. Entre os inúmeros efeitos do processo inflacionário, mudanças causadas na distribuição de renda certamente figuram entre os principais. Em especial, a inflação afeta negativamente os salários, o que leva à redução do consumo de bens essenciais, e contribui para o aumento da participação dos lucros no produto nacional e para o financiamento do governo (com a emissão de moeda). O processo inflacionário leva, portanto, à formação de um excedente, que pode ser usado para financiar a ampliação do estoque de capital, ou o consumo de bens não-essenciais.

## 6.1 Determinantes da inflação

Os diversos fatores que podem desencadear um processo de alta generalizada dos preços geralmente são agrupados em duas categorias, uma ligada à demanda agregada e outra aos custos de produção. A inflação causada por aumentos da demanda – denominada *inflação de demanda* – está associada à expansão da oferta de moeda e do crédito, freqüentemente provocada por desequilíbrios fiscais, mas que também pode resultar de uma elevação da demanda agregada além do nível correspondente ao produto potencial (ver Seção 2.4). Por outro lado, o processo inflacionário pode ser causado por fatores relacionados ao mecanismo de formação de preços – o que

---

[1] Dados em IBGE, 2003. As séries disponíveis para o produto *per capita* indicam um resultado maior para o crescimento no século XX – o produto *per capita* teria aumentado 13 vezes.

corresponde à *inflação de custos* –, como: aumentos dos preços das *commodities*, desvalorização cambial, restrições na oferta de produtos básicos (principalmente agropecuários), e tendências oligopolistas que causam elevação das margens de lucro.

A experiência histórica revela que, de fato, processos inflacionários resultaram, fundamentalmente, ou de pressões de demanda ou de aumentos de custos. Em muitos países da América Latina, por exemplo, a principal fonte de pressões inflacionárias tem sido a expansão desordenada do crédito e da oferta de moeda, sobretudo para financiar projetos públicos e privados, e déficits fiscais. No caso brasileiro, todavia, ocorreu acentuada aceleração da inflação na década de 1970, em conseqüência dos choques do petróleo, e também em 1980 e 1984, em decorrência de fortes desvalorizações cambiais. Então, tanto fatores de demanda como de custos estão presentes na experiência inflacionária brasileira, e o mesmo provavelmente se aplica a outros países. Além disso, quando a elevação de preços se mantém por longos períodos, acaba por levar à criação de mecanismos de indexação de preços e salários, que tornam esse processo auto-sustentado – ou seja, a inflação em um período gera altas de preços em períodos posteriores.

Em geral, fatores ligados tanto à demanda como aos custos estão presentes em processos inflacionários prolongados. Por exemplo, mesmo que a origem do processo esteja na expansão exagerada da moeda e do crédito, a manutenção de taxas elevadas de inflação certamente acabará por conduzir a reajustes de salários e a desvalorizações cambiais que, repetidos ao longo do tempo, acabarão por estabelecer uma "dinâmica inflacionária". Por outro lado, ainda que a origem da inflação seja um "choque de oferta", o processo de alta de preços não poderá manter-se sem uma expansão correspondente da oferta de moeda – uma constatação que levou vários autores a concluir que toda inflação é, essencialmente, um fenômeno monetário.

Para desenvolver a relação entre moeda e inflação, devemos considerar inicialmente que uma das funções da moeda é ser uma "unidade de valor", uma referência para os preços. Portanto, uma alta generalizada de preços significa uma redução do valor da moeda. Para explorar essa idéia central, podemos considerar que os ativos que servem como moeda constituem um determinado *bem*, que pode ser comparado aos demais bens disponíveis no sistema econômico. Podemos analisar também os preços relativos, que geralmente variam em função da disponibilidade de um bem em relação aos demais – por exemplo, se o preço das laranjas em relação aos tomates sobe, então podemos concluir que a quantidade relativa de laranjas (em comparação a tomates) diminuiu. O mesmo princípio aplicado ao "bem" moeda nos permite concluir que, se os preços em relação à moeda aumentam, então as quantidades relativas dos outros bens estão diminuindo – ou, o que vem a ser o mesmo, a quantidade de moeda em relação aos demais bens está aumentando. A conclusão é que a alta de preços envolve necessariamente um aumento relativo (em comparação aos demais bens) da quantidade de moeda.[2]

Historicamente, os efeitos de mudanças na quantidade (relativa) de moeda sobre os preços foram percebidos há muito tempo – na Europa, em particular, pelo menos desde o século XVI, quando os extraordinários estoques de ouro e prata levados da América causaram formidável, e generalizada, alta de preços. Na análise econômica, a relação entre a quantidade de moeda e os preços dos bens em geral veio, por fim, a ser representada pela célebre "equação de trocas", que aparece a seguir:

$$MV = PY \qquad (6.1)$$

Nesta equação, $M$, $Y$ e $P$ representam, assim como no Capítulo 4, respectivamente, o total de saldos monetários – ou oferta de moeda –, o produto nacional em valores constantes, e um índice ge-

---

[2] Esta análise, no entanto, não leva em conta que, em geral, os bens são produzidos – constituem um *fluxo* – enquanto a moeda é um *estoque*. Tal abstração equivale a supor que a velocidade de circulação da moeda é constante.

ral de preços correspondente a $Y$ (o deflator implícito do produto). O termo $V$, por sua vez, representa o número de vezes, em média, que o *estoque* de moeda circula para permitir que as transações correspondentes ao *fluxo* de produção, em valores correntes, possam ser realizadas. O parâmetro $V$ é denominado "velocidade de circulação da moeda", ou ainda "velocidade-renda da moeda".[3]

A equação (6.1) é uma identidade contábil, e não uma relação teórica – ou seja, não representa uma teoria para explicar uma das variáveis a partir das demais. Se o parâmetro $V$ puder ser considerado estável, então essa equação estabelece uma relação entre aumentos em $M$ e no produto em valores correntes, ou o contrário. Se, adicionalmente, $Y$ pudesse ser considerado estável – o que, no entanto, vai de encontro aos princípios da Macroeconomia –, então a equação de trocas estabeleceria uma relação teórica entre variações em $M$ e em $P$, isto é, entre oferta de moeda e preços.

Contudo, além de não se poder considerar $Y$ estável, o próprio parâmetro $V$ está freqüentemente sujeito a fortes variações. No Brasil, por exemplo, conforme ilustrado na Figura 6.1, a velocidade de circulação da moeda tem variado consideravelmente, aumentando de forma dramática em períodos de aceleração da inflação e se reduzindo em épocas de estabilidade. A explicação para esse comportamento é que, para se proteger de perdas no valor da moeda, os agentes econômicos promovem uma realocação de ativos financeiros, com diminuição da participação de ativos monetários e aumento dos demais instrumentos financeiros. No entanto, essa "fuga da moeda" envolve custos, que resultam do aumento do número de transações financeiras e do tempo dedicado a cuidar das operações. Eventualmente, esses custos podem prejudicar a própria atividade econômica, por causa dos efeitos negativos sobre as empresas.

---

[3] Esta é a "versão renda" da equação de trocas, que possui ainda uma "versão transação", na qual o produto nacional é substituído pelo total de transações realizadas no sistema econômico, em valores reais e em um dado período.

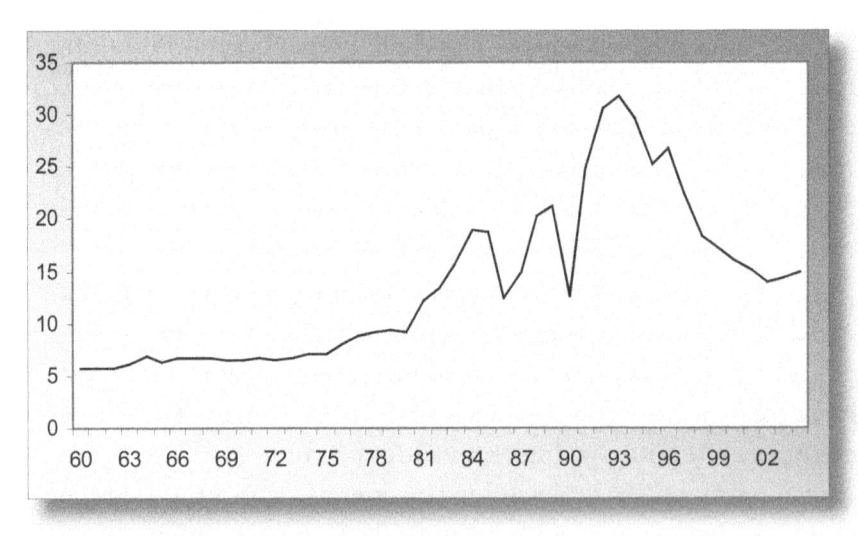

**Nota:** PIB em valores correntes no ano (período t) dividido pelo saldo médio dos meios de pagamento no final de dezembro, correspondente a $(t_{-1} + t)/2$.

**Fontes:** Para o PIB, dados das Contas Nacionais, divulgados pela Fundação Getulio Vargas (FGV) e pelo Instituto Brasileiro de Geografia e Estatística (IBGE). Para os meios de pagamento, *Boletim do Banco Central*, vários números.

**Figura 6.1 – Brasil: velocidade de circulação dos meios de pagamento, 1960-2004.**

## 6.2 Preços na análise keynesiana: inflação de demanda

Como foi visto na seção anterior, a equação de trocas dificilmente poderia ser considerada uma relação teórica, que permitiria explicar o comportamento dos preços, mas sim uma identidade contábil, que apenas indica que os dois lados da equação têm necessariamente de ser iguais. Na realidade, o sistema teórico geralmente usado para explicar como os preços variam a partir de mudanças na demanda resulta do modelo keynesiano, cuja versão mais simples foi examinada na Seção 4.1 (no Capítulo 4). Nessa versão, todas as variáveis são definidas em termos reais e, portanto, mudanças de preços não são levadas em conta. Porém, tal sistema pode ser estendido de forma a superar essa limitação. A extensão do modelo surge da introdução de duas novas equações – uma que representa a função de produção agregada, e outra que corresponde ao equilíbrio no mercado de trabalho, e que aparecem a seguir:

Equações adicionais no modelo keynesiano:

$$Y = f(L) \quad (6.2)$$

$$\frac{w}{P} = \frac{d}{dL} f \quad (6.3)$$

Na equação (6.2), $L$ representa a força de trabalho efetivamente empregada e, como podemos verificar, o estoque de capital não aparece explicitamente – na verdade, o capital é considerado uma constante e, dessa forma, não aparece como variável na função. A explicação para essa especificação é que o modelo de Keynes visa descrever as mudanças de curto prazo e, em um período relativamente curto, faz sentido supor que o estoque de capital não varia – o investimento só tem efeito sobre a demanda agregada. Um aspecto a ser ressaltado é que a equação (6.2) está em perfeita simetria com a função de produção usada no modelo de Domar, que aparece representada em (3.14). Nesse modelo, examinado no Capítulo 3 (Seção 3.2), apenas as tendências de longo prazo são levadas em conta, e o fator trabalho não é incluído explicitamente – supõe-se que não há substituição entre trabalho e capital.

A equação (6.3), por sua vez, representa a igualdade entre a produtividade marginal do trabalho e a remuneração do trabalhador em termos reais – uma condição de equilíbrio típica dos modelos neoclássicos. Nesta equação, $w$ representa o salário médio em valores correntes. Na versão mais geral do modelo de Keynes, $L$ e $P$ são variáveis endógenas – determinadas pelo modelo –, e $w$ se inclui entre as variáveis exógenas (ver Seção 4.1).

No Capítulo 4 (Seção 4.3), o modelo keynesiano foi usado para analisar o efeito de uma política fiscal expansionista (um aumento do consumo do governo), sem que ocorresse uma elevação correspondente da oferta de moeda. O principal resultado é que a taxa de juros sobe, causando uma redução do investimento, o que deixa o produto agregado relativamente inalterado. No entanto, se a oferta de moeda também se expandir acompanhando os gastos do governo, os resultados serão diferentes: a taxa de juros não aumentará e o investimento não sofrerá redução, e o aumento de $G$ será transmitido para $Y$ de forma ampliada (ou multiplicada).

Além disso, levando em conta a equação (6.2), verificamos que o aumento do produto causará maior utilização da força de trabalho. Por outro lado, de acordo com a equação (6.3), uma condição necessária para que o emprego aumente é que o salário real seja reduzido para compensar a diminuição da produtividade marginal do trabalho (a segunda derivada da função $f$ é, por hipótese, negativa). A conclusão é que o nível de preços deve aumentar para restaurar o equilíbrio no mercado de trabalho, uma condição necessária à expansão do produto e do emprego. Assim, segundo a versão completa do modelo keynesiano, os efeitos finais de uma política fiscal expansionista, com oferta de moeda flexível, são o aumento do produto e do emprego, e a elevação dos preços – ou seja, crescimento econômico e inflação.

De forma geral, uma das principais conclusões dessa análise é a de que o crescimento econômico depende de uma alta correspondente dos preços para restaurar o equilíbrio no mercado de trabalho. De forma simétrica, uma queda da produção está associada à redução do nível de preços, ou seja, à deflação. Um aspecto importante é que, de fato, a relação direta entre crescimento e variação de preços, deduzida da análise keynesiana, tem-se verificado na história econômica de muitos países. Além disso, ela está na base das políticas de estabilização geralmente implementadas por governos e bancos centrais, que buscam restringir o crescimento da demanda e do emprego e, dessa forma, limitar os aumentos de preços.

### 6.3 Salários e a curva de Phillips: inflação de custos

Como foi colocado na seção anterior, a relação direta entre variações do produto e emprego, por um lado, e variações do nível geral de preços, por outro, estabelecida pelo modelo macroeconômico de Keynes em sua versão completa, tem sido observada em muitos países. Um estudo que se tornou célebre, baseado em dados da Inglaterra para o período entre 1862 e 1957, é consistente com essa conclusão. Nesse trabalho, a taxa de desemprego foi contrastada com a variação do salário médio em valores correntes.[4] Dada a relação inversa entre crescimento e desemprego, e a relação direta entre inflação e variação salarial, a análise keynesiana indica que deve existir uma correlação negativa entre os dois indicadores usados no estudo, o que foi confirmado pela análise empírica. Esse resultado veio a ser conhecido como a "curva de Phillips", que aparece representada na Figura 6.2.

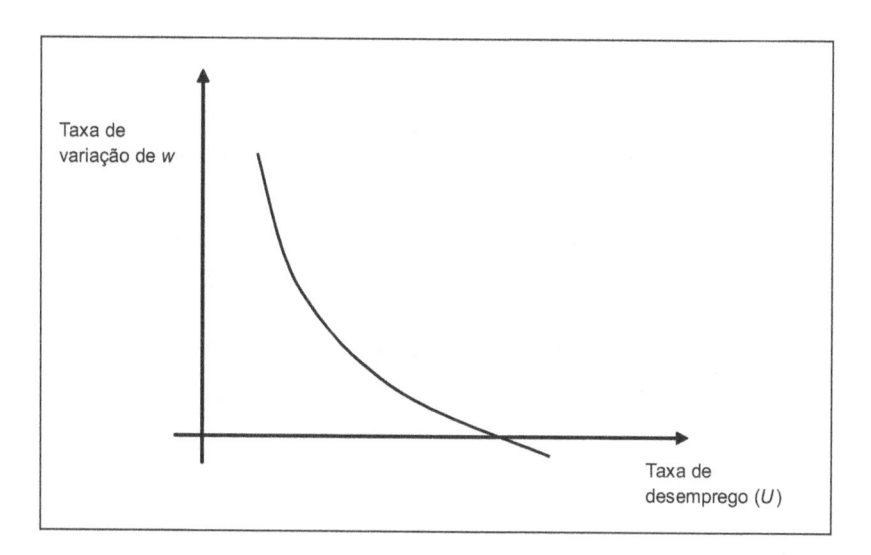

**Figura 6.2 – Representação da curva de Phillips.**

Essa curva descreve a relação inversa entre a taxa de desemprego, representada por $U$, e a taxa de variação do salário nominal médio, e corresponde à seguinte função:[5]

---

[4] Phillips, 1958.
[5] As fórmulas para a taxa de variação são examinadas no Apêndice ao Capítulo 3 (Seção 3A.1).

$$\frac{1}{w}\frac{d}{dt}w = g(U), \quad \frac{d}{dU}g < 0 \qquad (6.4)$$

Na década de 1970, porém, a visão tradicional da inflação ficou em xeque, uma vez que a forte subida dos preços do petróleo causou uma elevação das taxas de inflação na maioria dos países sem que ocorresse uma expansão significativa da atividade econômica – ou seja, a relação direta entre crescimento e inflação, deduzida da análise keynesiana e representada na curva de Phillips, parecia não mais valer. Nos Estados Unidos, por exemplo, a taxa média de inflação entre 1970 e 1983, incluindo os anos extremos, foi de 6,71% de acordo com o deflator do produto nacional, e de 7,40% segundo o índice de preços ao consumidor. No mesmo período, o crescimento médio do produto nacional ficou em apenas 2,49%, e a taxa média de desemprego atingiu 6,86% da força de trabalho.[6]

A explicação para esse fenômeno, no entanto, não é que as previsões derivadas do modelo de Keynes deixaram de ser válidas, como foi colocado por muitos economistas na época, mas simplesmente que os fatores de custo do processo inflacionário predominaram sobre os elementos de demanda. Nesse período, para analisar o papel dos custos de produção, desenvolveu-se uma análise da inflação a partir da introdução, na relação (6.4), de expectativas em relação à inflação futura – a chamada "curva de Phillips com expectativas", que aparece representada a seguir:

$$\frac{1}{w}\frac{d}{dt}w = g^*\left[U, \left(\frac{1}{P}\frac{d}{dt}P\right)^e\right] \qquad (6.5)$$

Na função $g^*$, incluída em (6.5), a primeira derivada (em relação à taxa de desemprego) é negativa, e a segunda derivada (em relação à inflação esperada) é positiva. Uma teoria de inflação determinada pelos custos de produção resulta da equação (6.5) e de uma outra relação, que especifica que os preços dependem da variação salarial:[7]

---

[6] Dados em Balmol e Blinder, 1985.
[7] Fonseca, 1995, Cap. 4.

$$\frac{1}{P}\frac{d}{dt}P = h\left[\frac{1}{w}\frac{d}{dt}w, \frac{Y}{L}\right] \quad (6.6)$$

O segundo termo na função $h$, incluída em (6.6), representa a produtividade média da força de trabalho, e as hipóteses usadas nessa relação são de que a primeira derivada é positiva, e a segunda derivada é negativa. Um aspecto a ser ressaltado é que, nesse modelo de inflação, os fundamentos da relação (6.6) não são explicitados – isto é, não se desenvolve uma análise precisa de como variações salariais determinam mudanças nos preços. No Apêndice a este capítulo, porém, é desenvolvido um modelo em que a inflação resulta do mecanismo de formação de preços, a partir dos custos de produção.

A equação (6.6) pode ser colocada em uma forma ligeiramente diferente, na qual os elementos dinâmicos do processo inflacionário – a espiral preços-salários – ficam explicitados. Incorporando a equação (6.5) em (6.6), encontramos:

$$\frac{1}{P}\frac{d}{dt}P = h^*\left[U, \left(\frac{1}{P}\frac{d}{dt}P\right)^e, \frac{Y}{L}\right] \quad (6.7)$$

Por outro lado, usando a hipótese de que as expectativas de inflação resultam da inflação no período anterior, encontramos uma equação dinâmica para a taxa de variação dos preços, representada a seguir:[8]

$$\frac{1}{P}\frac{d}{dt}P = h^*\left[U, \left(\frac{1}{P}\frac{d}{dt}P\right)_{-1}, \frac{Y}{L}\right] \quad (6.8)$$

## 6.4 Inflação no Brasil

Os dados para a inflação brasileira, mencionados no início deste capítulo, indicam que, historicamente, o país vem sendo afetado por um crônico processo inflacionário – situação que também se verifica

---

[8] Ibidem.

em outros países da América Latina. A Tabela 6.1, que apresenta taxas anuais de inflação para o Brasil e a Argentina, revela que a partir da década de 1940 inflações elevadas têm sido a regra, e não um fenômeno esporádico. Mais de uma vez, inclusive, esses países estiveram à beira da hiperinflação.[9]

No caso brasileiro, a principal causa das persistentes pressões inflacionárias tem sido a falta de compromisso de sucessivos governos com a necessária disciplina fiscal e monetária – uma avaliação que provavelmente também se aplica a outros países do continente. Além disso, o mercado de capitais no Brasil não tem sido capaz de proporcionar fundos compatíveis com as necessidades de financiamento dos setores público e privado, o que faz com que déficits fiscais acabem por provocar aumentos expressivos dos saldos monetários, ou do estoque de "quase-moeda" (ativos com alto grau de liquidez).

Tabela 6.1 – Inflação no Brasil e na Argentina – médias no período (%)[1]

|  | 1948-57 | 1958-67 | 1968-77 | 1978-87 | 1988-94 | 1995-05 |
|---|---|---|---|---|---|---|
| Brasil[2] | 14,6 | 44,9 | 26,0 | 138,2 | 1252,2 | 10,8 |
| Argentina[3] | 20,2 | 32,9 | 78,8 | 217,6 | 288,3 | 5,2 |

Notas:
1. Médias geométricas.
2. Índice Geral de Preços (IGP-DI).
3. Índice de preços ao consumidor.

**Fontes:** Para o Brasil: Fundação Getulio Vargas, *Conjuntura Econômica*, vários números. Para a Argentina: período 1948-1983 – Krieger e Szewach, 1985. Período 1984-2001 – *Indicadores da Economia Mundial* (Brasília, Ministério do Planejamento), vários números.

Além dos fatores de demanda, ocorreram fortes pressões inflacionárias pelo lado dos custos de produção na década de 1970, devido à acentuada elevação dos preços do petróleo, primeiro em 1973 e novamente em 1979. Esses acontecimentos, assim como o aumento

---

[9] Na Argentina, a inflação anual ficou acima de 3.000% em 1989 e de 2.300% no ano seguinte. No Brasil, a inflação superou 1.700% em 1989, 1.400% em 1990, e 2.700% em 1993.

do endividamento externo e a subida das taxas de juros internacionais nas décadas de 1970 e 1980, levaram à forte deterioração do saldo em conta corrente. Com a moratória do México, ocorrida em 1982, os mercados financeiros internacionais se fecharam aos países em desenvolvimento, e o governo brasileiro foi forçado a adotar medidas de impacto para restabelecer o equilíbrio das contas externas. Várias dessas medidas – maxidesvalorização cambial, subsídios aos exportadores e aos produtores de álcool combustível – causaram impactos não apenas nos custos, mas também nas políticas fiscal e monetária, o que acabou por provocar a aceleração da inflação, que superou 200% em 1983. Nessa época, a indexação de preços e salários se difundiu por todos os segmentos da economia, com reajustes – baseados na inflação passada – que ocorriam em intervalos cada vez mais curtos.

A partir de 1985, várias iniciativas do governo provocaram a subida da inflação para patamares ainda maiores: aumentos acentuados das despesas com salários e juros (ver Tabela 4.1, no Capítulo 4), moratória da dívida externa (que reduziu a entrada de capitais) e, principalmente, programas não-ortodoxos de estabilização, baseados em congelamentos de preços e salários, que levaram tanto empresas como indivíduos a adotar estratégias defensivas – buscando evitar perdas patrimoniais e financeiras causadas por esses programas – que contribuíram com pressões adicionais sobre os preços.[10]

A trajetória da inflação no Brasil apresentou formidável redução a partir de julho de 1994, com a implementação de um programa de estabilização que ficou conhecido como Plano Real. Esse programa, no entanto, da mesma forma que os anteriores, atuou quase que exclusivamente sobre os componentes de custo da inflação – principalmente sobre a taxa de câmbio – e praticamente não interferiu no componente de demanda – em particular, o desequilíbrio financeiro

---

[10] Entre estas estratégias, figuravam a aquisição de ativos reais (com fins especulativos) e os reajustes preventivos de preços (em antecipação aos congelamentos de preços). Ver Fonseca, 1995, Cap. 7, e Fonseca, 1998.

do setor público permaneceu quase inalterado. Esse desequilíbrio se tem manifestado principalmente no mercado monetário e de capitais, pelo forte crescimento da dívida pública, e também no esforço continuado de aumento da arrecadação tributária.[11]

Até 1996, ocorreu forte valorização da moeda nacional, uma tendência ilustrada na Figura 4.6 (no Capítulo 4), que mostra que a taxa real de câmbio atingiu nesse ano o menor nível desde (pelo menos) 1967, e chegou a menos da metade do patamar registrado no período 1984-85. Em conseqüência das profundas alterações na política cambial, o saldo em conta corrente, que permaneceu virtualmente em equilíbrio desde o final da década de 1980, passou a apresentar déficits crescentes: acima de 20 bilhões de dólares por ano entre 1996 e 2001, e acima de 30 bilhões de dólares em 1997 e 1998. A partir da intensa desvalorização cambial ocorrida em 2002, todavia, essa situação gradualmente se reverteu, e as contas correntes voltaram a apresentar equilíbrio a partir de 2003.

O aumento acentuado das importações, em grande parte provocado pela política de valorização do real, teve efeitos desastrosos sobre a atividade industrial, que perdeu terreno em relação aos setores de agropecuária e serviços. A taxa média de crescimento da transformação industrial entre 1995 (inclusive) e 2003 ficou em 1,1%, o que ilustra o processo de estagnação da indústria.

Por outro lado, a inexistência de uma política oficial de reposição de perdas salariais a partir do início do Plano Real, combinada com a estagnação econômica e a indexação (pela inflação passada) presente em vários mercados, principalmente nos serviços de utilidade pública, levou a importantes perdas na massa real de salários, o que vem contribuindo para a estagnação da demanda em vários

---

[11] Em dezembro de 1994, o total de títulos emitidos pelo Tesouro correspondia a 17% do PIB. No final de 2005, esse saldo representava aproximadamente 65% do produto nacional. Por outro lado, a arrecadação tributária, que até 1993 se manteve em torno de 25% do PIB, vem aumentando de forma sistemática, e se estima que, em 2006, esteja próxima de 38% do produto nacional.

setores da economia – principalmente aqueles ligados à produção de bens essenciais, direcionados para o mercado interno. Todas essas tendências levam à conclusão de que as medidas de combate à inflação adotadas a partir de 1994 têm prejudicado de forma sensível o processo de desenvolvimento no Brasil.

## 6.5 Considerações finais

Muitos países em desenvolvimento têm atravessado longos períodos com elevadas taxas de inflação, principalmente na América Latina, o que ilustra a tendência de o desenvolvimento econômico vir acompanhado por processos de alta generalizada de preços. Entre as principais conseqüências dos processos inflacionários estão as mudanças causadas na distribuição de renda, com redução da participação dos salários e ampliação do excedente sobre o consumo, que pode ser apropriado pelos empresários ou pelo governo.

A inflação pode ser causada por fatores ligados à demanda (inflação de demanda) ou aos componentes de custo no processo produtivo (inflação de custos). Em geral, esses dois tipos de pressões sobre os preços estão presentes em processos inflacionários prolongados. No entanto, a expansão da moeda, que está associada ao aumento da demanda, tem um papel especial nesses processos, pois a alta de preços não pode manter-se sem uma elevação correspondente da oferta de moeda.

A relação entre a quantidade de moeda e o preço médio dos bens está representada na "equação de trocas", que inclui também o produto nacional, em valores reais, e a velocidade-renda da moeda. Por outro lado, para a análise da inflação de demanda, geralmente se utiliza a versão ampliada do modelo macroeconômico de Keynes – que inclui uma função de produção agregada e uma equação para representar o equilíbrio no mercado de trabalho. Um dos principais resultados obtidos a partir desse modelo é de que existe uma relação direta entre crescimento econômico e inflação. Portanto, um programa de estabilização deve incluir restrições sobre a expansão da demanda e do emprego.

Tal ligação entre crescimento e inflação foi confirmada em um importante estudo empírico, no qual se verificou a existência de uma relação inversa entre desemprego e variação salarial (em valores correntes) – a chamada "curva de Phillips". Por outro lado, para analisar o processo inflacionário decorrente de pressões de custo, introduziu-se um termo na relação de Phillips que representa as expectativas em relação à inflação futura. De acordo com essa análise, os salários (e os preços) variam inversamente com a taxa de desemprego, e diretamente com a expectativa de inflação – esta última depende, pelo menos em parte, da inflação passada.

No caso brasileiro, fatores tanto de demanda como de custo estão presentes na inflação crônica que tem marcado a história econômica do país. Esse processo inflacionário sofreu forte redução a partir de 1994, com o Plano Real, mas à custa de grandes desequilíbrios no mercado de capitais e no sistema produtivo, o que vem prejudicando o desenvolvimento econômico no Brasil.

## Apêndice
## Conflito Distributivo e Inflação: um Modelo de Inflação de Custos

Na análise da inflação de demanda, o sistema keynesiano, examinado nos Capítulos 4 e 6, vem a ser o modelo tradicional e de uso praticamente universal. No caso da inflação de custos, no entanto, não existe um sistema analítico equivalente. A principal razão é que os economistas não têm tido sucesso em combinar modelos de formação de preços – por sua própria natureza, microeconômicos

– com a investigação da inflação, que é um fenômeno tipicamente macroeconômico. Uma exceção notável a esta limitação na integração micro-macro é o modelo desenvolvido por Kalecki, que, por meio do conceito de grau de monopólio, permite integrar o mecanismo de formação de preços em mercados oligopolizados com conceitos tipicamente macroeconômicos, como a distribuição de renda entre salários e lucros.[1] A análise kaleckiana, contudo, não se aplica explicitamente ao processo inflacionário.

Todavia, é possível desenvolver um sistema que mostra como a inflação pode resultar da formação de preços, e que leva em conta os aspectos distributivos do processo inflacionário, a partir do modelo de preços desenvolvido por Sraffa. Este modelo, em sua versão original – que é examinada no Capítulo 7 –, é microeconômico e não se destina à análise da inflação. Porém, é possível derivar uma versão macroeconômica e também adaptar a análise sraffiana à investigação dos processos de alta generalizada de preços.

## 6A.1 Desenvolvimento do modelo

O ponto de partida do modelo de Sraffa é uma equação de equilíbrio para o preço de um bem típico, que resulta do processo produtivo:

$$\begin{array}{c} \text{Preço} \\ \text{do bem} \end{array} = \begin{array}{c} \text{Custo dos} \\ \text{insumos por unidade} \end{array} + \begin{array}{c} \text{Custo do fator} \\ \text{trabalho por unidade} \end{array} + \begin{array}{c} \text{Lucros por} \\ \text{unidade} \end{array}$$

Na versão macroeconômica para este modelo, introduzimos o conceito de um *preço médio* dos bens produzidos e também uma *quantidade média* de insumos e mão-de-obra utilizados na atividade produtiva.[2] Nesta agregação, certos bens farão parte tanto do conjunto de insumos como do de bens produzidos. Por outro lado, deve ser destacado que essa versão agregada é usada apenas para fins

---

[1] Ver Kalecki, 1954, e também a Seção 4.2, no Capítulo 4.
[2] Os conceitos de preço médio e de custo médio, aplicados a um setor industrial, também são usados por Kalecki. Ver o Capítulo 1 da referência mencionada na nota anterior.

expositivos – isto é, o modelo de inflação desenvolvido neste Apêndice possui uma versão desagregada, com resultados estritamente equivalentes, mas que envolve aspectos matemáticos mais complicados.[3] A relação de equilíbrio anterior, especificada em um contexto macroeconômico, aparece a seguir:

$$P = aP + a_w w + aP\pi \quad (6A.1)$$

Nesta equação, $P$ representa o preço médio dos bens produzidos, $a$ a quantidade média de insumos e $a_w$ a quantidade média do fator trabalho, utilizados por unidade produzida, $w$ o salário médio, e $\pi$ a taxa média de lucro. Algumas observações adicionais podem ser feitas sobre os parâmetros em (6A.1): no modelo de insumo-produto (ver Capítulo 7), os coeficientes $a$ e $a_w$ são denominados, respectivamente, coeficiente técnico de produção e coeficiente de mão-de-obra; por outro lado, o produto $aP$ representa os "meios de produção" (por unidade produzida), que é o conceito de capital usado pelos economistas clássicos, e também por Sraffa – e, portanto, o produto $aP\pi$ representa os lucros (por unidade produzida).

Na equação para o preço médio, representada em (6A.1), devemos acrescentar ainda um outro componente, que visa representar o custo médio dos insumos importados e dos serviços de utilidade pública (energia elétrica, comunicações etc.). Na equação a seguir, esse componente aparece representado por $z$:

$$P = aP + a_w w + aP\pi + z \quad (6A.2)$$

Nessa equação, seguindo a tradição dos modelos de insumo-produto, consideramos que os coeficientes $a$ e $a_w$ resultam da estrutura técnica de produção que prevalece no sistema econômico e, portanto, eles devem ser considerados *parâmetros*. Por outro lado, é razoável supor que $z$ seja um elemento *exógeno* – ou seja, que não depende diretamente de $P$, $w$ e $\pi$ (principalmente no caso dos insumos importados). Conseqüentemente, (6A.2) é uma equação em três

---

[3] Ver Fonseca, 1992 e 1995, Cap. 5, e o Apêndice ao Capítulo 7 neste livro (Seção 7A.2).

*variáveis*: o preço médio, o salário médio, e a taxa média de lucro. Em princípio, qualquer uma delas pode ser obtida em função das outras duas, mas – uma vez que o objetivo é derivar um modelo de inflação – faz mais sentido considerar que $P$ seja a variável dependente, o que nos dá a seguinte solução:

$$P = \frac{z}{1-a(1+\pi)} + \frac{a_w}{1-a(1+\pi)}w \quad (6A.3)$$

Uma condição suficiente para que os preços sejam positivos, já que $z$, $a_w$ e $w$ devem ser positivos, é $1 > a(1+\pi)$, o que significa que o preço tem de ser maior que o valor, por unidade produzida, dos insumos e lucros. Os efeitos de mudanças em $w$ e $\pi$ sobre o preço médio podem ser avaliados pelas derivadas parciais obtidas para (6A.3), que aparecem a seguir:

$$\frac{\partial}{\partial w}P = \frac{a_w}{1-a(1+\pi)}; \frac{\partial}{\partial \pi}P = \frac{aP}{1-a(1+\pi)}$$

A equação (6A.3) não é linear em relação à taxa de lucro, o que torna mais difícil representar a relação entre $P$ e $\pi$. Contudo, a relação entre $w$ e $P$, para um dado $\pi$, é linear, e pode ser representada facilmente (ver Figura 6A.1).

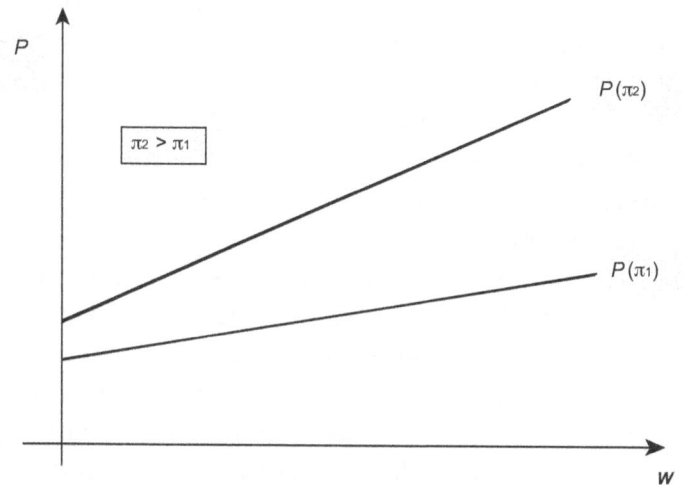

**Figura 6A.1 – Representação da equação 6A.3.**

## 6A.2 Relação entre preços e taxa de lucro

Uma alteração da taxa média de lucro afeta tanto o intercepto como a inclinação da relação salário-preço, representada em (6A.3). Por exemplo, os efeitos de um aumento de $\pi$, de $\pi_1$ para $\pi_2$, aparecem representados na Figura 6A.1. A principal conclusão é que taxas de lucro mais altas contribuem, tudo o mais constante, para a elevação das pressões inflacionárias – isto é, fazem com que um dado nível de salário médio corresponda a preços mais elevados. Por outro lado, preços mais altos, para um dado salário médio, implicam uma taxa de lucro mais elevada – ou seja, a inflação (alta generalizada de preços) favorece a formação de lucros. Essa relação direta entre inflação e lucros já havia sido explorada no Capítulo 2 (na Seção 2.7) sem, contudo, o desenvolvimento de um modelo formal que permitisse respaldá-la.

## 6A.3 Equilíbrio com estabilidade de preços e desequilíbrio inflacionário

Enquanto preços mais altos, como foi visto na seção anterior, tendem a favorecer os lucros, o oposto ocorre no caso do salário real. Essa relação inversa entre o preço médio dos bens e o valor real dos salários, que nada tem de surpreendente, pode ser representada no plano $(w, P)$ levando-se em conta que um determinado salário real corresponde a uma reta que parte da origem. Quanto *menor* a inclinação dessa reta, *maior* o salário real. Fica colocado nesse plano, portanto, o conflito distributivo entre lucros e salários – com os empresários buscando obter uma taxa de lucro mais elevada, e os trabalhadores visando um salário real maior. Um eventual desequilíbrio entre esses objetivos conflitantes resultaria em um processo inflacionário. Na Figura 6A.2 estão ilustrados os dois resultados que podem ser obtidos com esse modelo: equilíbrio com estabilidade de preços e desequilíbrio com inflação.

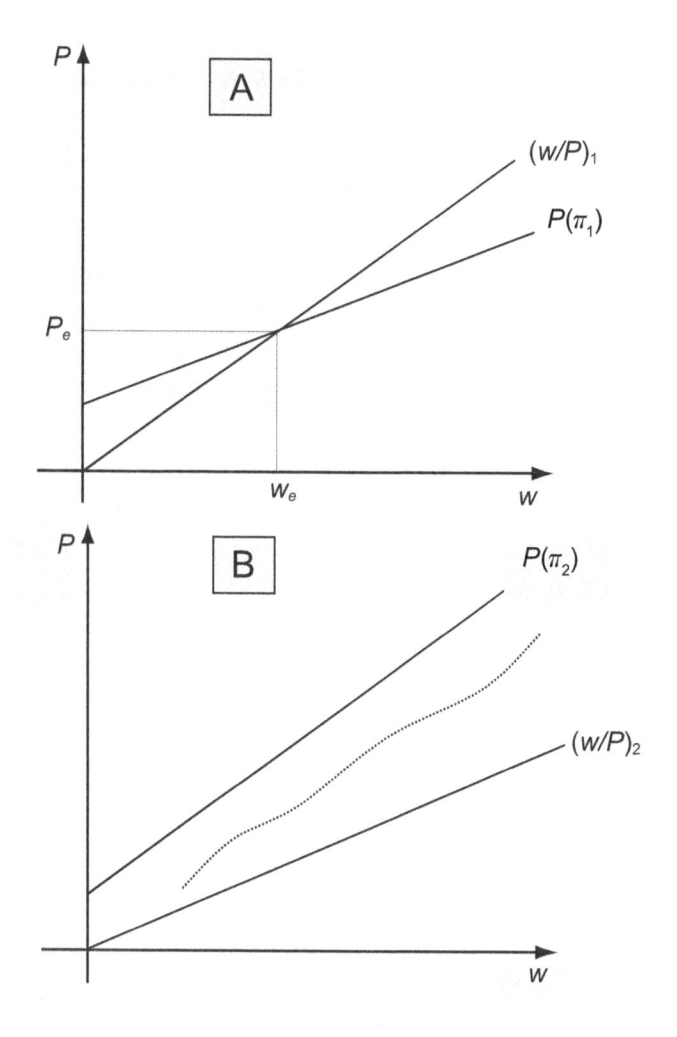

**Figura 6A.2 – Equilíbrio com estabilidade de preços (Figura A) e desequilíbrio inflacionário (Figura B).**

No Gráfico B, está representada uma trajetória de elevação continuada de preços e salários (linha pontilhada), que resulta do fato de que os empresários perseguem uma taxa de lucro ($\pi_2$) que é incompatível com o nível de salário médio real $(w/P)_2$ desejado pelos trabalhadores. Esse resultado corresponde a um processo inflacionário que resulta de um "conflito distributivo".

## 6A.4 Impostos indiretos e inflação

Os impostos indiretos, por incidirem sobre o preço final dos bens de forma proporcional, afetam a relação salário-preço de maneira equivalente à taxa $\pi$. A incidência do imposto torna essa relação mais inclinada e contribui para que a disputa entre empresários e trabalhadores possa conduzir a um desequilíbrio inflacionário. Tal conclusão pode ser verificada ao se introduzir o imposto na equação (6A.2), como aparece a seguir ($\tau$ representa a alíquota média do imposto):

$$P = aP + aP\pi + a_w w + z + P\tau \qquad (6A.4)$$

# PARTE 3

## MÉTODOS DE PLANEJAMENTO ECONÔMICO

*Capítulo 7*
# Modelos Intersetoriais

Entre todas as ferramentas de análise econômica, aquela que está tradicionalmente mais ligada à atividade de planejamento – aplicada tanto a países, regiões e comunidades, como a setores econômicos e empresas – é o chamado "modelo de relações intersetoriais", ou "modelo de insumo-produto", desenvolvido por Wassily W. Leontief na década de 1930. Considerando esse modelo no contexto da análise econômica contemporânea, ele se situa em uma posição intermediária entre a microeconomia convencional, voltada para a análise de firmas e consumidores – que são tratados de forma muito abstrata e, portanto, pouco adequada às necessidades de planejamento –, e a macroeconomia, que utiliza agregados bastante amplos e que, em conseqüência, não permite lidar com algumas questões fundamentais ligadas ao planejamento.

Em termos da evolução histórica da análise econômica, o modelo de insumo-produto pode ser relacionado a dois tipos de sistemas teóricos mais antigos: os esquemas de representação dos fluxos econômicos circulares, elaborados por François Quesnay (o *Tableau Economique*) e por Karl Marx (os esquemas de reprodução no segundo volume do *Capital*), e o modelo de equilíbrio geral de Leon

Walras.[1] De fato, a contribuição de Leontief pode ser considerada, simultaneamente, um sistema para representação dos fluxos entre os setores econômicos e um modelo para determinar quantidades e preços de equilíbrio.

A análise de relações intersetoriais tem gerado incontáveis pesquisas e publicações, com objetivos tanto teóricos como aplicados.[2] Por outro lado, tabelas de insumo-produto têm sido calculadas para muitos países. No Brasil, este trabalho vem sendo realizado pelo Instituto Brasileiro de Geografia e Estatística (IBGE) e, além disso, existem tabelas disponíveis para alguns estados. Neste capítulo, também são examinadas duas importantes contribuições à análise econômica que possuem forte ligação com o modelo de Leontief – e que são, ao mesmo tempo, importantes ferramentas de planejamento –, elaboradas por Piero Sraffa e Kenichi Miyazawa.

## 7.1 Do equilíbrio macroeconômico ao equilíbrio intersetorial

No Capítulo 4, os modelos de Keynes e Kalecki foram examinados (nas Seções 4.1 e 4.2), e neles está incluída a principal relação de equilíbrio macroeconômico, que estabelece que a produção nacional é igual à demanda agregada – essa última formada pela soma do consumo das famílias e do governo, investimento, e saldo comercial. É possível derivar as relações de equilíbrio intersetorial, a partir do equilíbrio macroeconômico, se considerarmos que uma parte fundamental das transações econômicas não é levada em conta na

---

[1] O *Tableau Economique* foi publicado originalmente em 1758, e sua relação com o modelo de Leontief foi explorada pela primeira vez em um artigo de Almarin Phillips (1955). O volume dois do *Capital* foi publicado postumamente em 1885 (em alemão), editado por F. Engels. Sobre a relação com a análise de insumo-produto, ver Lange (1963) e Brody (1970). A principal obra de Walras (*Éléments d'Économie Politique Pure*) foi publicada em duas partes, em 1874 e 1877. Sobre a relação com o modelo de insumo-produto, ver Kuenne (1954).

[2] Uma relação de algumas das principais referências aparece em Ciaschini, 1988.

análise mais agregada, ou seja, as transações intermediárias. Estas transações, na verdade, constituem o aspecto central do modelo de insumo-produto. Representando o total da produção intermediária por Z, obtemos a seguinte relação de equilíbrio:

$$X = Y + Z = Z + C + I + G + (EX - IM) \quad (7.1)$$

A variável $X$ representa o total da produção realizada em um determinado período, geralmente um ano, e corresponde à soma do valor dos bens finais, representado por $Y$, e dos bens intermediários. Um outro aspecto da análise de Leontief é que o sistema produtivo é desagregado em *setores* – e, para cada um deles, o equilíbrio especificado em (7.1) deve valer. Esta característica pode ser representada da seguinte forma:

$$X_i = Z_i + C_i + I_i + G_i + (EX - IM)_i, \quad i = 1, 2, ..., n \quad (7.2)$$

Em (7.2), está representado um conjunto de $n$ equações, cada uma delas correspondente a um setor econômico, que indicam que a produção do setor deve ser igual, em equilíbrio, à soma da demanda intermediária – isto é, insumos utilizados por outros setores, e pelo próprio setor – e da demanda final.

Uma propriedade matemática muito interessante é que, em qualquer sistema linear, está presente o princípio da *dualidade*. De forma geral, esse princípio indica que, dado um conjunto de equações lineares, duas soluções podem ser encontradas – uma correspondente às linhas, e outra às colunas.[3] As equações no sistema (7.2), que representam a igualdade entre produção e demanda, são definidas a partir das linhas dos quadros de fluxos (ver Seção 7.2). Por outro lado, existe outra relação implícita nesse sistema: o valor da produção é igual, em equilíbrio, aos pagamentos realizados aos setores (em troca dos insumos produtivos), às famílias (responsáveis pelos fatores

---

[3] O conceito de dualidade foi desenvolvido pelo matemático John von Neumann, e é um elemento fundamental da teoria dos jogos e da programação linear.

de produção), e ao governo. Tal relação, que corresponde às colunas dos quadros de fluxos, aparece representada a seguir:

$$X_j = Z_j + W_j + \Pi_j + T_j, \quad j = 1, 2, ..., n \quad (7.3)$$

No sistema (7.3), estão representados, além das despesas com insumos ($Z_j$), os pagamentos totais realizados pelas firmas no setor $j$ a título de, respectivamente, salários ($W_j$), lucros ($\Pi_j$), e tributos ($T_j$). Um aspecto interessante desse desenvolvimento é que, se agregarmos as relações no sistema (7.3), obteremos uma equação equivalente a (7.1), mostrando que o produto nacional é igual à renda agregada. A conclusão é que as relações básicas da análise macroeconômica – isto é, produto nacional igual à demanda agregada, que é igual à renda agregada – podem ser interpretadas como um resultado do princípio da dualidade, aplicado a um mesmo sistema de relações econômicas.

## 7.2 Quadro de relações intersetoriais e coeficientes de produção

O ponto de partida da análise de insumo-produto é o quadro de relações intersetoriais, ou quadro de fluxos, que pode ser interpretado como uma desagregação e ordenação dos totais de insumos produzidos e usados pelos setores, representados por $Z_i$ e $Z_j$ na seção anterior. Os elementos de um quadro de fluxos estão representados na Tabela 7.1.

Na Tabela 7.1, a coluna $n$ representa a demanda final – ou seja, inclui a soma, para cada setor, do consumo (privado e do governo), investimento e saldo comercial. Por sua vez, a linha $n$ corresponde ao valor agregado – a soma dos pagamentos feitos, em cada setor, às famílias e ao governo. Para os setores produtivos, ou seja, para $i, j = 1, 2, ..., n-1$, o elemento $X_{ij}$ representa a quantidade de insumos produzidos pelo setor $i$ e usados no setor $j$. Por outro lado, $P_i$ representa o preço médio dos produtos do setor $i$. Uma característica adicional do quadro é que, para cada setor, o valor total da produção (a soma ao longo das linhas) é necessariamente igual ao total dos pagamentos (a soma ao longo das colunas). Essa propriedade resulta do fato de que o quadro é formado a partir de identidades contábeis, definidas para cada setor – e que equivalem à identidade, presente nas contas nacionais, entre o valor da produção final e o valor agregado.

Tabela 7.1 – Elementos de um quadro de relações intersetoriais

|  | Setores | | | | | Valor total da produção |
|---|---|---|---|---|---|---|
|  | 1 | 2 | ... | j | ... | n | |
| Setor 1 | $X_{11}P_1$ | $X_{12}P_1$ | ... | $X_{1j}P_1$ | ... | $X_{1n}P_1$ | $\Sigma_j X_{1j}P_1$ |
| Setor 2 | $X_{21}P_2$ | $X_{22}P_2$ | ... | $X_{2j}P_2$ | ... | $X_{2n}P_2$ | $\Sigma_j X_{2j}P_2$ |
| ... | ... | ... | ... | ... | ... | ... | ... |
| Setor i | $X_{i1}P_i$ | $X_{i2}P_i$ | ... | $X_{ij}P_i$ | ... | $X_{in}P_i$ | $\Sigma_j X_{ij}P_i$ |
| ... | ... | ... | ... | ... | ... | ... | ... |
| Setor n | $X_{n1}P_n$ | $X_{n2}P_n$ | ... | $X_{nj}P_n$ | ... | $X_{nn}P_n$ | $\Sigma_j X_{nj}P_n$ |
| Total dos pagamentos | $\Sigma_i X_{i1}P_i$ | $\Sigma_i X_{i2}P_i$ | ... | $\Sigma_i X_{ij}P_i$ | ... | $\Sigma_i X_{in}P_i$ | $\Sigma_j(\Sigma_i X_{ij}P_i)$ |

Um exemplo simples de quadro de fluxos, com apenas três setores produtivos, aparece na Tabela 7.2. Neste exemplo, a coluna $n$ (demanda final) foi dividida em três partes – supõe-se que existe equilíbrio na balança comercial relativa a cada setor, ou seja, $(EX - IM)_i = 0$ –, e a linha $n$ (valor agregado) também foi dividida em três partes.

Tabela 7.2 – Exemplo de um quadro de relações intersetoriais

|  |  | Setores produtivos | | | Demanda final | | | Total das linhas |
|---|---|---|---|---|---|---|---|---|
|  |  | 1 | 2 | 3 | C | I | G |  |
| Setores produtivos | 1 | 18,6 | 5,4 | 3 | 12 | 4 | 2 | 45 |
|  | 2 | 12 | 6 | 3 | 0 | 0 | 0 | 21 |
|  | 3 | 4,5 | 3 | 7,5 | 9 | 2 | 4 | 30 |
| Valor agregado | W | 4 | 3,6 | 7,4 |  |  |  | 15 |
|  | Π | 3 | 3 | 6 |  |  |  | 12 |
|  | T | 2,9 | 0 | 3,1 |  |  |  | 6 |
| Total das colunas |  | 45 | 21 | 30 | 21 | 6 | 6 | 129 |

Neste exemplo, o setor nº 2 produz apenas insumos, que são usados exclusivamente pelos setores produtivos, de forma análoga ao que ocorre, na prática, com a siderurgia.[4] Um aspecto importante é que os números incluídos na tabela representam *valores* – ou seja, resultam da multiplicação das quantidades produzidas pelos preços médios dos produtos. No entanto, se tivermos o preço médio em cada setor, podemos obter um quadro, derivado da Tabela 7.2, em *unidades físicas*. Como exemplo, podemos usar os seguintes preços:

$$P_1 = \frac{1}{10}, \ P_2 = 1, \ P_3 = \frac{1}{2}, \ P_4 = \frac{11}{20}$$

Nesse caso, o preço do setor nº 2, $P_2$, representa um *numerário* – isto é, um valor de referência usado para representar os preços em geral. Além disso, o preço $P_4$, relativo ao setor final, é um preço médio que contribui para determinar o valor agregado por unidade produzida em cada setor (sobre esse ponto, ver Seção 7.4 e, em especial, a nota 7). Dividindo as entradas em cada linha da Tabela 7.2 pelo preço médio correspondente, obtemos um quadro de fluxos em unidades físicas (Tabela 7.3).

**Tabela 7.3 – Quadro de relações intersetoriais em unidades físicas**

| | | Setores produtivos | | | DF | Total das linhas |
|---|---|---|---|---|---|---|
| | | 1 | 2 | 3 | | |
| Setores produtivos | 1 | 186 | 54 | 30 | 180 | 450 |
| | 2 | 12 | 6 | 3 | 0 | 21 |
| | 3 | 9 | 6 | 15 | 30 | 60 |
| VA | | 18 | 12 | 30 | | 60 |

Em um quadro de fluxos com unidades físicas, não é possível somar ao longo das colunas, uma vez que as unidades usadas nas linhas são diferentes – por exemplo, toneladas de aço e sacas de café.

---

[4] Uma exceção à regra de que o setor de siderurgia não produz bens finais são as varas de ferro adquiridas pelas pessoas para fins de construção. Por outro lado, a produção que é exportada faz parte da demanda final.

Para que os dados disponíveis nos quadros de fluxos possam ser usados em modelos de determinação de quantidades e preços de equilíbrio, eles devem ser transformados em coeficientes que representam a *estrutura técnica de produção* de um determinado sistema econômico. Esses coeficientes, denominados "coeficientes de produção", são definidos da seguinte forma:

$$a_{ij} = \frac{X_{ij}}{\sum_i X_{ji}}$$

Os coeficientes de produção são iguais, portanto, à quantidade do insumo $i$ utilizada no setor $j$, dividida pela produção total do setor $j$. Na análise de Leontief, supõe-se que esses coeficientes são *estáveis* – isto é, quando varia a produção de um setor, a quantidade usada de insumos se altera proporcionalmente, deixando os coeficientes $a_{ij}$ inalterados. Dessa forma, cada coluna de coeficientes representa a função de produção que se aplica ao setor correspondente. Os coeficientes de produção que resultam da Tabela 7.3 estão calculados a seguir:

Coeficientes de produção:

Setor 1: $\frac{186}{450} = 0{,}413, \frac{12}{450} = 0{,}027, \frac{9}{450} = 0{,}020$

Setor 2: $\frac{54}{21} = 2{,}571, \frac{6}{21} = 0{,}286, \frac{6}{21} = 0{,}286$

Setor 3: $\frac{30}{60} = 0{,}500, \frac{3}{60} = 0{,}050, \frac{15}{60} = 0{,}250$

Os coeficientes de produção podem ser colocados em um quadro, que representa a estrutura técnica do sistema econômico, tal como aparece na Tabela 7.4. Esse quadro é denominado matriz de coeficientes técnicos (ver Apêndice a este capítulo).

**Tabela 7.4 – Quadro com coeficientes de produção**

|  |  | Setores produtivos | | |
|---|---|---|---|---|
|  |  | 1 | 2 | 3 |
| Setores | 1 | 0,413 | 2,571 | 0,500 |
| produtivos | 2 | 0,027 | 0,286 | 0,050 |
|  | 3 | 0,020 | 0,286 | 0,250 |

## 7.3 Modelo de quantidades

O modelo de Leontief para determinar as quantidades produzidas em cada setor parte da seguinte relação de equilíbrio:

Demanda total = Oferta total

A demanda total de cada setor é formada por duas partes: a demanda intermediária (insumos produtivos) e a demanda final. Representando as quantidades produzidas por $X_i$ – ou seja, $X_i = \sum_j X_{ij}$ –, e a demanda final no setor por $D_i$, as equações do modelo, construídas para o exemplo da seção anterior, aparecem a seguir:[5]

$$0,413 X_1 + 2,571 X_2 + 0,500 X_3 + D_1 = X_1$$
$$0,027 X_1 + 0,286 X_2 + 0,050 X_3 + D_2 = X_2$$
$$0,020 X_1 + 0,286 X_2 + 0,250 X_3 + D_3 = X_3$$

No lado esquerdo de cada equação, a demanda intermediária resulta da multiplicação dos coeficientes de produção pela produção total dos setores que usam os insumos. A partir desse sistema, as produções setoriais de equilíbrio são determinadas em função das demandas finais. O desenvolvimento rigoroso da solução envolve

---

[5] Este sistema representa o modelo *aberto* de insumo-produto, desenvolvido por Leontief na década de 1950. A versão original do modelo, surgida 20 anos antes e denominada modelo *fechado*, tem hoje mais importância teórica do que prática. Para uma análise desta versão, ver Fonseca, 2003.

matrizes, e é examinado no Apêndice a este capítulo. Como exemplo, as produções de equilíbrio que correspondem a uma redução de $D_1$ em 20 unidades aparecem a seguir – $d$ representa as demandas finais, e $x$ as produções setoriais.

$$d = \begin{bmatrix} 160 \\ 0 \\ 30 \end{bmatrix} \quad \rightarrow \quad x = \begin{bmatrix} 406{,}72 \\ 19{,}26 \\ 58{,}18 \end{bmatrix}$$

### 7.4 Modelo de preços

O modelo de Leontief para os preços setoriais é *dual* do modelo de quantidades – ou seja, é um sistema definido a partir das colunas dos quadros de fluxos (ver Seção 7.1). A relação de equilíbrio para esse modelo aparece a seguir:

Custo total = Receita total

Essa relação pode ser aplicada, em cada setor, ao custo por unidade produzida – que resulta da multiplicação dos coeficientes de produção pelos preços médios dos produtos – e ao preço unitário.[6] As equações estão colocadas a seguir:

$$0{,}413 P_1 + 0{,}027 P_2 + 0{,}020 P_3 + V_1 = P_1$$
$$2{,}571 P_1 + 0{,}286 P_2 + 0{,}286 P_3 + V_2 = P_2$$
$$0{,}500 P_1 + 0{,}050 P_2 + 0{,}250 P_3 + V_3 = P_3$$

Nesse sistema, $V_j$ representa o valor agregado por unidade produzida, e cada um desses componentes resulta da multiplicação de um coeficiente "técnico" – obtido da última linha da Tabela 7.3 – por um "preço médio" – que, no exemplo da Seção 7.2, é igual a $^{11}/_{20}$. Uma alteração seja no coeficiente, seja neste preço, causa mudanças

---

[6] Este procedimento está desenvolvido em Fonseca, 2003, Apêndice 2A.

nos componentes $V_j$.[7] Esse sistema permite encontrar os preços de equilíbrio em função dos componentes $V_j$. Como exemplo, podemos supor que $V_2$ aumentou de 0,31 (igual a $^{12}/_{21}$ vezes $^{11}/_{20}$) para 0,42. Tal variação poderia resultar, por exemplo, de mudanças nas relações trabalhistas no setor, que teriam levado a uma redução da jornada de trabalho (mais pessoas empregadas), sem diminuição dos salários. Os resultados para os preços de equilíbrio são os seguintes – $v$ contém os componentes $V_j$, e $p$ os preços:

$$v = \begin{bmatrix} 0,02 \\ 0,42 \\ 0,28 \end{bmatrix} \rightarrow p = \begin{bmatrix} 0,11 \\ 1,18 \\ 0,52 \end{bmatrix}$$

## 7.5 Modelo de preços de Sraffa

O sistema de preços de equilíbrio elaborado por Sraffa pode ser considerado uma generalização do modelo de preços de Leontief – pois leva em conta elementos distributivos na formação de preços –, embora tenha sido desenvolvido de forma independente. A equação de equilíbrio desse modelo, válida para cada setor, pode ser colocada da seguinte forma:

Custo dos insumos por unidade + Custo do fator trabalho por unidade + Lucros por unidade = Preço do bem

O custo dos insumos (por unidade produzida) é tratado da mesma forma que na análise da seção anterior: surge da multiplicação dos coeficientes de produção pelos preços setoriais. O custo do fator trabalho (por unidade) é definido como a multiplicação do coeficiente de

---
[7] Esta análise faz mais sentido quando é aplicada ao fator trabalho. Neste caso, o parâmetro técnico é o coeficiente de mão-de-obra, que faz parte da função de produção do setor, e o preço é o salário médio. Para um desenvolvimento destas idéias, ver Fonseca, 2003, Apêndice 2A. Para uma análise alternativa, incluindo a taxa de lucro, ver o modelo de Sraffa, examinado na Seção 7.5.

mão-de-obra ($a_{wj}$) – que resulta da divisão do número de pessoas empregadas pela produção do setor – pelo salário médio ($w$). Por último, o lucro é igual ao valor (por unidade) dos "meios de produção", que é o conceito de capital usado pelos economistas clássicos, e também por Sraffa, multiplicado pela taxa média de lucro ($\pi$). Como o valor dos meios de produção é equivalente ao custo dos insumos usados na produção, o sistema de preços de Sraffa, construído para o exemplo da Seção 7.2, tem a seguinte forma:

$$(0{,}413P_1 + 0{,}027P_2 + 0{,}020P_3)(1+\pi) + a_{w1}w = P_1$$
$$(2{,}571P_1 + 0{,}286P_2 + 0{,}286P_3)(1+\pi) + a_{w2}w = P_2$$
$$(0{,}500P_1 + 0{,}050P_2 + 0{,}250P_3)(1+\pi) + a_{w3}w = P_3$$

Uma vez conhecidos os coeficientes de mão-de-obra, este sistema permite determinar os preços de equilíbrio *em função* da taxa média de lucro e do salário médio – ou seja, de acordo com o modelo de Sraffa, os preços dependem da distribuição de renda entre lucros e salários. Além disso, para uma dada taxa $\pi$, esse sistema permite estabelecer uma relação entre o salário médio e os preços setoriais – uma relação *linear* (ver Apêndice a este capítulo). Por outro lado, a relação entre a taxa média de lucro e os preços é mais difícil de ser estabelecida, pois *não* é linear.

Para desenvolver o exemplo aplicado a esse modelo, usamos $w = 1$, $\pi = 0{,}1$, e os seguintes coeficientes de mão-de-obra:

$$a_{w1} = 0{,}04; \quad a_{w2} = 0{,}571; \quad a_{w3} = 0{,}5$$

A solução para os preços aparece a seguir:[8]

$$p = \begin{bmatrix} 0{,}24 \\ 2{,}99 \\ 1{,}05 \end{bmatrix}$$

---

[8] O leitor que fizer a verificação dessa solução, substituindo os valores para os preços no sistema de equações, identificará algumas discrepâncias, que se devem a arredondamentos.

Um aspecto importante desse modelo é que ele permite representar um processo inflacionário que resulta de fatores de custo (ver Capítulo 6). Para uma determinada estrutura técnica – representada pelos coeficientes de produção –, e dada uma taxa média de lucro, os preços resultam do salário médio. Então, uma tentativa dos trabalhadores de obter um salário real mais elevado pode desencadear um processo inflacionário decorrente de uma espiral preços-salários: um aumento de $w$ causa aumentos de preços, que levam a novo aumento de $w$, e assim sucessivamente.

No entanto, um aspecto fundamental desse processo dinâmico de inflação, descrito no parágrafo anterior, é que ele pressupõe a manutenção da taxa média de lucro – isto é, uma queda de $\pi$ pode interromper o processo de alta generalizada de preços. Em particular, no exemplo desenvolvido, os preços para uma taxa de lucro mais baixa são menores. A solução para $\pi = 0,05$, por exemplo, aparece a seguir:

$$p = \begin{bmatrix} 0,21 \\ 2,04 \\ 0,97 \end{bmatrix}$$

## 7.6 Modelo com consumo endógeno de Miyazawa

No modelo de Leontief para as produções setoriais, examinado na Seção 7.3, o consumo das famílias é considerado um componente exógeno, juntamente com o investimento, o consumo do governo e o saldo comercial. Essa característica é claramente insatisfatória, principalmente quando contrastada com a análise macroeconômica, em que se coloca que o consumo pessoal é função da renda gerada no processo produtivo – depende, portanto, das produções setoriais. A conclusão é que o consumo das famílias não pode ser tratado de forma exógena em um modelo que visa representar a atividade produtiva.

No modelo desenvolvido por Miyazawa, tal deficiência é superada pela especificação, para determinados grupos de renda, de coeficientes de consumo, e de coeficientes de geração de renda, ou de valor agregado.

Por exemplo, usando a Tabela 7.2 como referência, identificamos dois grupos de renda – trabalhadores e empresários – e podemos construir coeficientes de geração de renda para eles. Essas informações estão representadas na Tabela 7.5.

**Tabela 7.5 – Quadro com coeficientes de valor agregado**

|  |  | Setores produtivos | | |
|---|---|---|---|---|
|  |  | 1 | 2 | 3 |
| Valor | $W$ | 4 | 3,6 | 7,4 |
| agregado | $\Pi$ | 3 | 3 | 6 |
| Coeficientes | $W$ | 0,089 | 0,171 | 0,247 |
|  | $\Pi$ | 0,067 | 0,143 | 0,200 |

Os coeficientes na coluna 1 da Tabela 7.5 resultam da divisão dos números para o valor agregado pelo valor da produção do setor (45). Na coluna 2, os dados para o valor agregado foram divididos por 21 e, na coluna 3, por 30. Por outro lado, para esses grupos de renda, devemos usar informações para as despesas de consumo, e calcular coeficientes de consumo. Estes números aparecem na Tabela 7.6.

**Tabela 7.6 – Quadro com coeficientes de consumo**

|  |  | Consumo | | Coeficientes | |
|---|---|---|---|---|---|
|  |  | $C_W$ | $C_\Pi$ | $C_W$ | $C_\Pi$ |
| Setores | 1 | 8 | 4 | 0,533 | 0,333 |
| produtivos | 2 | 0 | 0 | 0 | 0 |
|  | 3 | 6 | 3 | 0,400 | 0,250 |

Os coeficientes na Tabela 7.6 foram calculados dividindo-se os números na coluna de consumo pela renda total do grupo correspondente, ou seja, 15 no caso da primeira coluna, e 12 na segunda.

Nesse modelo, o consumo das famílias é separado dos demais componentes da demanda final, incluídos em $D_i$ nas equações da

Seção 7.3, e sua relação com a renda gerada no processo produtivo é especificada. Para cada setor, o consumo pessoal, $C_i$, é definido como:

$$C_i = C_{Wi} + C_{\Pi i}$$

Além disso, usando os dados na Tabela 7.6, o consumo dos grupos de renda (para cada setor) podem ser representados pelos coeficientes de consumo, da seguinte forma:

$$C_1 = 0{,}533W + 0{,}333\Pi$$
$$C_2 = 0{,}0W + 0{,}0\Pi$$
$$C_3 = 0{,}4W + 0{,}25\Pi$$

Por sua vez, os valores adicionados que correspondem aos trabalhadores e empresários, $W$ e $\Pi$, são determinados pelas equações a seguir:

$$W = 0{,}089X_1 + 0{,}171X_2 + 0{,}247X_3$$
$$\Pi = 0{,}067X_1 + 0{,}143X_2 + 0{,}2X_3$$

Substituindo essas equações no sistema anterior, encontramos as expressões para o consumo pessoal (para cada setor), em função das produções setoriais ($C_2 = 0$):

$$C_1 = 0{,}533(0{,}089X_1 + 0{,}171X_2 + 0{,}247X_3) + 0{,}333(0{,}067X_1 + 0{,}143X_2 + 0{,}2X_3)$$
$$C_3 = 0{,}4(0{,}089X_1 + 0{,}171X_2 + 0{,}247X_3) + 0{,}25(0{,}067X_1 + 0{,}143X_2 + 0{,}2X_3)$$

Para resolver o modelo de Miyazawa aplicado a este exemplo, as equações para $C_1$ e $C_3$ devem ser substituídas no seguinte sistema, que representa o equilíbrio, em cada setor, entre demanda e oferta:

$$0{,}413X_1 + 0{,}257X_2 + 0{,}100X_3 + C_1 + I_1 + G_1 = X_1$$
$$0{,}267X_1 + 0{,}286X_2 + 0{,}100X_3 + I_2 + G_2 = X_2$$
$$0{,}100X_1 + 0{,}143X_2 + 0{,}250X_3 + C_3 + I_3 + G_3 = X_3$$

Os coeficientes nestas equações não são exatamente os mesmos das seções anteriores, uma vez que, no modelo de Miyazawa, os dados estão em valor, e os coeficientes de produção devem ser calculados a partir dos fluxos em valor. Esse sistema de equações permite determinar as produções setoriais, $X_i$, em função dos componentes exógenos da demanda final, $I_i$ e $G_i$. A distinção em relação ao modelo examinado na Seção 7.3 é que, no modelo agora apresentado, o consumo pessoal é endógeno – depende das produções setoriais e da renda gerada no processo produtivo.

O desenvolvimento da solução desse sistema não é propriamente simples, mas, usando-se matrizes, a solução pode ser obtida sem muitas dificuldades em um computador (ver Apêndice a este capítulo). Como exemplo, podemos calcular os efeitos de uma redução das despesas de investimento no setor nº 1 em duas unidades (em valor).

$$I = \begin{bmatrix} 2 \\ 0 \\ 2 \end{bmatrix}, G = \begin{bmatrix} 2 \\ 0 \\ 4 \end{bmatrix} \rightarrow x = \begin{bmatrix} 35,76 \\ 16,99 \\ 26,02 \end{bmatrix}$$

Essa solução pode ser comparada com a que foi obtida na Seção 7.3, já que ambas correspondem à mesma alteração nos componentes exógenos do modelo – uma redução de 20 unidades físicas na demanda exógena do primeiro setor (ver resultado a seguir). As diferenças entre essa solução e aquela obtida na Seção 7.3 se devem ao fato de que, no caso agora apresentado, os efeitos sobre o consumo das famílias, decorrentes da redução de renda, são levados em conta.

Solução em unidades físicas:

$$x = \begin{bmatrix} 357,64 \\ 16,99 \\ 52,03 \end{bmatrix}$$

## 7.7 Considerações finais

Os modelos intersetoriais de quantidades e preços são ferramentas essenciais na atividade de planejamento, tanto na área pública como em empresas privadas. No caso do planejamento feito pelo governo, esses modelos podem ser usados para simular os efeitos de mudanças na demanda final sobre a produção e o emprego nos diferentes setores que formam o sistema econômico. Eles podem ainda ser empregados para avaliar os efeitos sobre os preços setoriais de alterações em certos componentes básicos de custos, como salários e tributos, e de mudanças nas taxas de lucro.

No planejamento realizado por empresas, os modelos intersetoriais examinados neste capítulo podem ser usados para projetar os níveis futuros de produção em setores estratégicos para o desempenho econômico e financeiro da firma. Esses modelos podem também ser aplicados na previsão de preços relativos, e em procedimentos econométricos para projeção da taxa de inflação.

As equações de equilíbrio incluídas nos modelos podem ser derivadas das principais relações macroeconômicas. As diferenças em relação à análise mais agregada são que, na análise intersetorial, se leva em conta a produção intermediária, e se divide o sistema econômico em um certo número de setores.

Os dados usados nos sistemas intersetoriais são organizados em quadros de fluxos que, pelo menos em princípio, podem ser construídos tanto em valores como em unidades físicas. A partir das informações nesses quadros, são obtidos os principais parâmetros usados nas equações, ou seja, os coeficientes de produção, que representam a estrutura técnica do sistema produtivo.

No modelo de quantidades de Leontief, as produções setoriais são determinadas em função da demanda final – um elemento exógeno no modelo. No modelo de preços, por sua vez, os preços médios setoriais são especificados em função dos componentes de valor agregado, por unidade produzida.

O modelo de preços de Sraffa pode ser usado para analisar o efeito da distribuição de renda – determinada pelo salário médio e pela taxa média de lucro – sobre os preços setoriais. Esse sistema permite também descrever o processo de inflação causado por fatores de custo – que resulta de um conflito distributivo entre trabalhadores e empresários.

No modelo de Miyazawa, o aspecto mais importante é que o consumo das famílias, divididas em grupos de renda, é especificado em função da renda gerada no processo produtivo. Tal característica torna esse sistema superior ao modelo de Leontief para as produções setoriais, que trata o consumo pessoal como um elemento exógeno.

## Apêndice
# Análise Matemática dos Modelos Intersetoriais

Os elementos dos modelos intersetoriais foram examinados no Capítulo 7 usando exemplos simples (com um pequeno número de setores), o que facilita a exposição e o entendimento dos seus princípios básicos. No entanto, para a análise mais geral e rigorosa desses modelos, que pode ser aplicada a qualquer número de setores, é essencial o uso de matrizes e vetores. Nestes sistemas, os principais parâmetros são os coeficientes de produção, que representam uma determinada estrutura técnica. Esses parâmetros são incluídos em uma matriz – representada por $A$ – denominada "matriz de coeficientes técnicos". Um exemplo desta matriz, que é a parte central dos modelos intersetoriais, aparece na Tabela 7.4.

## 7A.1 Modelo de Leontief para quantidades e preços

A condição de equilíbrio no modelo de Leontief para as produções setoriais indica que, em cada setor, a soma da demanda intermediária e da demanda final deve ser igual à produção total. Na análise matricial, as produções totais são representadas por $x$, as demandas intermediárias por $Ax$, e as demandas finais por $d$. A equação de equilíbrio aparece a seguir:

$$Ax + d = x \qquad (7A.1)$$

Nesse sistema, o vetor $x$ é determinado em função do vetor $d$, dados os parâmetros em $A$. A equação matricial (7A.1) pode ser colocada em uma forma mais convencional, com as incógnitas em um lado e os termos constantes no outro:

$$(I - A)x = d \qquad (7A.2)$$

No sistema (7A.2), $I$ representa a matriz identidade – o elemento neutro da multiplicação de matrizes. A solução desse sistema, supondo que ela exista, pode ser expressa pela inversa de $(I - A)$, que, na prática, é encontrada sem maiores problemas usando um computador:[1]

$$x = (I - A)^{-1} d \qquad (7A.3)$$

O sistema (7A.3) representa a solução do modelo para as produções setoriais e, uma vez encontrados os componentes de $x$, o total da mão-de-obra empregada em cada setor pode ser obtido multiplicando o componente $x_j$ pelo coeficiente de mão-de-obra correspondente, $a_{wj}$. Um aspecto interessante dessa solução é que ela pode ser derivada a partir de um processo iterativo, equivalente àquele que se aplica ao multiplicador keynesiano. Neste caso, consideramos que as produções setoriais podem ser obtidas em estágios,

---
[1] Ver Fonseca, 2003, Apêndice 1A.

a partir do vetor de demanda final – em cada estágio, representamos os insumos necessários à produção no estágio anterior:

$$x = d + Ad + A^2d + \ldots = (I + A + A^2 + \ldots)d \quad (7A.4)$$

Comparando (7A.3) e (7A.4), verificamos que a inversa de $(I - A)$ pode ser representada por uma progressão geométrica definida para a matriz $A$.

O *dual* do sistema (7A.1) é o modelo de preços, cuja equação de equilíbrio indica que o custo dos insumos mais o valor agregado, por unidade produzida, deve ser igual, em cada setor, ao preço do produto. Esse sistema aparece a seguir – $p$ representa os preços médios setoriais, $v$ os valores agregados (por unidade produzida), e o apóstrofo indica transposição:

$$p'A + v' = p' \quad \rightarrow \quad p'(I - A) = v' \quad \rightarrow \quad p' = v'(I - A)^{-1} \quad (7A.5)$$

A última equação matricial em (7A.5) representa a solução para os preços médios setoriais, que é obtida em função do vetor $v$.[2]

## 7A.2 Modelo de preços de Sraffa

A relação de equilíbrio neste modelo indica que a soma do valor dos insumos, do lucro – que é igual ao valor dos meios de produção vezes a taxa média de lucro $\pi$ –, e do custo do fator trabalho, por unidade produzida, deve ser igual ao preço do produto. Essa relação, válida para cada setor, aparece a seguir ($a_w$ é o vetor com os coeficientes de mão-de-obra, e $w$ o salário médio):

$$p'A + p'A\pi + a'_w w = p' \quad (7A.6)$$

Podemos transformar essa equação matricial, colocando as incógnitas em um lado e os termos constantes no outro, o que permite obter a solução de forma equivalente a (7A.5):

---

[2] Este vetor está representado como uma coluna, embora nos quadros de relações intersetoriais ele apareça como uma linha. Por essa razão, ele está transposto em (7A.5).

$$p'[I - A(1+\pi)] = a'_w w \quad \rightarrow \quad p' = a'_w w[I - A(1+\pi)]^{-1} \qquad (7A.7)$$

A segunda equação em (7A.7) representa a solução para os preços médios setoriais, que é determinada em função do custo da mão-de-obra, por unidade produzida, dados os coeficientes de produção e a taxa média de lucro.

Um aspecto importante, em termos de análise econômica, é que esse modelo pode ser usado para descrever um processo inflacionário resultante de pressões de custo, por meio de uma espiral preços-salários: o salário médio ($w$) é um componente exógeno que, na prática, surge das negociações entre empresários e trabalhadores. É razoável supor que o valor dos salários que resulta dessas negociações é função dos preços em um período anterior – isto é, $w_t = \phi(p_{t-1})$ –, mas ao mesmo tempo o sistema (7A.7) nos mostra que os preços são determinados por $w$. Conseqüentemente, um processo inflacionário pode resultar do conflito entre o interesse dos trabalhadores de obter salários maiores e o objetivo dos empresários de manter a taxa de lucro inalterada.

O sistema representado em (7A.7) pode ainda ser alterado para levar em conta outros componentes exógenos na formação de preços – por exemplo, impostos indiretos, tarifas de serviços de utilidade pública, e preços de insumos importados. Representando esses componentes por $z$, encontramos a seguinte solução para o modelo:

$$p' = (a'_w w + z')[I - A(1+\pi)]^{-1} \qquad (7A.8)$$

Levando em conta esse sistema, podemos concluir que um processo inflacionário resultaria também de uma súbita, e expressiva, elevação em um desses componentes exógenos.

## 7A.3 Modelo com consumo endógeno de Miyazawa

Esse sistema pode ser considerado um desenvolvimento do modelo para as produções setoriais, examinado na Seção 7A.1, que resulta da divisão das famílias em $q$ grupos de renda – por exemplo, no Capítulo 7, dois grupos de renda foram definidos: os trabalhadores e os empresários ($q = 2$). Os demais elementos do modelo estão associados aos grupos de renda: o vetor $y$ com a renda total de cada grupo (dimensão $q \times 1$), a matriz $C$ com os coeficientes de consumo (dimensão $n \times q$), e a matriz $V$ com os coeficientes de valor agregado (dimensão $q \times n$).

No modelo de Miyazawa, o consumo das famílias é separado dos demais componentes da demanda final. Representando esse consumo por $d^c$, temos a seguinte definição:

$$d^c = Cy \quad (7A.9)$$

As rendas agregadas, que resultam da atividade produtiva, são especificadas pela equação a seguir:

$$y = Vx \quad (7A.10)$$

Substituindo (7A.10) em (7A.9), e representando os componentes exógenos da demanda final por $d^e$, obtemos a equação de equilíbrio do modelo na forma matricial:

$$Ax + CVx + d^e = x \quad \rightarrow \quad (I - A - CV)x = d^e \quad (7A.11)$$

A solução, determinada em função do vetor $d^e$, resulta da inversa da matriz em (7A.11). Para explicitar a relação desse modelo com o sistema de Leontief, podemos desenvolver uma expressão para esta matriz, com a inversa de $(I - A)$ como um dos termos:

$$(I - A - CV)^{-1} = \{[I - CV(1 - A)^{-1}](I - A)\}^{-1} = (I - A)^{-1}[I - CV(I - A)^{-1}]^{-1}$$

$$(7A.12)$$

Essa última equação indica que o modelo de Leontief, examinado na Seção 7A.1, leva em conta apenas uma parte dos efeitos da demanda exógena sobre as produções setoriais, representados pela inversa de $(I - A)$. No entanto, existe um outro conjunto de efeitos – correspondente à segunda matriz inversa em (7A.12) que não são considerados, uma vez que o consumo das famílias é tratado como se fosse independente da renda gerada no processo produtivo.

*Capítulo 8*
# Modelos Macroeconômicos

Os modelos intersetoriais, examinados no Capítulo 7, têm a grande vantagem, do ponto de vista do planejamento econômico, de proporcionar resultados com alto nível de desagregação – não apenas em termos de setores produtivos, mas também de grupos de renda, e eventualmente de regiões. Em contrapartida, esse aspecto positivo traz algumas limitações. Por exemplo, tais modelos, em função de sua relativa complexidade, geralmente não contêm relações dinâmicas que, como visto no Capítulo 3, são fundamentais para descrever e analisar o processo de crescimento econômico dos países.[1] Por outro lado, os modelos intersetoriais são elaborados para representar as relações mais diretamente ligadas à produção e, portanto, não levam em conta, de forma explícita, as ligações com outros elementos do sistema econômico – por exemplo, o sistema monetário e financeiro.

Essas limitações dos sistemas intersetoriais aparecem como elementos centrais de modelos de outro tipo, derivados da análise

---
[1] Existe uma versão dinâmica do modelo de insumo-produto, desenvolvida por Leontief, que inclui relações intertemporais para determinar as despesas de investimento. Esse modelo, todavia, depende de dados difíceis de serem obtidos, e quase não tem sido utilizado na prática.

macroeconômica – que, no entanto, não são desenvolvidos para tratar o sistema econômico de forma mais desagregada. Em linhas gerais, estas ferramentas de planejamento incluem relações e variáveis examinadas no Capítulo 4, e são denominadas "modelos macroeconômicos de simulação e previsão".[2] Uma vez que a estimação de parâmetros por meio de métodos estatísticos constitui um aspecto central desses sistemas, eles são chamados freqüentemente de "modelos macroeconométricos". Como este termo é mais conciso, embora não totalmente adequado, ele será usado no restante deste capítulo.

## 8.1 Dos sistemas macroeconômicos aos modelos macroeconométricos

Os modelos de Keynes e Kalecki, examinados no Capítulo 4, são sistemas relativamente simples de equilíbrio estático. Ainda assim, eles formam a base teórica de muitos modelos macroeconométricos. Uma importante diferença desses últimos em relação aos modelos originais é que as variáveis usadas em análises aplicadas devem corresponder, necessariamente, a séries de dados construídas para períodos relativamente longos. Com freqüência, a construção de um banco de dados adequado é a etapa que envolve mais dificuldades no desenvolvimento de um modelo macroeconométrico. As séries de dados são usadas, de início, para estimar os parâmetros das relações incluídas no modelo. Posteriormente, as soluções obtidas são comparadas com as séries para avaliar o modelo enquanto ferramenta de simulação. Esta etapa é fundamental, pois dificilmente um modelo

---

[2] Existe uma tendência nesta área, já bem estabelecida, de elaborar modelos macroeconômicos com razoável nível de desagregação, abrangendo vários setores produtivos. O resultado é que estes modelos acabam assumindo dimensões gigantescas, incluindo centenas de equações. A posição deste autor é que tal tendência é um equívoco, que provavelmente leva a perdas na qualidade das previsões. Na minha visão, os modelos de simulação macro devem ser desenvolvidos com o objetivo de explorar as diversas relações entre as variáveis relevantes, mantendo uma estrutura tão simples quanto possível. Resultados desagregados podem ser obtidos aplicando-se as trajetórias macro aos modelos intersetoriais.

que não descreve o passado de forma satisfatória proporcionará boas projeções para o futuro.

Outra diferença é que os modelos macroeconométricos invariavelmente incluem equações dinâmicas. Nesse sentido, o modelo macrodinâmico de Samuelson, examinado na Seção 4.6, pode ser considerado um protótipo bastante simples de um modelo macroeconométrico. Existem várias razões para se introduzir relações dinâmicas: a) o efeito acelerador, que geralmente é incluído na equação para o investimento, envolve defasagens de tempo (ver Seção 3.1); b) para um melhor ajuste aos dados históricos, podem ser introduzidas defasagens de tempo em relações que, em princípio, seriam estáticas – na função consumo, por exemplo; c) as relações entre estoques e fluxos são geralmente definidas em função do tempo – por exemplo, a despesa corrente do governo com juros (um fluxo) depende da dívida pública em períodos anteriores (um estoque); e d) a determinação de variáveis nominais freqüentemente envolve relações dinâmicas – inclusive, o próprio conceito de inflação resulta das alterações no tempo de um índice de preços.

Outro aspecto importante dos modelos macroeconométricos envolve sua solução. Dada a característica dinâmica desses modelos, em cada período, o conjunto de equações é usado para determinar as variáveis endógenas em função das exógenas. Além disso, os valores das variáveis endógenas obtidos para períodos anteriores geralmente são usados nas soluções mais recentes. Caso o modelo seja linear, métodos matriciais, discutidos no Apêndice ao Capítulo 4, podem ser empregados. Todavia, a situação mais comum é existirem equações não-lineares, o que inviabiliza a utilização de procedimentos desenvolvidos para sistemas lineares – a não ser que se use uma versão linearizada do modelo. O principal método de solução usado em sistemas não-lineares estáticos e dinâmicos é o chamado "método de Gauss-Seidel".[3] Sua aplicação, contudo, depende da elaboração

---

[3] Para uma discussão do método de Gauss-Seidel, ver por exemplo Klein e Young (1982). Os fundamentos matemáticos são analisados em Franklin (1980), e em Sydsæter (1981).

de programas específicos. Existem ainda pacotes comerciais, desenvolvidos para estimar e resolver modelos dinâmicos, que permitem obter a solução via Gauss-Seidel por meio de rotinas padronizadas.

### 8.2 Modelo macroeconométrico baseado em Kalecki: modelo de Klein

Um dos primeiros modelos macroeconométricos – que ainda hoje é a principal referência sobre o tema nos livros de Econometria – é o sistema desenvolvido por Lawrence Klein na década de 1940, inspirado no trabalho de Kalecki.[4] Suas equações aparecem a seguir:

Equações (8.1):

a. $Y^D + T = C + I + G$
b. $C = \alpha_0 + \alpha_1 \Pi + \alpha_2(W_1 + W_2) + \alpha_3 \Pi_{-1} + \varepsilon_C$
c. $I = \beta_0 + \beta_1 \Pi + \beta_2 \Pi_{-1} + \beta_3 K_{-1} + \varepsilon_I$
d. $W_1 = \gamma_0 + \gamma_1(Y^D + T - W_2) + \gamma_2(Y^D + T - W_2)_{-1} + \gamma_3(t - 1931) + \varepsilon_W$
e. $\Pi = Y^D - W_1 - W_2$
f. $K = K_{-1} + I$

Uma inspeção inicial do sistema (8.1) revela uma característica comum a todos os modelos macroeconométricos: a relativa complexidade das relações e variáveis, pelo menos em comparação com os modelos de equilíbrio estático, examinados no Capítulo 4. Essa característica se deve à necessidade de fazer o modelo reproduzir as trajetórias das variáveis em um sistema econômico real – neste caso, a economia norte-americana nas décadas de 1920 e 1930. Por outro lado, as equações (8.1) possuem estreita ligação com o modelo kaleckiano, representado na Seção 4.2.[5] Uma importante diferença, no

---

[4] Klein, 1950.
[5] "Muitos economistas reconhecerão as semelhanças entre ... [este] modelo, os modelos do ciclo econômico de Kalecki, e algumas das doutrinas de economia marxista. Este modelo poderia na verdade ser chamado de uma teoria marxista da demanda efetiva." Klein, 1950, p. 63.

entanto, é que o sistema (8.1) não inclui a oferta de moeda e a taxa de juros – este modelo contém apenas variáveis reais não-financeiras.

As variáveis endógenas no modelo de Klein são: a renda disponível ($Y^D$), o consumo privado ($C$), o investimento líquido – excluída a depreciação – ($I$), o total de salários no setor privado ($W_1$), o total de lucros ($\Pi$), e o estoque de capital ($K$). Elas são determinadas em função das variáveis exógenas: os tributos ($T$), o consumo do governo ($G$), o total de salários pagos pelo governo ($W_2$), e uma variável de tendência ($t$). Além disso, algumas variáveis endógenas determinadas em $t-1$ são usadas no período $t$. Por outro lado, algumas variáveis exógenas também são incluídas com defasagem de um período. As variáveis representadas pelo símbolo $\varepsilon$ são erros (variáveis aleatórias), e fazem parte do desenvolvimento estatístico usado na estimação de parâmetros.

Embora diferente na aparência, a equação (8.1a) é equivalente à primeira equação dos modelos no Capítulo 4 – representa a igualdade entre o produto nacional e a demanda agregada. As diferenças formais se devem a que, no modelo de Klein, o saldo comercial – de valor irrisório na economia norte-americana da primeira metade do século XX – é incluído no consumo do governo. Além disso, os tributos são tratados de forma exógena e destacados da renda nacional, deixando a renda disponível como variável endógena.

A equação (8.1b) é muito semelhante à equação para o consumo agregado no modelo de Kalecki, levando em conta que, no sistema (8.1), os tributos já foram excluídos dos salários e lucros. Porém, existem algumas diferenças: no modelo de Klein, o total dos salários é separado em duas partes – uma correspondente ao setor privado, e outra aos salários dos funcionários públicos –, e os lucros defasados de um período são incluídos com os lucros no período atual.

A equação (8.1c) é diferente da equação kaleckiana para o investimento agregado na medida em que não inclui a taxa de juros e que, por outro lado, contém os lucros defasados de um período, e o estoque de capital (também defasado). A justificativa para a introdução dessa última variável é que, como a produção realizada com novos equipamentos deve competir com aquela obtida com equipamentos mais antigos, existe uma relação inversa entre o estoque de capital e o investimento agregado.

Por sua vez, as equações (8.1d) e (8.1e) revelam uma importante distinção entre esses modelos: no sistema kaleckiano, os lucros são calculados como uma margem sobre os custos de produção, e os salários são obtidos como resíduo. Já no modelo de Klein, os lucros são calculados como um resíduo, e os salários (no setor privado) resultam de relações que, de certa forma, estão ligadas ao mercado de trabalho, embora o emprego não apareça diretamente – isto é, dependem do produto nacional (descontados os salários públicos), tanto no período atual como no defasado. Por outro lado, é incluída também uma variável de tendência, representada por $t$, que permite levar em conta o fato de que os salários tendem a crescer com o tempo.[6] Outra diferença entre os dois modelos está no estoque de capital (equação 8.1f), que não aparece no sistema kaleckiano.

O sistema de equações (8.1) é *linear* e, portanto, métodos desenvolvidos para a estimação e solução de equações lineares podem ser aplicados a ele. No caso da solução, esta é analisada no Apêndice ao Capítulo 4. Por sua vez, a teoria relativa à estimação de modelos econométricos é vasta, e pode ser encontrada em inúmeras referências.[7]

Séries de dados, correspondentes à economia norte-americana, foram construídas para as variáveis deste modelo, cobrindo o período 1920-1941. Com base nesses dados, os parâmetros das relações *funcionais* podem ser estimados – equações b, c, e d. As demais equações representam *identidades* (não contêm parâmetros). Um dos métodos de estimação mais usados em modelos econométricos é denominado "estimador de mínimos quadrados em dois estágios", e os resultados para o sistema (8.1) aparecem na Tabela 8.1.

---

[6] Neste modelo, $t$ representa anos. Portanto, a variável ($t - 1931$) assume valores inteiros negativos e positivos para períodos, respectivamente, anteriores e posteriores a 1931.

[7] Ver, por exemplo, Desai (1977), Spanos (1986), e Fonseca (2003) – em particular o Apêndice 6B.

**Tabela 8.1 – Estimação das equações b, c e d do modelo de Klein: estimador de mínimos quadrados em dois estágios[1]**

| Variável dependente: C | | | | |
|---|---|---|---|---|
| Vars. independentes: | 1 | $\Pi$ | $W_1 + W_2$ | $\Pi_{-1}$ |
| Coeficiente | 16,555 | 0,0173 | 0,8102 | 0,2162 |
| Erro-padrão[2] | 1,3208 | 0,1180 | 0,0402 | 0,1073 |
| **Variável dependente: I** | | | | |
| Vars. independentes: | 1 | $\Pi$ | $\Pi_{-1}$ | $K_{-1}$ |
| Coeficiente | 20,278 | 0,1502 | 0,6159 | − 0,1578 |
| Erro-padrão[2] | 7,5427 | 0,1732 | 0,1628 | 0,0361 |
| **Variável dependente: $W_1$** | | | | |
| Vars. independentes: | 1 | $Y + T - W_2$ | $(Y + T - W_2)_{-1}$ | $t - 1931$ |
| Coeficiente | 1,5003 | 0,4389 | 0,1467 | 0,1304 |
| Erro-padrão[2] | 1,1478 | 0,0356 | 0,0388 | 0,0291 |

Notas:
1. Todas as variáveis em bilhões de dólares de 1934 (unidades constantes), *t* em anos. Número de observações: 21 (1921-1941).
2. O erro-padrão é o desvio-padrão do coeficiente estimado. Quanto maior a razão (coeficiente estimado/erro-padrão) em valor absoluto, maior a confiabilidade da estimativa.

Fontes: A fonte dos dados é Klein (1950), Apêndice. As estimativas foram calculadas pelo autor.

Um dos aspectos mais importantes desse modelo – que, no entanto, até onde eu sei, não foi percebido por outros autores – é que ele reproduz as séries históricas de forma bastante satisfatória. Essa característica aparece ilustrada na Figura 8.1, que apresenta resultados para duas variáveis endógenas: a renda disponível e o investimento. Considerando as impressionantes transformações ilustradas na figura, o desempenho favorável do modelo, enquanto ferramenta de simulação, não é coisa trivial.

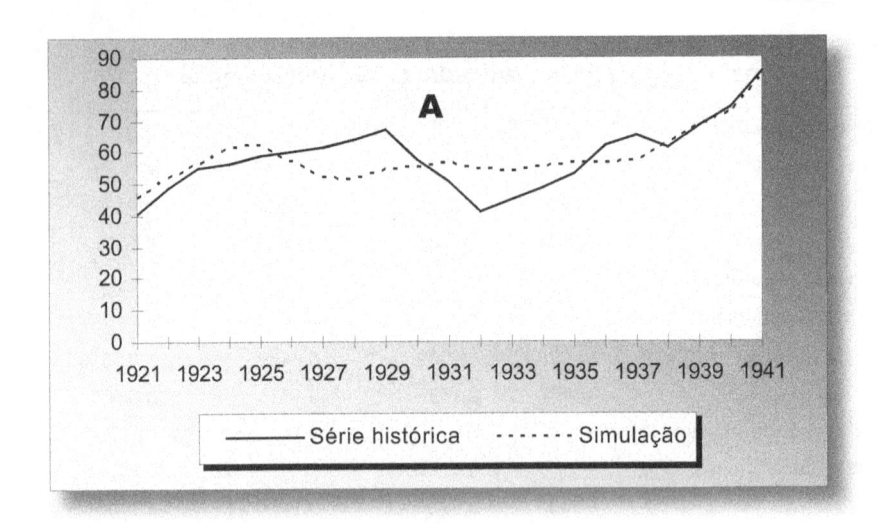

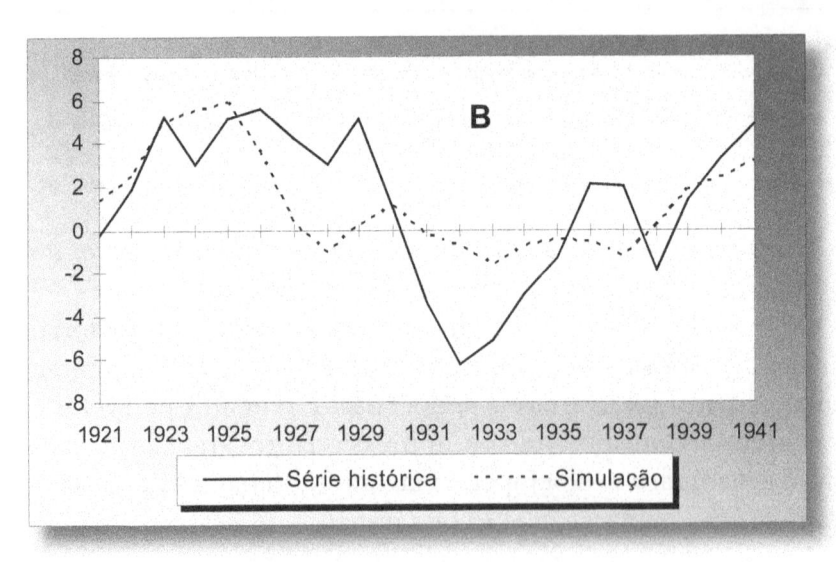

**162** Planejamento e Desenvolvimento Econômico

**Nota:** Bilhões de dólares de 1934.

**Fontes:** Dados históricos – Klein, 1950, Apêndice. Simulação – elaboração do autor.

**Figura 8.1 – Dados macroeconômicos para os Estados Unidos, 1921-1941:
A. Renda disponível; B. Investimento líquido.**

## 8.3 Modelo macroeconométrico baseado em Keynes

O modelo de Klein, descrito na seção anterior, foi desenvolvido a partir do sistema kaleckiano, e inclui apenas variáveis reais. De forma semelhante, é possível construir um modelo macroeconométrico com base na versão completa do sistema de Keynes – que combina as equações da Seção 4.1 e as equações (6.2) e (6.3) da Seção 6.2 –, e este modelo permite simular tanto variáveis reais como nominais.

De início, vamos examinar as relações fundamentais do modelo keynesiano, que podem ser agrupadas em três partes distintas, como aparece a seguir:

Equações (8.2):

I. Produção de equilíbrio e função de produção agregada

    a. $Y = C + I + G + (EX - IM)$
    b. $Y = f(L)$

II. Demanda efetiva

    c. $C = C(Y - T)$
    d. $I = I(r)$

III. Valores nominais

    e. $M = M(Y,r)P$

    f. $w = \left[\dfrac{d}{dL}f\right]P$

As variáveis endógenas desse modelo são: o produto nacional ($Y$), o número de pessoas empregadas ($L$), o consumo privado ($C$), o investimento bruto ($I$), a taxa real de juros ($r$), e o nível geral de preços ($P$). Por sua vez, as variáveis exógenas são: o consumo do governo ($G$), o saldo comercial ($EX - IM$), os tributos ($T$), o saldo de moeda ($M$), e o salário médio nominal ($w$). Comparando essas equações com o sistema (8.1), uma importante diferença pode ser notada: este modelo inclui, além de variáveis reais, variáveis em valores correntes ($M$ e $w$), um índice geral de preços ($P$), e uma variável que representa número de pessoas ($L$). Por outro lado, em comparação com o sistema da Seção 4.1, existem duas alterações: a inclusão das equações b e f, que permitem determinar $L$ e $P$, e a exclusão da equação para a variável $T$, que passa a ser exógena – e que tem como único objetivo a simplificação do modelo.

Para transformar o sistema (8.2) em um modelo econométrico, com uma estrutura semelhante ao modelo da seção anterior, devemos inicialmente eliminar a equação (8.2b), uma vez que o desenvolvimento empírico de uma função de produção agregada apresenta muitos problemas. Para isso, podemos levar em conta a seguinte relação para $L$:

$$L = f^{-1}(Y)$$

Nessa equação, aparece a função inversa de (8.2b). Substituindo esta expressão em (8.2f), encontramos uma relação para o salário médio nominal, em função de $Y$:

$$w = g(Y)P$$

Adicionalmente, usando funções lineares nas equações para $C$, $I$ e $M/P$, de forma semelhante ao que foi feito no Capítulo 4, e introduzindo erros nas relações funcionais – representados por $\varepsilon$ –, obtemos o seguinte modelo:

Equações (8.3):

a. $Y = C + I + G + (EX - IM)$
b. $C = \alpha_0 + \alpha_1(Y - T) + \varepsilon_C$
c. $I = \beta_0 + \beta_1 r + \beta_2 \Delta Y + \beta_3 Y_{-1} + \varepsilon_I$
d. $\dfrac{M}{P} = \gamma_0 + \gamma_1 r + \gamma_2 Y + \varepsilon_M \quad \rightarrow \quad r = \left(\dfrac{M}{P} - \gamma_0 - \gamma_2 Y - \varepsilon_M\right)\dfrac{1}{\gamma_1}$
e. $\ln\left(\dfrac{w}{P}\right) = \zeta_0 + \zeta_1 \ln Y + \varepsilon_w$

Uma modificação adicional aparece na equação (8.3c), na qual a variação do produto e o produto defasado de um período estão incluídos. Os objetivos dessa alteração são introduzir um componente dinâmico no modelo e melhorar o ajuste aos dados empíricos. Embora em sua maioria as relações no sistema (8.3) sejam lineares, este é um modelo *não-linear*, uma vez que as equações (8.3d), onde $P$ divide a variável $M$, e (8.3e), que contém uma função logarítmica, não são equações lineares. Do ponto de vista da estimação do modelo, essa característica não representa um problema. Isto ocorre porque, usando variáveis reais no sistema (8.3) – ou seja, considerando que $M/P$ e $w/P$ são variáveis nesse modelo –, os parâmetros podem ser estimados por métodos lineares, de forma equivalente ao procedimento empregado no modelo de Klein – em particular, o estimador de mínimos quadrados em dois estágios pode ser aplicado ao modelo (8.3).

Em termos de solução, todavia, não é possível resolver o sistema (8.3) com métodos lineares (usando matrizes e vetores). No entanto, uma simplificação pode ser feita: se utilizarmos os saldos monetários reais, $M/P$, como variável exógena no lugar de $M$, deixa de existir um *feedback* entre $P$ e as demais variáveis endógenas do modelo, porque, no sistema (8.3), o efeito dos preços sobre as outras variáveis se transmite pela equação (8.3d), o que deixa de ocorrer se $M/P$ for tratado como variável exógena. Com essa alteração, as equações a, b, c, e d podem ser resolvidas usando-se métodos lineares e, posteriormente, o valor de $P$ é encontrado utilizando-se a última equação.

Esta simplificação não é totalmente fiel ao sistema de Keynes, mas, como o modelo (8.3) é desenvolvido neste capítulo principalmente para servir como exemplo simples de modelo macroeconométrico, ela será adotada – o que, por outro lado, tem a vantagem de permitir que o modelo desta seção possa ser comparado mais facilmente com o modelo de Klein.

Os parâmetros deste modelo foram estimados usando séries de dados para a economia norte-americana no período 1953-1979. Essas séries aparecem no Apêndice a este capítulo e no qual, na verdade, estão incluídos dados até 1984. Os últimos cinco anos, contudo, não foram usados na estimação – eles vão servir para avaliar o modelo enquanto ferramenta de *previsão*, isto é, usam-se os valores para as variáveis exógenas no período 1980-1984 e se obtêm resultados para as endógenas por meio da solução do modelo. Estes resultados podem então ser comparados com os dados históricos. Os parâmetros estimados estão colocados na Tabela 8.2. Um aspecto que deve ser ressaltado é que os coeficientes estimados respeitam as restrições teóricas (ver Seção 4.1).

**Tabela 8.2** – Estimação das equações b, c, d e e do modelo (8.3): estimador de mínimos quadrados em dois estágios

| Variável dependente: C | | | | |
|---|---|---|---|---|
| Vars. independentes: | 1 | $Y - T$ | | |
| Coeficiente | 8,052 | 0,8947 | | |
| Erro-padrão | 5,297 | 0,0076 | | |
| **Variável dependente: *I*** | | | | |
| Vars. independentes: | 1 | $r$ | $\Delta Y$ | $Y_{-1}$ |
| Coeficiente | -6,437 | -3,3935 | 0,5975 | 0,1503 |
| Erro-padrão | 12,591 | 4,2453 | 0,1182 | 0,0095 |
| **Variável dependente: *r*** | | | | |
| Vars. independentes: | 1 | $M/P$ | $Y$ | |
| Coeficiente | 1,1619 | -0,0173 | 0,00423 | |
| Erro-padrão | 0,9955 | 0,00978 | 0,00277 | |
| **Variável dependente: ln (*w/P*)** | | | | |
| Vars. independentes: | 1 | ln$Y$ | | |
| Coeficiente | 1,8317 | 0,3870 | | |
| Erro-padrão | 0,1551 | 0,0226 | | |

**Nota:** Variáveis em bilhões de dólares de 1972 (unidades constantes), $r$ em %, $w/P$ é um índice (1972 = 100). Número de observações: 26 (1954-1979).

**Fontes:** As fontes dos dados aparecem no apêndice a este capítulo. As estimativas foram calculadas pelo autor.

O modelo (8.3) foi resolvido para o período 1954-1984 – ou seja, incluindo anos além do período de estimação – e, na solução, os valores calculados de $Y_t$ foram usados em $t + 1$. Os resultados da simulação e as séries históricas aparecem nas Figuras 8.2 e 8.3. No caso das variáveis reais (Figura 8.2), o ajuste das simulações aos dados históricos pode ser considerado excepcional – inclusive, no caso do investimento, o modelo reproduziu a trajetória cíclica com perfeição.[8]

A simulação para o deflator do PNB (variável $P$) apresentou boa aderência aos dados históricos até o final da década de 1970, e a partir desse período subestimou a trajetória de alta de preços. Por outro lado, os resultados para a taxa real de juros revelam uma limitação do modelo keynesiano, em que se considera que esta variável é endógena quando, na verdade, ela é determinada em grande parte pelo Banco Central – no caso norte-americano, por exemplo, o FED causou forte elevação dos juros reais a partir do início da década de 1980.

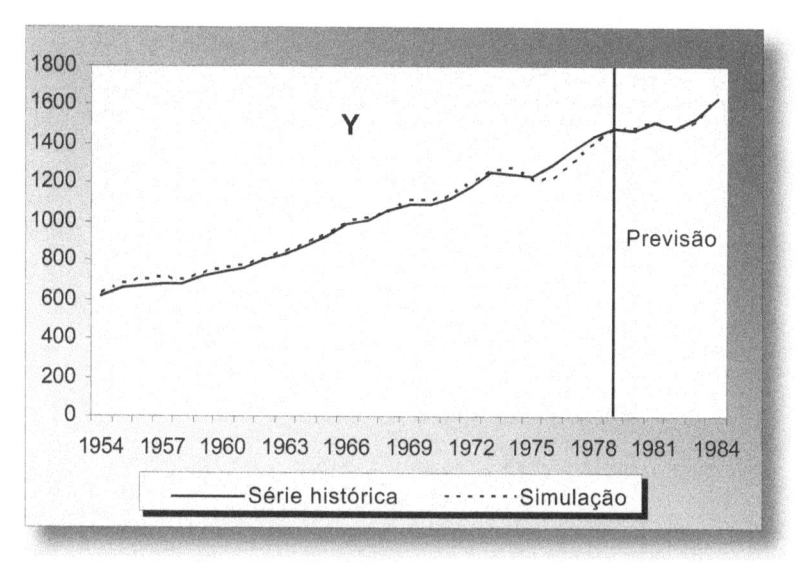

**Figura 8.2 – Dados macroeconômicos para os Estados Unidos, 1954-1984**
$Y$ – **Produto Nacional Bruto.** $C$ – **Consumo privado.**
$I$ – **Investimento bruto.** (Continua)

---

[8] Esta trajetória cíclica apresenta correspondência com os resultados obtidos para o modelo de Samuelson com investimento autônomo (ver Figura 4.4). Uma diferença, no entanto, é que, na Figura 4.4, as oscilações diminuem com o tempo, enquanto aumentam com o tempo na Figura 8.2.

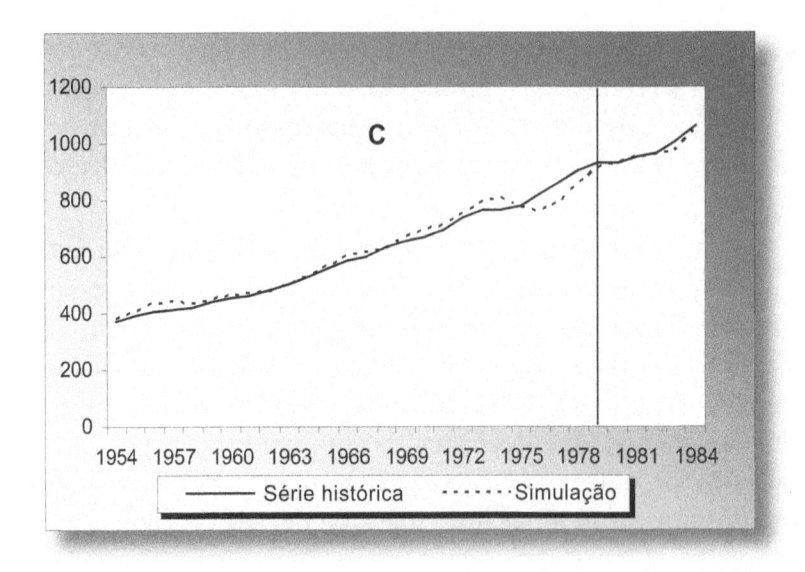

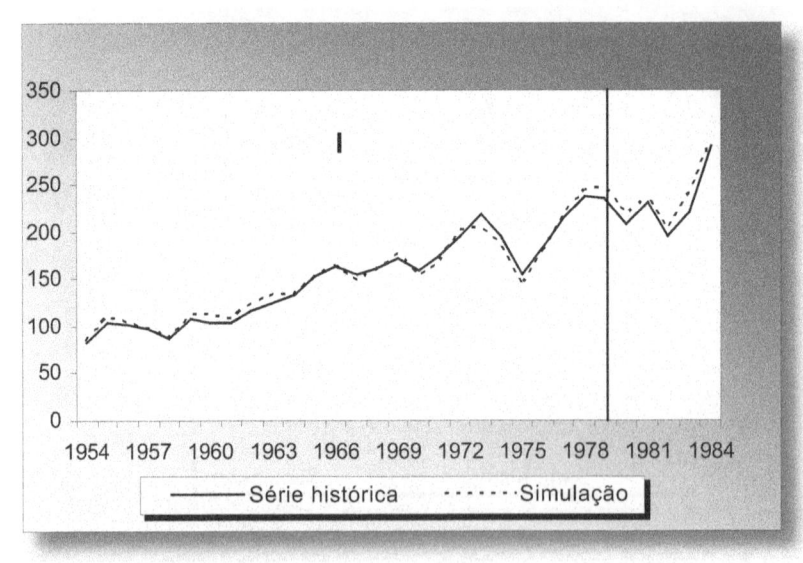

**Nota:** Bilhões de dólares de 1972.
**Fontes:** Dados históricos – ver Apêndice a este capítulo. Simulação – elaboração do autor.

**Figura 8.2 – Dados macroeconômicos para os Estados Unidos, 1954-1984**
**Y – Produto Nacional Bruto. C – Consumo privado. I – Investimento bruto.**

**Nota:** *P* é um índice (1972 = 100), *r* em %.

**Fontes:** Dados históricos – ver Apêndice a este capítulo. Simulação – elaboração do autor.

**Figura 8.3 – Dados macroeconômicos para os Estados Unidos, 1954-1984**
***P* – Deflator do PNB. *r* – Taxa real de juros.**

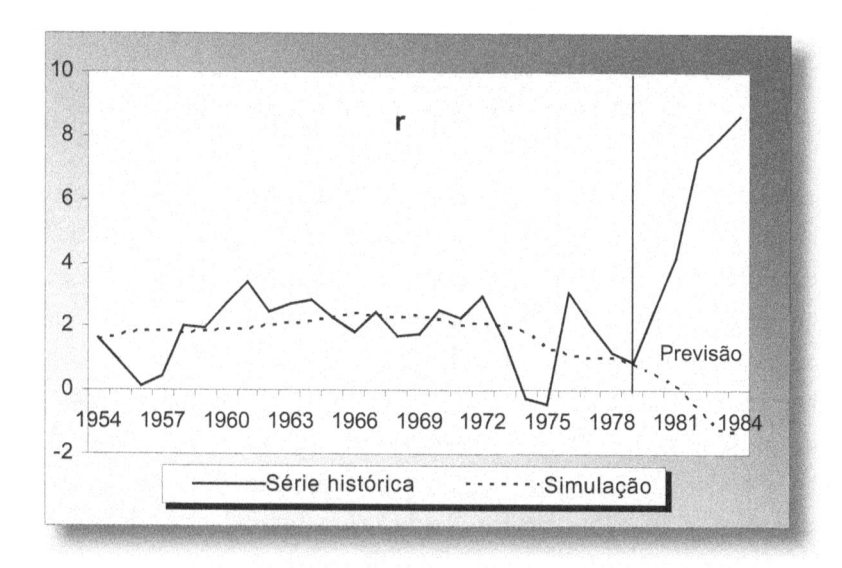

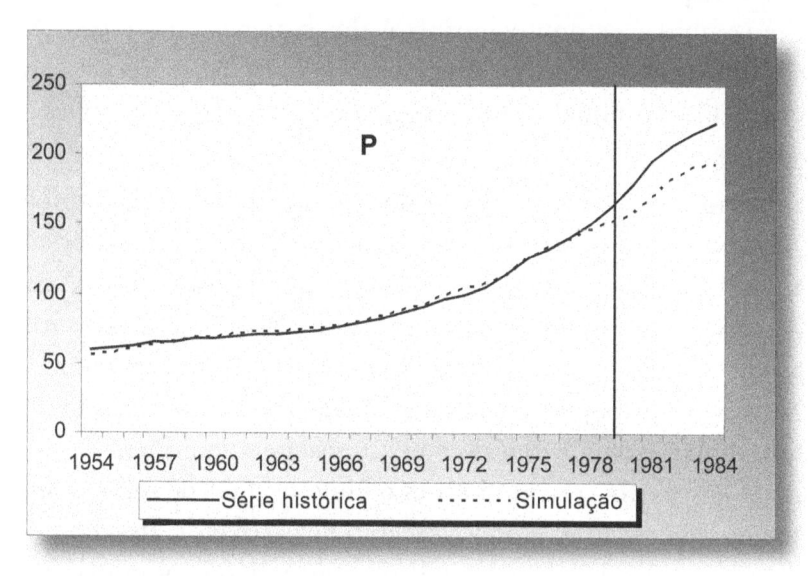

## 8.4 Modelo macroeconométrico com variáveis reais e nominais

O modelo de Klein, baseado na análise kaleckiana, tem como pontos fortes a divisão das famílias em grupos de renda – os empresários, os trabalhadores no setor privado, e os funcionários do governo – e a inclusão dos lucros entre as variáveis que determinam o investimento. Esse modelo, no entanto, não leva em conta variáveis em valores correntes e, em particular, a variação dos preços. Por outro lado, o modelo macroeconométrico examinado na seção anterior, baseado na análise keynesiana, permite descrever a trajetória dos preços, mas não considera a distribuição de renda entre lucros e salários. Um objetivo a ser perseguido, portanto, é o de construir um modelo que permita combinar os pontos positivos dos sistemas anteriores – se possível, sem introduzir desvantagens adicionais. Nesta seção, será desenvolvido um modelo macroeconométrico tendo esse objetivo como referência.

A estrutura desse modelo pode ser comparada com aquela introduzida na seção anterior. Em particular, as equações podem ser classificadas em três categorias: a) equilíbrio entre oferta e demanda agregadas; b) demanda efetiva e determinação dos lucros; e c) preços e valores nominais, que dependem da oferta de moeda e de fatores de custo. De modo geral, as equações nesse modelo são mais elaboradas e detalhadas do que nos sistemas anteriores, devido ao fato de que ele foi construído com o fim específico de servir como ferramenta de simulação e previsão tanto de variáveis reais como de nominais. Em especial, as equações para as variáveis nominais são as que apresentam maiores inovações em relação aos modelos das Seções 8.2 e 8.3. Além disso, em todas as equações, a distinção entre valores reais e nominais é colocada de forma mais detalhada. As equações do modelo aparecem a seguir:

Equações (8.4):

I. Produção de equilíbrio e emprego

a. $Y = C_W + C_\Pi + I + \frac{1}{P}G + \frac{e}{P}(EX - IM)$

b. $L = f^{-1}(Y)$

II. Demanda efetiva e determinação dos lucros

c. $C_W = C_W\left[\frac{1}{P}(wL - T_W)\right]$

d. $C_\Pi = C_\Pi\left[\frac{1}{P}(\Pi - T_\Pi)\right]$

e. $I = I\left[r, \frac{1}{P}\Pi, \Delta Y_{-1}\right]$

f. $\pi = YP - WL - \text{Impostos indiretos} + \text{subsídios}$

III. Oferta de moeda, financiamento do governo e valores nominais

g. $M_1 = \mu B$

h. $B = \alpha(\beta M_2)$

i. $\Delta(\beta M_2) = G + \text{Juros} + \text{Subsídios} - T_W - T_\Pi - \text{Impostos Indiretos} + e(\Delta \text{Reservas})$

j. $\text{Juros} = \left[\frac{P}{P_{-1}}(1+r) - 1\right]\text{Dívida}_{-1}$

k. $\text{Dívida} = (1-\alpha)(\beta M_2)$

l. $\Delta \ln P = g[\Delta\ln(M_1 V) - \Delta\ln(Y), \Delta\ln(w), \Delta\ln(\text{Insumos}), \Delta\ln(e)]$

m. $\Delta \ln(w) = h[\Delta\ln(P_{-1})]$

Como se pode perceber, uma diferença deste modelo em relação aos anteriores é que existe uma distinção mais abrangente entre variáveis reais e nominais. Em particular, as variáveis relacionadas à política fiscal e ao financiamento do governo aparecem em valores correntes. A razão para isso é introduzir a relação entre as finanças públicas, por um lado, e a oferta de moeda e inflação, por outro. Além disso, as remunerações dos grupos de renda – trabalhadores e empresários – também aparecem em valores correntes. O objetivo, neste caso, é levar em conta os efeitos de mudanças nos preços sobre a distribuição de renda e a demanda agregada. Por outro lado, a Parte

III do modelo – que visa principalmente descrever a trajetória de preços e salários – é a que apresenta maiores diferenças em relação aos sistemas nas Seções 8.2 e 8.3.

Nas Partes I e II, as variáveis são equivalentes às do sistema (8.2), descrito na seção anterior. As diferenças existentes resultam da separação das famílias em dois grupos de renda. A partir dessa distinção, variáveis adicionais são introduzidas: o consumo dos trabalhadores ($C_W$), o consumo dos empresários ($C_\Pi$), o total de lucros ($\Pi$), e os tributos que incidem sobre os salários ($T_W$) e sobre os lucros ($T_\Pi$).

Na Parte III, em contrapartida, as variáveis não têm, em geral, correspondentes nos modelos anteriores. São definidos dois agregados monetários: o $M_1$ – o saldo dos meios de pagamento, que corresponde à variável $M$ no sistema (8.2) –, e o $M_2$, que é igual ao $M_1$ mais os fundos do mercado monetário e o saldo dos títulos públicos fora do sistema monetário (não são incluídos os títulos em poder de bancos). Outras variáveis que aparecem nesta parte são: a base monetária ($B$), os juros pagos pelo governo (*Juros*), as reservas internacionais (*Reservas*), a dívida pública (*Dívida*), o deflator do PIB ($P$), a velocidade de circulação do $M_1$ ($V$), o preço médio de insumos essenciais e de serviços de utilidade pública (*Insumos*), e a taxa média de câmbio ($e$).

Na Parte I, a equação (8.4a) resulta de (8.2a), com a introdução de duas modificações: a separação do consumo agregado em duas partes, uma referente aos trabalhadores e outra aos empresários, e a especificação do consumo do governo e do saldo comercial em valores correntes. Na equação (8.4b), o emprego total é representado em função da produção agregada, por meio da inversa da função incluída em (8.2b).

Na Parte II, a equação (8.4c) indica que o consumo dos trabalhadores é função de sua renda disponível, e uma relação equivalente se aplica ao consumo dos empresários, que aparece na equação (8.4d). A equação (8.4e), que representa uma generalização de (8.2d), estabelece que o investimento agregado é função, além da taxa real de juros, dos lucros em valores reais, e da variação do produto nacional (defasada de um período). Na última equação desta parte – equação

(8.4f) –, está colocado que os lucros são obtidos como resíduo a partir do produto nacional em valores correntes e do total de salários, e levando em conta também os impostos indiretos e os subsídios.

O conjunto de equações na Parte III tem o objetivo principal de descrever como a política fiscal e o financiamento do governo afetam os agregados monetários e a trajetória dos preços e salários. No modelo (8.4), os efeitos destas variáveis sobre a distribuição, demanda e produção também são levados em conta. A equação (8.4g) especifica que o $M_1$ é determinado a partir da base monetária, dado o multiplicador dos meios de pagamento ($\mu$). Por sua vez, a base monetária, de acordo com (8.4h), é uma fração $\alpha$ de uma parte do $M_2$. Esta parcela, $\beta M_2$, é igual à soma da base monetária e da dívida pública.[9] A equação (8.4i) resulta da restrição orçamentária do governo (ver Seção 4.7):

Restrição orçamentária do governo:

$$\Delta B = G + \textit{Transferências} - \textit{Impostos} + e\,(\Delta \textit{Reservas}) - \Delta \textit{Dívida}$$

Somando a variação da dívida aos dois lados desta equação, e usando a definição $\beta M_2 = B + \textit{Dívida}$, obtemos a equação (8.4i):

$$\Delta \beta M_2 = G + \textit{Transferências} - \textit{Impostos} + e\,(\Delta \textit{Reservas})$$

As equações j e k completam o conjunto de equações que determinam as trajetórias dos principais agregados monetários. No modelo, a variável $M_2$ reflete diretamente as tendências do déficit do governo e do saldo de reservas internacionais e, por meio dos coeficientes $\alpha$ e $\beta$ e da taxa real de juros $r$, determina a base monetária e a dívida pública. A razão para esta especificação é que em muitos países, e especialmente na América Latina, os agregados monetários mais amplos estão ligados de forma estreita à dívida do governo. Além disso, observa-se que mudanças na avaliação feita pelo público

---

[9] Este saldo, representado por $\beta M_2$, corresponde ao que o Banco Central denomina "Base Monetária Ampliada" (ver *Boletim do Banco Central do Brasil*).

sobre a rentabilidade esperada e o risco dos títulos públicos – o que também inclui a possibilidade de inadimplência – podem desencadear um processo de busca por liquidez (venda ou não renovação dos títulos), que acaba por aumentar a base e o $M_1$. De acordo com o modelo, este processo corresponderia a um aumento do coeficiente $\alpha$.

As duas últimas equações do sistema (8.4) são as que descrevem a trajetória dos preços e salários. A principal hipótese usada na equação (8.4l) é que as variações de preços resultam de dois componentes, um determinado pela demanda, e outro pelos custos:

$$\Delta \ln P = \eta_1 (\Delta \ln P)_D + \eta_2 (\Delta \ln P)_C$$

Nesta equação, o primeiro termo na direita representa as pressões de demanda, e o segundo as pressões de custo (ver Capítulo 6). Os parâmetros $\eta_1$ e $\eta_2$ são coeficientes que somam 1. O componente de demanda é desenvolvido utilizando-se a equação (6.1):

$$(\Delta \ln P)_D = \Delta \ln(M_1 V) - \Delta \ln Y$$

Por sua vez, o componente de custo resulta de variações dos salários, dos preços de insumos essenciais, e do câmbio. Por último, a equação (8.4m) contém uma especificação dinâmica para os salários, ou seja, mudanças em $w$ em um período são determinadas por mudanças em $P$ no período anterior.

Uma característica fundamental desse modelo é que os coeficientes incluídos na Parte III – $\mu$, $\alpha$, $\beta$, $V$ e o coeficiente implícito na função $h$ – *não* são fixos. No Capítulo 4 (Seção 4.8) mostrou-se que o multiplicador dos meios de pagamento ($\mu$) pode variar em função de decisões tomadas por empresas e indivíduos e que, de fato, tem variado consideravelmente no Brasil. Da mesma forma, os coeficientes $\alpha$ e $\beta$ resultam do comportamento do público em relação ao total de ativos financeiros e monetários que ele deseja manter, e certamente não tendem a permanecer constantes. Além disso, no Capítulo 6 (Seção 6.1), mostrou-se que a velocidade-renda da moeda ($V$) tende a variar com mudanças da taxa de inflação. Por último, o fato de que a relação entre variações do salário médio nominal ($\Delta w$) e variações de preços ($\Delta P$) não pode ser considerada constante está ilustrado na Figura 8.4, que contém dados para a economia brasileira antes e depois do Plano Real. Em conseqüência, simulações e previsões derivadas do modelo (8.4) dependem de informações, ou hipóteses, sobre a trajetória desses coeficientes.

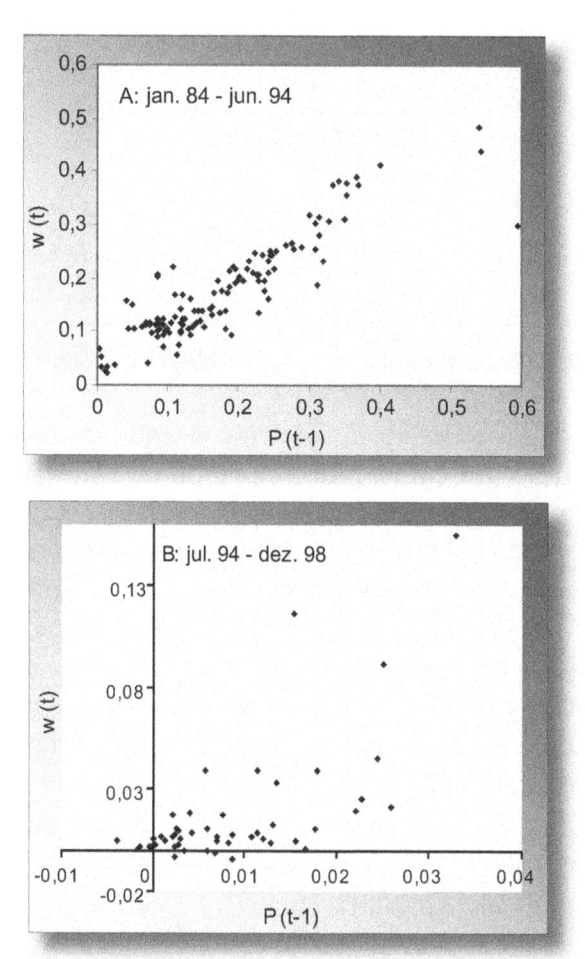

**Nota:** Dados em diferenças logarítmicas.
**Fonte:** Banco de dados elaborado pelo autor.

**Figura 8.4 – Relação entre salários e preços no Brasil (equação 8.4m).
A: Antes do Plano Real. B: Depois do Plano Real.**

O modelo (8.4) tem um total de 13 equações em 23 variáveis – as variáveis endógenas e exógenas estão especificadas a seguir. As equações do modelo foram estimadas usando-se dados para o Brasil, e tanto simulações como previsões foram obtidas para as variáveis endógenas. Certos aspectos práticos do modelo são discutidos no Apêndice a este capítulo, e na próxima seção, alguns resultados são examinados.

Variáveis endógenas:

$Y, L, C_W, C_\Pi, I, \Pi, M_1, B, M_2, Juros, Dívida, w, P$

Variáveis exógenas:

$G, (EX - IM), T_W, T_\Pi, r, Reservas, e, Insumos, Impostos Indiretos, Subsídios$

## 8.5 Simulações para a economia brasileira

O modelo (8.4) foi estimado e resolvido usando-se dados para o Brasil. Na solução, foi empregado o método de Gauss-Seidel – os códigos necessários foram escritos em *Visual Basic*. Na estimação, foram usados dados para o período 1968-1998,[10] enquanto a solução foi obtida para os anos 1973-2005. Alguns dos resultados estão representados nas Figuras 8.5 e 8.6. Em geral, o modelo reproduz as principais tendências da economia brasileira nas últimas décadas: a tendência histórica do PIB, o padrão da distribuição de renda entre salários e lucros, a evolução da dívida pública e da oferta de moeda, e a trajetória da inflação.

Durante o período 1985-1995, as despesas do governo, principalmente com salários, cresceram de forma impressionante, mantendo-se em patamar elevado a partir de então (ver Tabela 4.1). No entanto, em oposição ao que se esperaria com base no modelo keynesiano, o produto agregado não aumentou de forma significativa e, inclusive,

---

[10] Na equação (8.4l), o período foi 1981-1985 (dados mensais); ver Fonseca, 2000.

as décadas de 1980 e 1990 foram caracterizadas pela estagnação do investimento. Esses desenvolvimentos, e as tendências de elevação do déficit fiscal, da dívida pública e da inflação, foram devidamente reproduzidos nas simulações obtidas com o modelo (8.4).

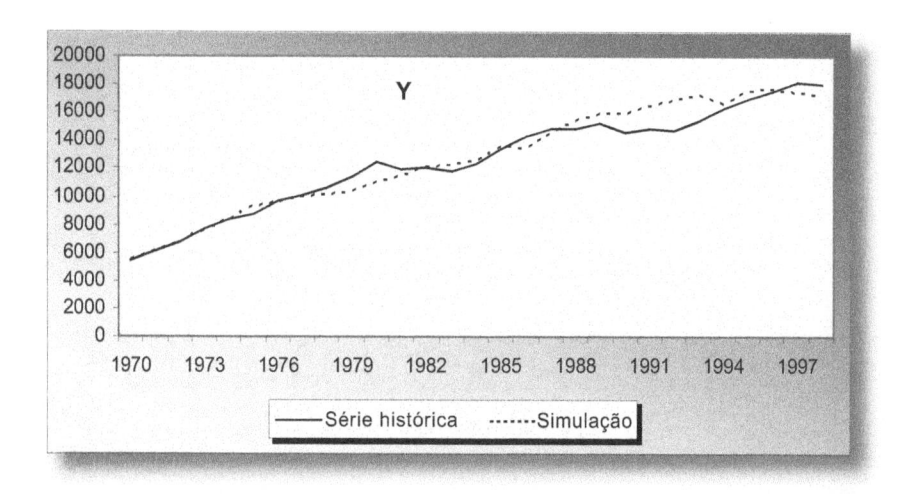

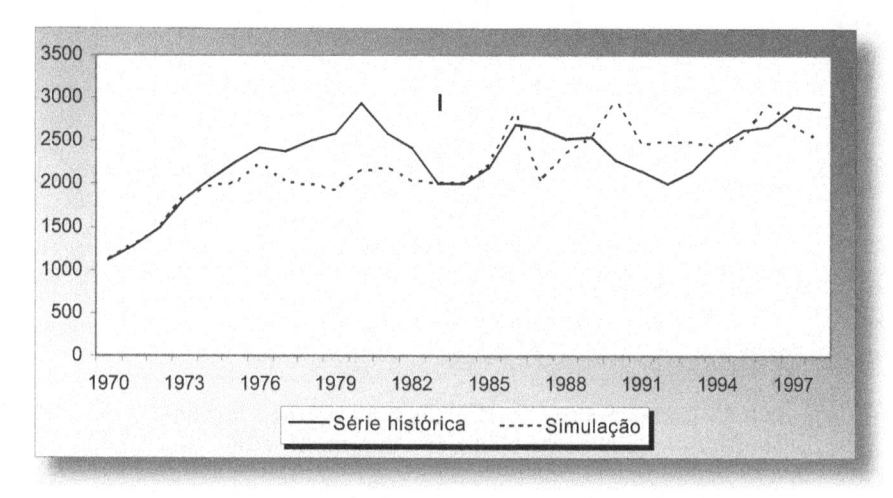

**Figura 8.5 – Dados macroeconômicos para o Brasil, 1970-1998.**
$Y$ – PIB. $I$ – Investimento bruto. $\Pi$ – Lucros. $W$ – Salários. (Continua)

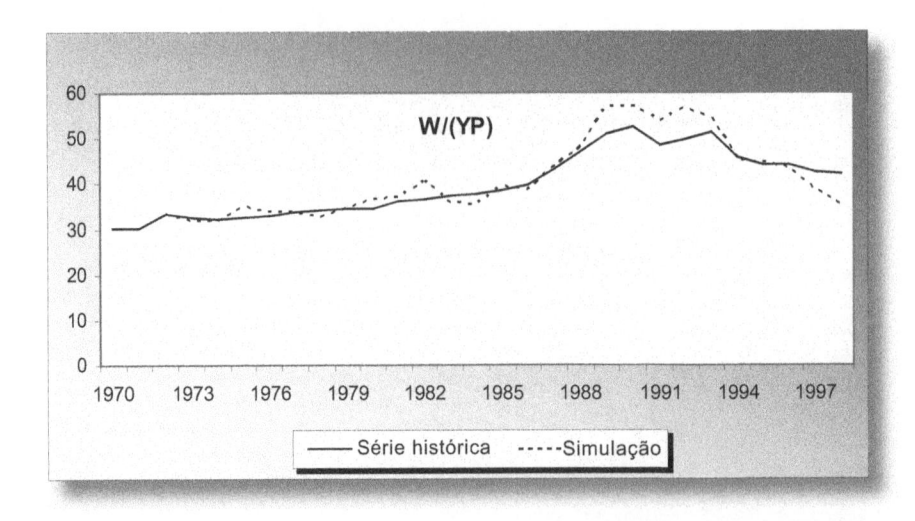

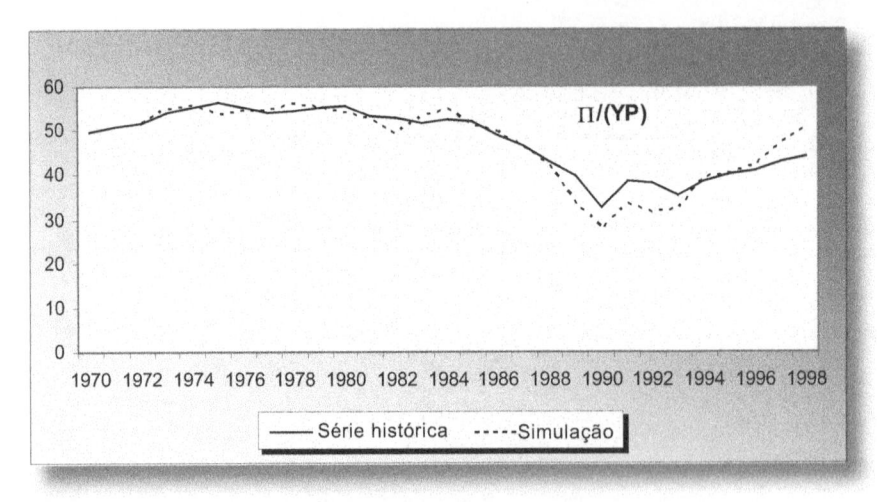

**Nota:** Valores constantes – bilhões de cruzeiros de 1980. Taxas em %.
**Fontes:** Dados históricos – ver Fonseca, 2000. Simulação – elaboração do autor.

**Figura 8.5 – Dados macroeconômicos para o Brasil, 1970-1998.
Y – PIB. I – Investimento bruto. Π – Lucros. W – Salários.**

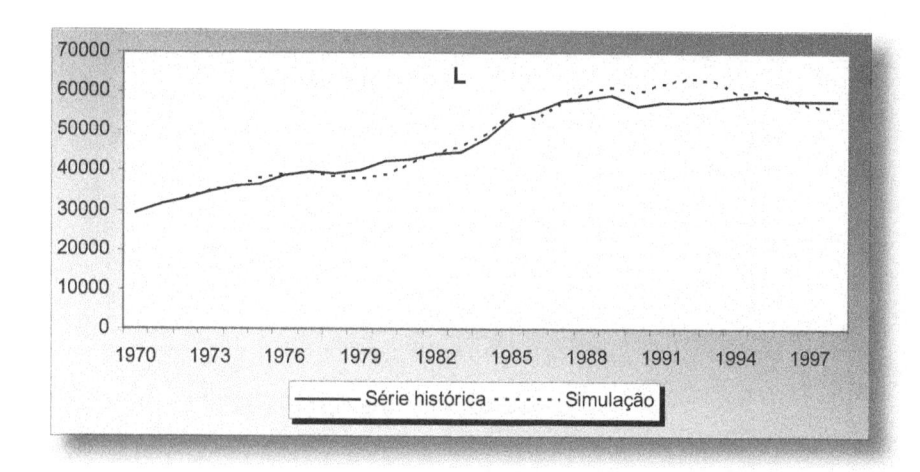

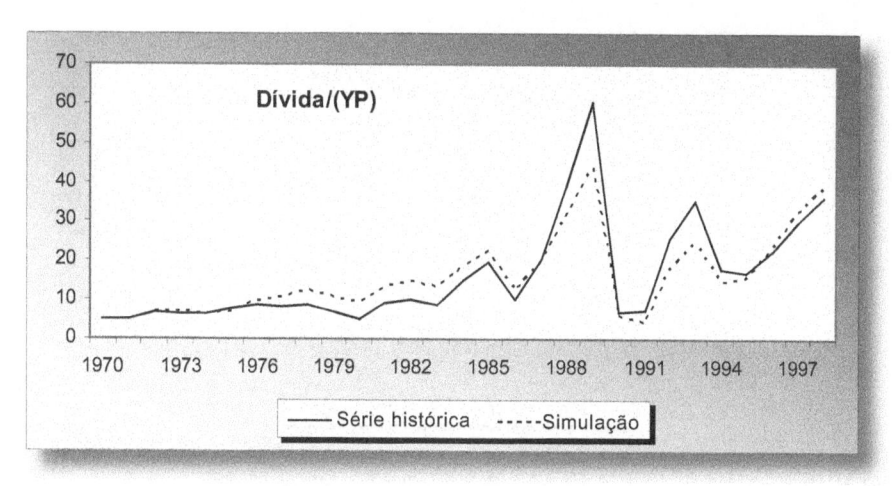

**Figura 8.6 – Dados macroeconômicos para o Brasil, 1970-1998.**
*L* – Pessoas Empregadas. *Dívida* – Dívida pública.
$M_1$ – Meios de pagamento. *P* – Deflator do PIB. (Continua)

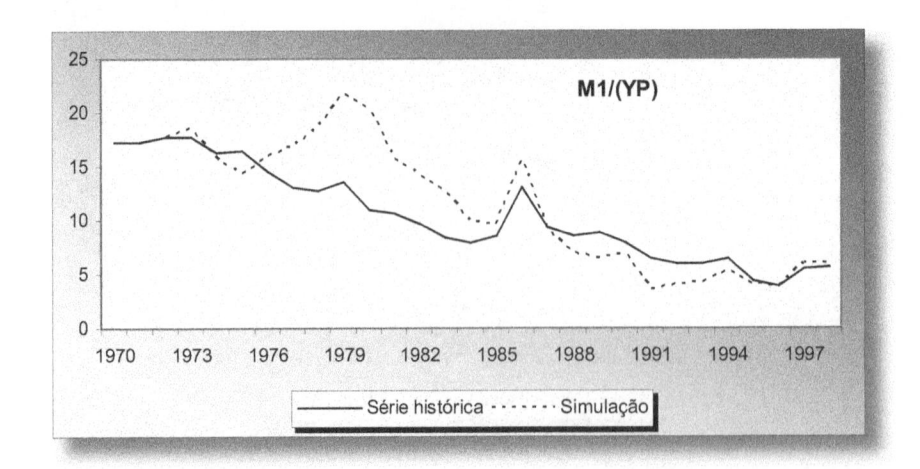

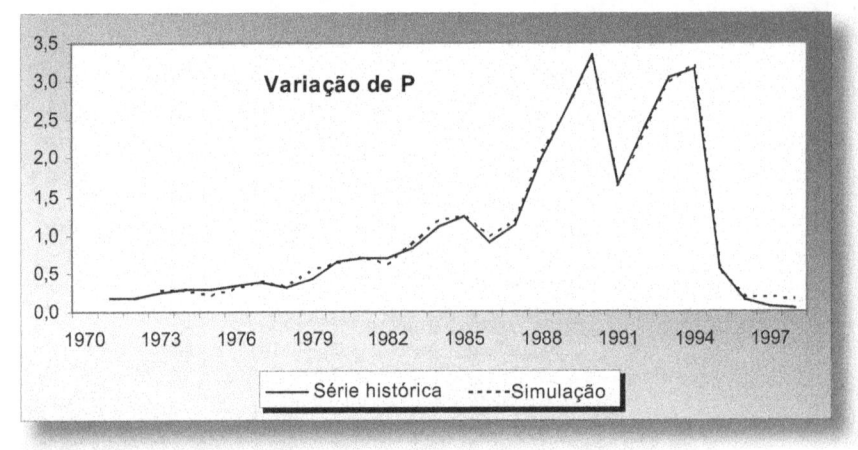

**Nota:** Pessoas em milhares. Taxas em %. Variação de *P* em diferenças logarítmicas.

**Fontes:** Dados históricos – ver Fonseca, 2000. Simulação – elaboração do autor.

**Figura 8.6 – Dados macroeconômicos para o Brasil, 1970-1998.**
***L* – Pessoas Empregadas. *Dívida* – Dívida pública.
*$M_1$* – Meios de pagamento. *P* – Deflator do PIB.**

Previsões obtidas com o modelo para o crescimento do PIB e a taxa de inflação aparecem na Tabela 8.3, juntamente com dados históricos. Uma diferença importante dessas previsões em relação às que foram obtidas para o modelo da Seção 8.3 (ver Figuras 8.2 e 8.3)

é que dados históricos para as variáveis exógenas *não* foram usados
– isto é, as previsões refletem apenas as informações disponíveis em
1999, e correspondem, de fato, ao que se pode chamar de uma tentativa de "olhar para o futuro".[11] Os números na Tabela 8.3 mostram
que as previsões para o crescimento do PIB ficaram muito próximas
– como tendência, pelo menos – dos dados reais. Por outro lado, o
modelo superestimou a alta de preços no período.

Tabela 8.3 – Dados históricos e previsões para o Brasil: 1999-2003.

|  | 1999 | 2000 | 2001 | 2002 | 2003 | Acumulado |
|---|---|---|---|---|---|---|
| **Crescimento do PIB (%)** | | | | | | |
| Dados históricos | 0,79 | 4,36 | 1,31 | 1,93 | -0,22 | 8,38 |
| Previsão | 1,85 | 1,94 | 1,85 | 1,66 | 1,40 | 9,01 |
| **Inflação (%)** | | | | | | |
| Dados históricos[1] | 20,0 | 9,8 | 10,4 | 26,4 | 9,9 | 172,7 |
| Previsão | 19,8 | 25,6 | 31,7 | 37,6 | 44,2 | 293,2 |

**Nota:**
1. Índice Geral de Preços (IGP-DI).
**Fontes:** Dados históricos – *Boletim do Banco Central*. Previsões – elaboração do autor.

## 8.6 Considerações finais

Os modelos macroeconômicos de simulação e previsão são importantes ferramentas de planejamento econômico, pois levam em conta tanto relações dinâmicas como as ligações entre a estrutura produtiva e o sistema financeiro e monetário. Essas características distinguem tais modelos dos sistemas intersetoriais, examinados no Capítulo 7 – que, em contrapartida, proporcionam uma análise mais desagregada das relações econômicas.

Esses modelos, também denominados "modelos macroeconométricos", podem ser desenvolvidos a partir dos sistemas de Key-

---
[11] Fonseca, 2000.

nes e Kalecki, examinados no Capítulo 4 – inclusive, um dos mais tradicionais modelos macroeconométricos, elaborado por Klein na década de 1940, é baseado no sistema kaleckiano. Por outro lado, um modelo equivalente pode ser construído com base nas relações keynesianas – um exemplo é apresentado neste capítulo. Um aspecto fundamental desses modelos, baseados nas análises macroeconômicas originais, é que eles permitem simular com bastante exatidão as trajetórias observadas de variáveis econômicas.

Uma característica importante dos modelos macroeconométricos, e que seguramente tem contribuído para que seu uso não seja mais difundido, é que o seu desenvolvimento e a sua utilização envolvem inúmeros elementos, tanto teóricos como aplicados, que não são propriamente simples. Em particular, a elaboração dos modelos demanda um conhecimento amplo da análise macroeconômica, a estimação das equações está ligada a uma teoria econométrica relativamente vasta, e sua solução envolve resultados matemáticos aplicados a sistemas dinâmicos lineares e não-lineares. Além disso, existem aspectos práticos relacionados à construção de séries de dados e ao desenvolvimento de rotinas de programação necessárias à solução.

Mesmo com todas as dificuldades, a comparação entre simulações obtidas a partir desses modelos e dados reais permite concluir que eles são ferramentas essenciais ao planejamento econômico, seja no setor público ou na área privada, tanto em países desenvolvidos, como os Estados Unidos, como naqueles em processo de desenvolvimento, como o Brasil.

# Elementos dos Modelos Macroeconométricos

*Apêndice*

De modo geral, os modelos macroeconométricos, mesmo os mais simples, envolvem inúmeros detalhes de ordem prática, relacionados às séries de dados construídas para as variáveis, à estimação das equações e à solução dos modelos. Neste Apêndice, alguns desses detalhes são apresentados para os modelos examinados nas Seções 8.3 e 8.4.

## 8A.1 Séries de dados usadas no modelo (8.3)

As séries usadas no modelo macroeconométrico keynesiano foram obtidas em duas referências bibliográficas: Baumol e Blinder (1985), e Greene (1997). Na primeira referência, foram obtidos os dados correspondentes às variáveis $Y$, $C$, $I$, $G$, $(EX - IM)$, $r$, $w$ e $P$. Na segunda, aparecem informações para $(Y - T)$ e $M/P$. As séries estão colocadas na Tabela 8A.1.

Tabela 8A.1 – Dados para os Estados Unidos: séries usadas no modelo (8.3)[1]

|      | $Y$   | $C$   | $I$   | $G$   | $(EX-IM)$ | $(Y-T)$ | $r^2$ | $P^3$ | $M/P^4$ | $w^5$ |
|------|-------|-------|-------|-------|-----------|---------|-------|-------|---------|-------|
| 1953 | 623,6 | 363,4 | 85,3  | 170,1 | 4,8       | 399,1   | 1,62  | 58,82 | 126,0   | 39,93 |
| 1954 | 616,1 | 370,0 | 83,1  | 156,0 | 6,9       | 403,6   | 1,64  | 59,55 | 128,0   | 41,48 |
| 1955 | 657,5 | 394,1 | 103,8 | 152,3 | 7,3       | 427,0   | 0,87  | 60,84 | 132,0   | 44,07 |
| 1956 | 671,6 | 405,4 | 102,6 | 153,5 | 10,1      | 446,5   | 0,15  | 62,79 | 133,5   | 47,09 |
| 1957 | 683,8 | 413,8 | 97,0  | 161,2 | 11,8      | 455,2   | 0,47  | 64,93 | 134,1   | 49,34 |
| 1958 | 680,9 | 418,0 | 87,5  | 169,8 | 5,6       | 461,0   | 2,05  | 66,04 | 136,0   | 50,90 |
| 1959 | 721,7 | 440,4 | 108,0 | 170,6 | 2,7       | 479,3   | 1,97  | 67,60 | 141,4   | 53,44 |
| 1960 | 737,2 | 452,0 | 104,7 | 172,8 | 7,7       | 489,6   | 2,74  | 68,70 | 141,4   | 55,26 |
| 1961 | 756,6 | 461,4 | 103,9 | 182,9 | 8,5       | 503,9   | 3,40  | 69,33 | 144,5   | 56,86 |
| 1962 | 800,3 | 482,0 | 117,6 | 193,2 | 7,5       | 524,8   | 2,44  | 70,61 | 148,0   | 59,31 |

(Continua)

**Tabela 8A.1 – Dados para os Estados Unidos: séries usadas no modelo (8.3)[1]**

|      | Y      | C      | I     | G     | (EX – IM) | (Y – T) | $r^2$  | $P^3$   | $M/P^4$ | $w^5$   |
|------|--------|--------|-------|-------|-----------|---------|--------|---------|---------|---------|
| 1963 | 832,5  | 500,5  | 125,1 | 197,6 | 9,4       | 542,7   | 2,72   | 71,67   | 152,6   | 61,12   |
| 1964 | 876,4  | 528,0  | 133,0 | 202,6 | 12,8      | 580,5   | 2,82   | 72,77   | 158,6   | 62,92   |
| 1965 | 929,3  | 557,5  | 151,9 | 209,8 | 10,1      | 616,3   | 2,26   | 74,36   | 165,5   | 65,40   |
| 1966 | 984,8  | 585,7  | 163,0 | 229,7 | 6,5       | 647,0   | 1,84   | 76,76   | 172,8   | 68,49   |
| 1967 | 1011,4 | 602,7  | 154,9 | 248,5 | 5,4       | 673,1   | 2,44   | 79,06   | 180,0   | 72,03   |
| 1968 | 1058,1 | 634,4  | 161,6 | 260,2 | 1,9       | 701,4   | 1,70   | 82,54   | 192,7   | 76,67   |
| 1969 | 1087,6 | 657,9  | 171,4 | 257,4 | 0,9       | 722,7   | 1,79   | 86,79   | 203,8   | 81,47   |
| 1970 | 1085,6 | 672,1  | 158,5 | 251,1 | 3,9       | 751,7   | 2,53   | 91,45   | 211,6   | 86,48   |
| 1971 | 1122,4 | 696,8  | 173,9 | 250,1 | 1,6       | 779,1   | 2,29   | 96,01   | 226,2   | 93,26   |
| 1972 | 1185,9 | 737,1  | 195,0 | 253,1 | 0,7       | 810,3   | 2,93   | 100,00  | 242,6   | 100,00  |
| 1973 | 1254,3 | 767,9  | 217,5 | 253,3 | 15,5      | 865,2   | 1,60   | 105,75  | 259,7   | 105,65  |
| 1974 | 1246,3 | 762,8  | 195,5 | 260,3 | 27,8      | 857,7   | -0,23  | 115,08  | 272,6   | 111,78  |
| 1975 | 1231,6 | 779,4  | 154,8 | 265,2 | 32,2      | 874,8   | -0,44  | 125,79  | 285,4   | 121,32  |
| 1976 | 1298,2 | 823,1  | 184,5 | 265,2 | 25,4      | 906,9   | 3,06   | 132,34  | 301,9   | 129,46  |
| 1977 | 1369,7 | 864,3  | 214,2 | 269,2 | 22,0      | 943,3   | 2,07   | 140,05  | 325,2   | 138,39  |
| 1978 | 1438,6 | 903,2  | 236,7 | 274,6 | 24,0      | 988,6   | 1,23   | 150,42  | 351,7   | 149,38  |
| 1979 | 1479,4 | 927,6  | 236,3 | 278,3 | 37,2      | 1015,5  | 0,91   | 163,42  | 379,0   | 157,28  |
| 1980 | 1475,0 | 931,8  | 208,5 | 284,3 | 50,3      | 1021,7  | 2,53   | 178,42  | 401,5   | 164,84  |
| 1981 | 1512,2 | 950,5  | 230,8 | 287,0 | 43,8      | 1049,7  | 4,14   | 195,60  | 430,1   | 178,98  |
| 1982 | 1480,0 | 963,3  | 194,4 | 292,7 | 29,7      | 1058,5  | 7,33   | 207,38  | 458,5   | 191,40  |
| 1983 | 1534,7 | 1009,2 | 221,1 | 291,9 | 12,6      | 1095,5  | 7,90   | 215,34  | 509,2   | 201,72  |
| 1984 | 1639,9 | 1062,4 | 289,6 | 302,1 | -14,2     | 1169,1  | 8,62   | 223,44  | 547,3   | 209,09  |

**Notas:**
1. Variáveis em bilhões de dólares de 1972, $r$ em %, $P$ e $w$ são índices (1972 = 100).
2. Taxas médias de juros de bônus de empresas de primeira linha.
3. Deflator do PNB.
4. Saldo do $M_1$.
5. Vencimentos médios por hora.

## 8A.2 Aspectos práticos do modelo (8.4)

Um problema de ordem empírica neste modelo está relacionado à equação (8.4a), uma vez que dados para o consumo desagregado por grupos de renda, particularmente no caso de trabalhadores e empresários, geralmente não estão disponíveis.[1] Uma alternativa para essa falta de informações foi usada no modelo de Klein – ou seja,

---

[1] Ver, porém, a nota 12 no Capítulo 4.

estimar o consumo agregado em função da renda de trabalhadores e empresários. No entanto, outra especificação, mais radical, pode ser adotada: usar uma equação de equilíbrio alternativa para o produto nacional, como aparece a seguir.

Forma alternativa para as equações a, c e d:

$$Y = Y_{AGR} + Y_{IND} + Y_{SERV} + \frac{1}{P}(\textit{Impostos Indiretos} - \textit{Subsídios})$$

$$\left.\begin{array}{l} Y_{IND} = \\ Y_{SERV} = \end{array}\right\} \; Y\left[\frac{1}{P}(wL - Tw).\frac{1}{P}(\Pi - T_\Pi), I, \frac{1}{P}G, \frac{1}{P}(EX - IM)\right]$$

A equação para $Y$ indica que o produto nacional é formado pela soma da produção nos três setores produtivos: agropecuária, indústria e serviços, acrescentados os impostos indiretos (líquidos dos subsídios). No modelo aplicado à economia brasileira, a produção do setor agropecuário é uma variável exógena, e as equações para os outros dois setores, que aparecem na forma alternativa para as equações a, c e d, resultam dos componentes da demanda agregada, e da substituição das equações (8.4c) e (8.4d) nestas relações.

Esta especificação tem a vantagem de resolver também o problema da equação (8.4b) – a inversa da função de produção, que permite encontrar o total da força de trabalho efetivamente empregada. Para determinar o emprego total, pode-se usar uma relação típica do modelo de insumo-produto (ver Capítulo 7) – os parâmetros $a_w$ são coeficientes de mão-de-obra:

$$L = a_{w1}Y_{AGR} + a_{w2}Y_{IND} + a_{w3}Y_{SERV}$$

As equações do modelo, usadas nas simulações ilustradas nas Figuras 8.5 e 8.6, aparecem na Tabela 8A.2. Outras modificações em relação às equações (8.4) são: a divisão do investimento em privado e público – esse último tratado como variável exógena –, a divisão dos trabalhadores em assalariados e autônomos, a introdução de equações para os impostos diretos e indiretos, e a especificação de equações para os itens de custo que contribuem para determinar $P$. Os coeficientes estimados e os procedimentos de estimação aparecem em Fonseca (2000).

**Tabela 8A.2 – Equações usadas nas simulações para a economia brasileira**

1. Y = Yagr + Yind + Yserv + ((Ind_tax − Subsidies)P)/100
2. Yind = $\beta1$ + $\beta2$Y − 1 + $\beta3\Delta$((Wages_1* + Wages_2*) × 100)/P + $\beta4\Delta$(Profits* × 100)/P + $\beta5\Delta$I + $\beta6\Delta$(G × 100)/P + $\beta7\Delta$(X − M) × Exchange
3. Yserv = $\beta1$ + $\beta2$Y − 1 + $\beta3\Delta$((Wages_1* + Wages_2*) × 100)/P + $\beta4\Delta$(Profits* × 100)/P + $\beta5\Delta$I + $\beta6\Delta$(G × 100)/P + $\beta7\Delta$(X − M) × Exchange
4. I = Ipriv + Igov
5. Ipriv = $\beta1$ + $\beta2$Y − 1 + $\beta3\Delta$Y − 1 + $\beta4\Delta$(Profits* × 100)/P + $\beta5$Interest_real + $\beta6$Igov
6. Wages_1 = Wage_rate_1 × Emp_1
7. Wages_2 = Wage_rate_2 × Emp_2
8. Emp_1 = m11Yagr + m12Yind + m13Yserv
9. Emp_2 = m21Yagr + m22Yind + m23Yserv
10. Profits = Ynom − Ind_tax + Subsidies − (Wages_1 + Wages_2)
11. Wages_1* = (1 − t21)Wages_1
12. Wages_2* = (1 − t22)Wages_2
13. Profits* = (1 − t23)Profits
14. Ynom = (Y × P)/100
15. Ind_tax = (Yagr + Yind + Yserv)(P × t1)/100
16. Dir_tax = t21Wages_1 + t22Wages_2 + t23Profits
17. G_spendg = G + Interest_paymt + Subsidies + Other_spendg
18. G_surplus = Ind_tax + Dir_tax − G_spendg − (Igov × P)/100
19. Interest_paymt = (Interest_real/100 + 1)((P/P − 1) − 1)G_debt − 1
20. Liquidity = Liquidity − 1 − G_surplus + $\Delta$Reserves × Exchange
21. Monetary_base = (1 − k1)Liquidity
22. G_debt = k1 × Liquidity
23. M = k2 × Monetary_base
24. P = exp [ln(P − 1) + b ($\Delta$ln (MV) − $\Delta$ln(Y)) + a1$\Delta$ln(Exchange) + a2$\Delta$ln(Ag_prices) + a3$\Delta$ln(Pub_utilities) + a4$\Delta$ln(Wage_rate_1 + Wage_rate_2)]
25. Exchange = exp [ln(Exchange − 1) + c1$\Delta$ln(P − 1)]
26. Ag_prices = exp [ln(Ag_prices − 1) + c2$\Delta$ln(P − 1)]
27. Pub_utilities = exp [ln(Pub_utilities − 1) + c3$\Delta$ln(P − 1)]
28. Wage_rate_1 = exp [ln(Wage_rate_1 − 1) + c4$\Delta$ln(P − 1)]
29. Wage_rate_2 = exp [ln(Wage_rate_2 − 1) + c5$\Delta$ln(P − 1)]

*Capítulo 9*

# Previsões Econômicas e Planejamento Financeiro

No Capítulo 5, foram exploradas as relações entre o crescimento econômico, que depende da ampliação dos meios de produção, e os mercados financeiros, principalmente o mercado de capitais. Inclusive, tais relações são cada vez mais condicionadas pelas transações econômicas e financeiras do país com o resto do mundo, visto que uma das principais tendências da economia mundial nas últimas décadas tem sido o aumento da integração dos mercados locais ao sistema financeiro internacional. Esse processo de globalização financeira se deve, em parte, à maior participação dos investidores institucionais nos mercados, e ao fato de que esses intermediários financeiros atuam cada vez mais de forma globalizada.

Os principais efeitos das tendências financeiras sobre o processo de desenvolvimento econômico se dão por meio de relações macroeconômicas, examinadas nos Capítulos 4 e 8 – mais especificamente, por mudanças nas taxas de juros, nos saldos monetários, no endividamento do governo, na trajetória dos preços internos e das *commodities*, no câmbio, no saldo em conta corrente, e no saldo de reservas internacionais (que depende dos movimentos de capitais). Em especial, os modelos macroeconométricos examinados no capítulo anterior (nas Seções 8.3, 8.4 e 8.5) mostram que a trajetória de crescimento depende dessas variáveis – que também afetam a distribuição de renda.

O objetivo deste capítulo, porém, não é analisar a causalidade entre variáveis financeiras e crescimento econômico, que já foi examinada em outras partes do livro, mas a relação oposta – ou seja, como mudanças na produção, no crescimento e na taxa de inflação, principalmente mudanças antecipadas ou *previstas*, afetam as decisões financeiras de indivíduos e empresas. Na área de Finanças, esse tipo de análise é incluído entre os tópicos que se denominam, de forma geral, "planejamento financeiro".[1] Em particular, será explorada a relação entre os métodos de planejamento econômico examinados nos Capítulos 7 e 8 e as decisões de investimento financeiro. Na Seção 9.1, os principais elementos da análise financeira são discutidos e, na Seção 9.2, são analisadas as relações entre previsões econômicas e investimento financeiro.

## 9.1 Elementos da análise financeira

Nesta seção, em primeiro lugar são examinados os principais ativos financeiros e os elementos centrais dos modelos para o valor desses ativos. Posteriormente, serão discutidos os modelos empregados na seleção de carteiras de ativos. A partir desta análise, as principais variáveis dos processos de decisão financeira são identificadas, permitindo que se investigue, na Seção 9.2, o papel das previsões econômicas na determinação dessas variáveis.[2]

Os ativos financeiros podem ser classificados em três categorias principais: os títulos de dívida, os títulos de propriedade (ações), e os contratos de derivativos (futuros, opções e *swaps*). Cada um desses

---

[1] Lee, 1985.
[2] O material desta seção está baseado em Fonseca, 2003.

ativos cumpre objetivos distintos e, como foi visto no Capítulo 5, está associado a mercados específicos. No entanto, uma característica que também permite destacar um tipo de ativo dos demais é que, para cada um deles, existe um modelo específico para determinar o valor do ativo – que, em geral, tem relação estreita com o preço de mercado do ativo. Esses modelos são examinados a seguir.

### 9.1.1 Determinação do valor dos títulos de dívida

De forma geral, os seguintes elementos financeiros caracterizam os títulos de dívida, também chamados de "títulos de renda fixa": seu valor em $t = 0$ ($P_0$), os juros periódicos previstos, ou "cupons" ($R$), e o principal, ou "valor de face", que é devido em $t = T$ ($V_T$). Na Figura 9.1, estas variáveis estão representadas.

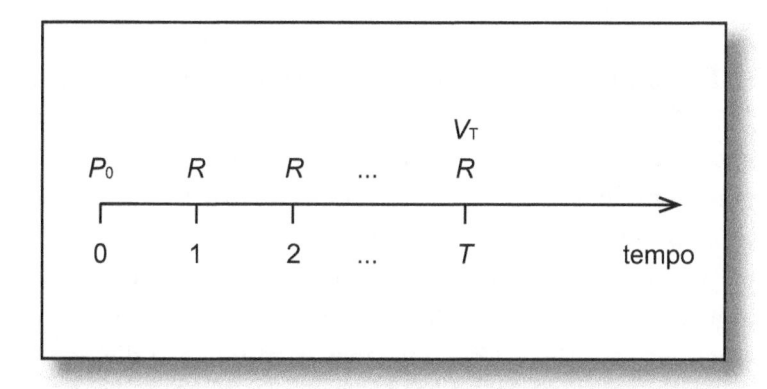

**Figura 9.1 – Elementos financeiros de um título de dívida.**

Dados os valores que aparecem na Figura 9.1, que são especificados em função do tempo, modelos tradicionais de análise financeira permitem estabelecer a seguinte relação entre eles:

$$P_0 = R\sum_{t=1}^{T}\frac{1}{(1+r)^t} + \frac{V_T}{(1+r)^T} = \frac{R}{r}\left[1 - \frac{1}{(1+r)^T}\right] + \frac{V_T}{(1+r)^T} \qquad (9.1)$$

Na equação (9.1), está incluído um outro parâmetro, fundamental para estabelecer a relação entre valores no tempo: a taxa de juros ($r$), que é determinada no mercado, e que depende do período até o vencimento ($T$), e do risco associado ao título. Em geral, quanto maior for o período $T$, e maior o risco, mais elevada será a taxa $r$.

A equação (9.1) pode ser interpretada como uma relação envolvendo cinco variáveis: $P_0$, $R$, $V_T$, $T$, e $r$. A situação mais comum é quando se deseja encontrar $P_0$ a partir das demais variáveis, mas uma calculadora com funções financeiras permite encontrar qualquer das variáveis dados os valores para as outras quatro. No caso, também freqüente, em que $r$ é a incógnita a ser determinada, esta variável é denominada "taxa interna de retorno", e é interpretada como a taxa de retorno correspondente ao título – que pode ser comparada com as rentabilidades de outros ativos financeiros.

### 9.1.2 Determinação do valor dos títulos de propriedade

Em termos da determinação de valor, os títulos de propriedade (ações), também denominados "títulos de renda variável", têm ligação com os instrumentos de dívida. Em particular, os valores associados a esses papéis, que aparecem na Figura 9.2, são semelhantes aos da figura anterior. Uma diferença importante, todavia, é que os pagamentos periódicos ($R_t$), que correspondem aos dividendos, e o valor em $t = T$ ($P_T$), que seria obtido com a venda da ação, *não* são conhecidos em $t = 0$. Em conseqüência, enquanto a equação (9.1) pode ser considerada um resultado preciso para os títulos de dívida, a equação equivalente para as ações, que é desenvolvida a seguir, não é mais que uma aproximação para o valor desses papéis em $t = 0$.

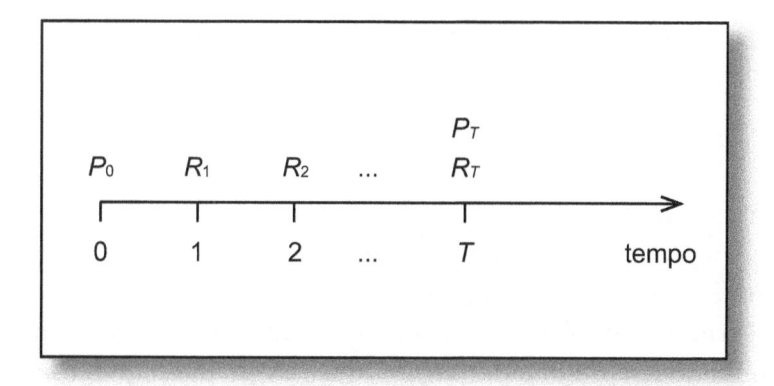

**Figura 9.2 – Elementos financeiros de um título de propriedade.**

O principal modelo financeiro usado para as ações tem como ponto de partida a expressão para a rentabilidade do papel em $t = 1$, representada por $\rho$:[3]

$$\rho = \frac{R_1 + P_1 - P_0}{P_0} \quad \rightarrow \quad P_0 = \frac{R_1 + P_1}{1 + \rho} \quad (9.2)$$

Além disso, supondo que $\rho$ seja constante em diferentes períodos, temos uma equação semelhante a (9.2) para a rentabilidade em $t = 2$:

$$\rho = \frac{R_2 + P_2 - P_1}{P_1} \quad \rightarrow \quad P_1 = \frac{R_2 + P_2}{1 + \rho} \quad (9.3)$$

Expressões equivalentes podem ser obtidas para outros períodos. Substituindo esses resultados de forma *recursiva* – isto é, substituindo a equação para $T$ em $T - 1$, esta em $T - 2$, e assim sucessivamente, encontramos a seguinte expressão:

$$P_0 = \frac{R_1}{1 + \rho} + \frac{R_2}{(1 + \rho)^2} + \ldots + \frac{R_T}{(1 + \rho)^T} + \frac{P_T}{(1 + \rho)^T} \quad (9.4)$$

---

[3] Este modelo foi desenvolvido originalmente por J. B. Williams, e aparece em uma publicação de 1938. Ele foi posteriormente "redescoberto" por M. J. Gordon e E. Shapiro, em artigo publicado em 1956. Ver Brealey e Myers, 1992, Capítulo 4, nota 2.

Fazendo $T \to \infty$, isto é, supondo que a ação seja mantida por um período relativamente longo, obtemos:

$$P_0 = \sum_{t=1}^{\infty} \frac{R_t}{(1+\rho)^t} \qquad (9.5)$$

A equação (9.5) é o chamado "modelo de dividendos descontados" para o preço de uma ação. Para que ela possa ser usada, contudo, é necessário introduzir uma hipótese para a trajetória dos dividendos. Uma alternativa simples é supor que os dividendos cresçam a uma taxa constante, representada por $g$ – que, na prática, resultaria de previsões sobre o desempenho da empresa em períodos futuros. Dessa forma, temos:

$$P_0 = \sum_{t=1}^{\infty} \frac{R_1(1+g)^{t-1}}{(1+\rho)^t} = \frac{R_1}{1+\rho} \sum_{t=1}^{\infty} \left(\frac{1+g}{1+\rho}\right)^{t-1} = \frac{R_1}{1+\rho} \frac{1+\rho}{\rho-g} = \frac{R_1}{\rho-g} \qquad (9.6)$$

No desenvolvimento em (9.6), usamos a hipótese $0 < g < \rho$ (ver Fonseca, 2003). O resultado final, portanto, é que o preço da ação em $t = 0$ resulta do dividendo a ser pago no período seguinte ($R_1$), que deve ser estimado, de uma determinada taxa de retorno correspondente à ação ($\rho$), e da taxa de crescimento dos dividendos ($g$). Além disso, considerando que o crescimento dos dividendos está associado à expansão dos lucros da empresa, podemos desenvolver uma relação para $g$:

$$g = \frac{\Delta \text{ Lucros}}{\text{Lucros}} = \frac{\text{Investimento}}{\text{Lucros}} \times \frac{\Delta \text{ Lucros}}{\text{Investimento}} \qquad (9.7)$$

O primeiro termo no lado direito de (9.7) representa a taxa de retenção dos lucros na empresa, e o segundo, a rentabilidade dos novos investimentos – um parâmetro que, na prática, resulta não apenas de previsões macroeconômicas, mas também de previsões para os mercados em que a empresa atua.

## 9.1.3 Determinação do valor dos contratos a termo e de futuros

Os contratos a termo e de futuros possuem características comuns, embora existam algumas diferenças importantes entre eles. Os contratos de futuros são os mais usados na prática, mas os contratos a termo, que têm características mais simples, são os mais importantes na análise financeira – em especial, podem-se desenvolver modelos para o valor de um contrato a termo e, além disso, é possível demonstrar que os resultados também se aplicam a contratos de futuros com características semelhantes.

Um contrato a termo é um compromisso de realizar uma transação com um ativo ou bem em determinada data futura por um preço preestabelecido, chamado de "preço a termo", que é especificado no contrato. Ele é um instrumento *particular*, envolvendo em geral duas instituições financeiras, ou uma instituição financeira e um cliente (empresa não-financeira).

Um contrato de futuro, por sua vez, não é um compromisso particular, uma vez que é elaborado por uma *bolsa*, que especifica todos os elementos relevantes do contrato: o tipo de ativo ou bem, a quantidade a ser transacionada, a data de vencimento, e os procedimentos de entrega. Diferentemente de um contrato a termo, os contratos de futuros não especificam o preço, que é cotado em bolsa e está sujeito a oscilações de acordo com a oferta e a demanda – e é denominado "preço de futuro", ou simplesmente "preço futuro". Além disso, na data de vencimento do contrato, o preço futuro tem necessariamente de ser igual ao preço à vista, o que não ocorre com um contrato a termo, cujo preço está fixado.

Um aspecto fundamental desses contratos é que, apesar das diferenças, eles proporcionam o mesmo resultado financeiro. Ou seja, alguém que assuma uma posição *comprada* ou *vendida* em um contrato a termo sobre um ativo terá o mesmo resultado financeiro que um investidor em um contrato de futuro sobre o mesmo ativo e com a mesma data de vencimento. Por essa razão, os preços futuros e a termo são aproximadamente iguais. Por outro lado, pode-se demonstrar que existe uma relação geral entre os preços a termo e à vista de um ativo, que aparece a seguir.

$$\begin{matrix}\text{Valor atual do}\\ \text{preço a termo}\end{matrix} = \begin{matrix}\text{Preço à}\\ \text{vista}\end{matrix} - \begin{matrix}\text{Valor atual dos}\\ \text{rendimentos}\\ \text{obtidos com o ativo}\end{matrix} + \begin{matrix}\text{Valor atual do custo}\\ \text{de armazenagem ou}\\ \text{carregamento}\end{matrix}$$

Como exemplo de aplicação dessa relação, podemos considerar uma ação, que tem preço $P_0$ em $t = 0$, e que se espera que pague dividendo $R_T$ em $t = T$. Neste caso, existe a seguinte relação entre o preço à vista ($P_0$) e a termo ($F$):[4]

$$F e^{-rT} = P_0 - R_T e^{-rT} \quad \rightarrow \quad F = P_0 e^{rT} - R_T \qquad (9.8)$$

Outro exemplo é o de uma determinada quantidade de ouro, que tem custo de armazenagem e custódia $U_T$, pago em $t = T$.

$$F e^{-rT} = P_0 + U_T e^{-rT} \quad \rightarrow \quad F = P_0 e^{rT} + U_T \qquad (9.9)$$

A partir desses exemplos, pode-se concluir que, dado o preço à vista de um ativo, os preços a termo e futuro dependem da taxa de juros $r$. Ademais, de modo geral, os preços à vista dos ativos são determinados em parte pela taxa de juros. Esta relação foi desenvolvida, nas Subseções 9.1.1 e 9.1.2, para os títulos de dívida e as ações, mas valem para outros ativos financeiros. Uma conclusão importante, portanto, é que mudanças nas taxas de juros têm efeitos amplos sobre os preços dos ativos financeiros, tanto no mercado à vista como no mercado a termo. Por outro lado, as taxas $r$ são *nominais* – ou seja, incluem estimativas para a trajetória futura da inflação.

### 9.1.4 Determinação do valor dos contratos de opções

Uma opção é um contrato que garante, ao seu *titular*, o direito de realizar uma transação com um determinado ativo ou bem em um

---
[4] Seguindo o procedimento usual, nas relações entre os preços à vista e a termo, são usados juros compostos com capitalização contínua. Ver Fonseca, 2003.

período futuro, por um preço preestabelecido. Quando o direito especificado no contrato é o de *comprar* o ativo, diz-se que a opção é de compra (*call*), enquanto no caso de o direito ser o de *vender* o ativo, diz-se que a opção é de venda (*put*). O indivíduo ou instituição que assume a contraparte no contrato, denominado "lançador" da opção, tem a obrigação que corresponde ao direito nele especificado – ou seja, caso solicitado, o lançador se compromete a vender (no caso da *call*) ou comprar (da *put*) o ativo ou bem pelo preço estabelecido. Uma vez que o titular da opção detém um direito – que pode, ou não, ser exercido – , cuja contraparte é a obrigação assumida pelo lançador, esse contrato implica necessariamente um pagamento feito pelo primeiro ao segundo. Esse valor é denominado "prêmio" da opção.

Geralmente, uma bolsa especializada atua como intermediário entre as duas partes em uma opção, assumindo várias funções importantes. Por exemplo, a bolsa elabora o contrato, especificando todos os elementos relevantes, exige do lançador um depósito ("margem de garantia"), que serve para garantir o direito do titular da opção, e contribui para dar liquidez ao contrato, permitindo ao titular vender sua posição, à cotação vigente. Os principais elementos da opção, que são especificados no contrato, são a data de vencimento e o *preço de exercício*. Uma opção que somente pode ser exercida no vencimento é do tipo "europeu", enquanto uma opção que pode ser exercida a qualquer momento até o vencimento é do tipo "americano". Outra variável que influi de forma decisiva no valor da opção é o preço à vista do ativo-objeto, que normalmente é cotado em bolsa.

A principal fórmula usada para o preço de uma opção, válida para um ativo sem rendimento ou custo de armazenagem, foi desenvolvida por F. Black e M. Scholes, e aparece a seguir:

Fórmula de Black e Scholes para o preço de uma opção (*call* européia):

$$C_0 = P_0 \Phi\left\{\left[\ln\left(\frac{P_0}{K}\right) + \left(r + \frac{\sigma^2}{2}\right)T\right]\frac{1}{\sigma\sqrt{T}}\right\} - K e^{-rT} \Phi\left\{\left[\ln\left(\frac{P_0}{K}\right) + \left(r - \frac{\sigma^2}{2}\right)T\right]\frac{1}{\sigma\sqrt{T}}\right\}$$

(9.10)

Na fórmula (9.10), $C_0$ representa o prêmio da opção em $t = 0$, $P_0$ o preço à vista do ativo-objeto e $\sigma$ sua *volatilidade*, $K$ o preço de exercício, $r$ a taxa de juros, $T$ o período até o vencimento, e $\Phi$ a função de distribuição normal padronizada (distribuição acumulada). O parâmetro $\sigma$ representa a variabilidade do preço do ativo-objeto e pode ser estimado a partir de uma série de dados, de acordo com a seguinte fórmula (ver Fonseca, 2003):

$$\hat{\sigma}^2 = \text{Vâr}\left[\ln\left(\frac{P_{t+\Delta t}}{P_t}\right)\right]\frac{1}{\Delta t} \quad (9.11)$$

Nesta fórmula, $t$ representa anos. Como exemplo de aplicação da fórmula (9.10), consideremos uma ação com $P_0$ = R\$ 80 e $\sigma$ = 0,245. Uma opção de compra do tipo europeu sobre esta ação, com $K$ = R\$ 90 e $T$ = 0,5 (seis meses), e dado $r$ = 0,04, tem seu valor (prêmio) dado por:

$$C_0 = 80\Phi(-0,4778) - 90e^{-0,04 \times 0,5}\Phi(-0,6511)$$
$$= 80 \times 0,3164 - 90e^{-0,04 \times 0,5} \times 0,2575 = 2,595$$

Podemos concluir, com base na análise desta Subseção, que o preço de uma opção depende, basicamente, das mesmas variáveis que influem sobre os preços a termo e futuro.

### 9.1.5 Análise de risco: seleção de carteiras de ativos

De acordo com a moderna análise financeira, as decisões de investimento jamais devem ser tomadas tendo em vista ativos isolados, e sim *carteiras* formadas por certo número de ativos. De forma análoga, não se pode decidir sobre o investimento em um determinado ativo sem considerar suas relações com os demais ativos disponíveis no mercado. De modo geral, no que concerne às aplicações financeiras, duas características dos ativos são relevantes: sua rentabilidade *esperada*, considerando um determinado prazo no futuro, e seu *risco*

– que é definido como o desvio-padrão da rentabilidade. Representando a rentabilidade esperada de um ativo *j* por $E(\rho_j)$, podemos construir um vetor, definido para um certo número de ativos:

$$E(\rho) = \begin{bmatrix} E(\rho_1) \\ E(\rho_2) \\ \vdots \\ E(\rho_n) \end{bmatrix}$$

Por outro lado, representando a *participação* do ativo *j* em uma carteira por $\xi_j$, e construindo um vetor com as participações dos *n* ativos, vetor $\xi$, a rentabilidade média da carteira é definida por:

$$E(\rho_c) = \sum_j \xi_j E(\rho_j) = \xi' E(\rho) \quad (9.12)$$

Na última expressão em (9.12), o apóstrofo representa transposição. Os componentes $\xi_j$ podem assumir tanto valores positivos como negativos – este último caso corresponde a vender o ativo "a descoberto" (ver Fonseca, 2003). Por outro lado, a restrição $\sum_j \xi_j = 1$ se aplica a qualquer carteira. Por sua vez, o risco da carteira é definido a partir de uma matriz construída com as variâncias e covariâncias das rentabilidades dos *n* ativos, representada por *V*:

$$\sigma_c = \sqrt{\xi' V \xi} \quad (9.13)$$

Nas carteiras de menor dimensão, com $n = 2$ ou $n = 3$, o que dificilmente ocorreria na prática, as expressões em (9.12) e (9.13) podem ser representadas sem se recorrer a vetores e matrizes. No primeiro caso temos:

$$E(\rho_c) = \xi_1 E(\rho_1) + \xi_2 E(\rho_2), \quad \sigma_c = \sqrt{\xi_1^2 \sigma_1^2 + \xi_2^2 \sigma_2^2 + 2\xi_1 \xi_2 \sigma_{12}}$$

Na seleção de carteiras, o objetivo fundamental é identificar um *locus* de carteiras *eficientes*, denominado "fronteira eficiente". Uma carteira é considerada eficiente quando corresponde à *máxima* rentabilidade média para um determinado nível de risco, e, em certos casos ao *mínimo* risco para uma determinada rentabilidade média. Há mais de uma solução para fronteiras eficientes, e uma primeira versão é dada pelo seguinte problema (μ representa uma constante):

$$\underset{\xi}{Min} : \sigma_c^2$$
$$s.a.: \sum_j \xi_j = 1, E(\rho_c) = \mu$$

A solução desse problema corresponde a uma hipérbole no plano [$\sigma_c$, $E(\rho_c)$]. Como exemplo, consideremos carteiras formadas por três ativos ($n = 3$), com os seguintes parâmetros (em %):[5]

$E(\rho_1) = 14, E(\rho_2) = 11, E(\rho_3) = 16;$
$\sigma_1 = 18, \sigma_2 = 16, \sigma_3 = 30, \sigma_{12} = 28,8, \sigma_{13} = 81, \sigma_{23} = 192$

A equação da hipérbole, que aparece representada na Figura 9.3, é:

$$\sigma_c^2 = 23,59 \, [E(\rho_c) - 12,38]^2 + 156,94$$

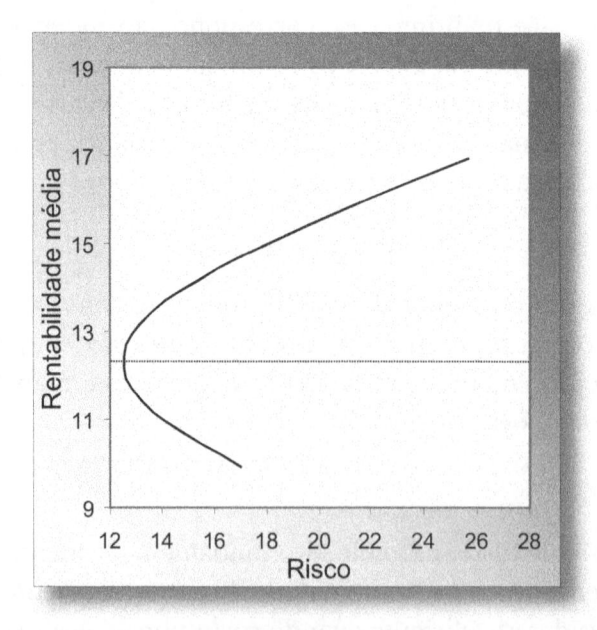

**Figura 9.3 – Fronteira de carteiras eficientes (hipérbole).**

---

[5] As soluções para fronteiras eficientes estão desenvolvidas em Fonseca, 2003, Apêndice 7B.

Um aspecto importante da fronteira eficiente ilustrada na Figura 9.3 é que ela inclui apenas os pontos acima da linha horizontal, que é determinada pela carteira de risco mínimo (ponto mais à esquerda na hipérbole).

Outro tipo de fronteira eficiente surge quando se considera a possibilidade de aplicação em um *título sem risco* ($\sigma_j = 0$). Este é um título de dívida de curto prazo, que é mantido pelo investidor até o vencimento – portanto, a rentabilidade do papel é conhecida no momento da aquisição, e não está sujeita a variações de preço. Além disso, o emissor do título deve ser totalmente confiável, de forma que a possibilidade de inadimplência fique descartada. Introduzindo um ativo sem risco na Figura 9.3, com rentabilidade $\rho_s$, a natureza da fronteira eficiente muda, e fica representada por uma reta (ver Figura 9.4).

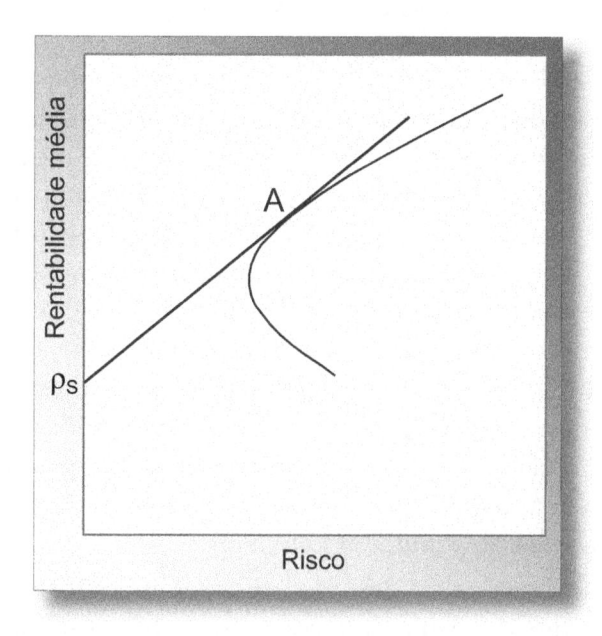

**Figura 9.4 – Fronteira de carteiras eficientes (reta).**

A reta representada na Figura 9.4 é determinada pela rentabilidade sem risco, $\rho_s$, e tangencia a hipérbole no ponto correspondente à carteira $A$. Esse ponto na hipérbole é determinado pela máxima inclinação da reta. Essa nova fronteira eficiente resulta de todas as possíveis combinações entre o ativo sem risco e a carteira $A$, e corresponde à solução do seguinte problema:

$$Max_{\xi} : \frac{E(\rho_c) - \rho_s}{\sigma_c}$$

$$s.a. : \sum_j \xi_j = 1$$

Para um exemplo de solução desse problema, podemos empregar os mesmos parâmetros que foram usados na Figura 9.3. Com $\rho_s = 5\%$, os resultados aparecem a seguir:

Carteira $A$: $\xi_1 = 0,526$, $\xi_2 = 0,333$, $\xi_3 = 0,141$
Fronteira eficiente: $E(\rho_c) = 5 + 0,624\sigma_c$

Na análise das carteiras de ativos, existe um conceito de *equilíbrio*, que deve ser interpretado como um ponto de convergência das decisões individuais. Em equilíbrio, a carteira $A$ é a carteira do *mercado* – isto é, a carteira em que a proporção de um ativo é igual à razão entre o valor do estoque do ativo, calculado pelo preço de mercado, e o valor total dos ativos disponíveis no mercado. Os dados empíricos que correspondem de forma mais próxima à carteira do mercado são os índices calculados para os mercados de ações – um exemplo é o Índice Bovespa. A fronteira eficiente (reta) calculada a partir dos parâmetros do mercado (rentabilidade média e risco) é denominada "reta do mercado de capitais", e representa um padrão em relação ao qual o desempenho de qualquer carteira, em termos de rentabilidade e risco, pode ser comparado.

Na análise das carteiras desenvolvida nos parágrafos anteriores, os parâmetros que determinam o risco são os desvios-padrão, $\sigma_j$, e as covariâncias, $\sigma_{jk}$. Existe, porém, uma análise alternativa, que se baseia em uma equação para a rentabilidade de qualquer ativo $j$:

$$\rho_j = \alpha_j + \beta_j \rho_M + \varepsilon_j \quad (9.14)$$

A equação (9.14) é uma *regressão* com uma variável independente (Fonseca, 2003). Nesta equação, $\rho_M$ representa a rentabilidade média do mercado, e $\xi_j$, erros (variáveis aleatórias). Usando as hipóteses típicas do modelo estatístico de regressão, e a hipótese adicional de que os erros definidos para um ativo não são correlacionados com os de outro ativo,[6] os seguintes resultados podem ser demonstrados ($\sigma_M$ representa o risco do mercado):

$$\sigma_j^2 = \beta_j^2 \sigma_M^2 + Var(\varepsilon_j), \quad \sigma_{jk} = \beta_j \beta_k \sigma_M^2, \quad \beta_j = \frac{\sigma_{jM}}{\sigma_M^2}$$

A partir desses resultados, podemos concluir que o risco de uma carteira, ou de um ativo, depende dos parâmetros beta, que são iguais à razão entre $Cov\ (\rho_j, \rho_M)$ e $Var\ (\rho_M)$ – o beta do mercado, $\beta_M$, é igual a 1. Em conseqüência, faz sentido usar esses parâmetros como indicadores de risco, e a análise das carteiras pode ser desenvolvida no plano [$\beta_j$, $E(\rho_j)$], tal como aparece na Figura 9.5 – neste caso, $j$ pode representar tanto um ativo individual como uma carteira.

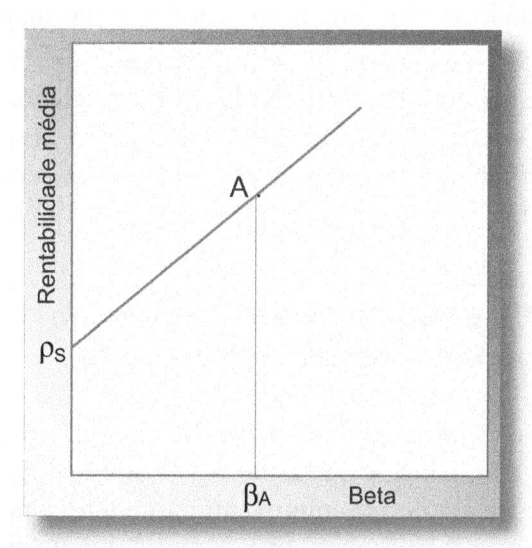

**Figura 9.5 – Carteiras eficientes com parâmetro beta.**

[6] Esta hipótese adicional é problemática, já que normalmente não se verificaria na prática.

Como exemplo de aplicação dessa análise, consideremos informações para 5 ativos ($n = 5$):

$E(\rho_1) = 25, E(\rho_2) = 13, E(\rho_3) = 10, E(\rho_4) = 10, E(\rho_5) = 7$
$\beta_1 = 2, \beta_2 = 2, \beta_3 = 2, \beta_4 = 1, \beta_5 = 1$
$Var(\varepsilon_1) = 40, Var(\varepsilon_2) = 20, Var(\varepsilon_3) = 40, Var(\varepsilon_4) = 50, Var(\varepsilon_5) = 20$

Com $\rho_s = 5\%$, os resultados para a carteira $A$, e para a reta correspondente, aparecem a seguir:

Carteira $A$: $\xi_1 = -1,901, \xi_2 = 0,033, \xi_3 = -0,455, \xi_4 = 0,132, \xi_5 = -0,612$
Fronteira eficiente: $E(\rho_j) = 5 + 14,30\beta_j$

Em equilíbrio, a carteira $A$ é a carteira do mercado, e a equação para a fronteira eficiente – que relaciona $E(\rho_j)$ e $\beta_j$, e resulta dos parâmetros do mercado – é denominada "reta do mercado de títulos". Esta reta estabelece uma relação entre o risco de um ativo, representado por seu beta, e a taxa de retorno correspondente, e ilustra um resultado fundamental na área financeira: em geral, ativos com riscos maiores têm rentabilidades esperadas maiores.

Nas subseções anteriores, vimos que a determinação do valor de um ativo financeiro depende de uma dada taxa de juros $r$, ou de uma taxa de desconto $\rho$. A partir do risco do ativo, representado pelo parâmetro beta, essas taxas devem ser identificadas no eixo vertical da Figura 9.5, utilizando-se a reta do mercado de títulos.

## 9.2 Planejamento econômico e investimento financeiro

Com base nos principais modelos na área de Finanças, discutidos na Seção 9.1, podemos concluir que as decisões de investimento financeiro dependem de alguns parâmetros fundamentais: a taxa de juros ou de desconto que se aplica ao ativo, a rentabilidade esperada do ativo e seu risco, e a volatilidade do preço do ativo. Cada um desses parâmetros pode ser – e geralmente é – estimado a partir de dados históricos para a rentabilidade e o preço do ativo. Um problema com esse procedimento, no entanto, é que os resultados que realmente interessam são os que ocorrerão em um certo prazo no futuro – ou seja, no horizonte de tempo definido pelo investidor. Portanto, somente se justificaria a utilização de dados históricos, pelo menos de forma exclusiva, se o futuro reproduzisse o passado – o que, infelizmente, não ocorre com freqüência.

Dadas as limitações das informações sobre o passado, existe enorme potencial na aplicação de modelos de simulação e previsão aos processos de decisão financeira. Por exemplo, a rentabilidade da maioria dos ativos está relacionada à trajetória do PIB. Em muitos casos, essa relação é *direta*, uma vez que o crescimento do produto nacional contribui para a expansão do faturamento e do lucro das empresas – as ações são exemplos desse tipo de relação.

Contudo, as previsões e os cenários macroeconômicos de forma alguma esgotam as possibilidades de utilização de modelos. Como as trajetórias de faturamento e lucro estão mais diretamente ligadas à evolução dos setores em que as empresas atuam, é essencial empregar também modelos intersetoriais. Com eles, podem ser feitas, por exemplo, previsões dos efeitos sobre os setores de mudanças na demanda, que têm como origem alterações do consumo privado, do investimento, dos gastos públicos, ou da balança comercial. Essas informações podem ser combinadas com resultados baseados em dados históricos para fornecer os parâmetros necessários às decisões de investimento financeiro.

Uma das principais variáveis que influem no valor dos ativos é a taxa de juros, que, por sua vez, é diretamente afetada pela trajetória da inflação. Previsões da taxa de inflação podem ser feitas utilizando-se tanto modelos macroeconômicos, que incluem elementos de custo e de demanda, como modelos intersetoriais, que enfatizam os custos.

O uso de modelos de simulação e previsão, tanto no âmbito macroeconômico como no setorial, é mais importante em períodos marcados por rupturas em relação à tendência histórica. Isto pode ocorrer, em particular, com os componentes de custo – por exemplo, mudanças no câmbio e nos preços de *commodities* – , com a demanda agregada – por exemplo, variações das exportações, provocadas por alterações na demanda externa ou nos preços –, e com a renda real dos trabalhadores – por causa de iniciativas oficiais de reajuste salarial, ou de negociações amplas entre sindicatos e associações empresariais.

## 9.3 Considerações finais

Uma vez que os retornos financeiros dependem da evolução futura do sistema econômico, tanto interno como internacional, existe grande potencial na aplicação de previsões obtidas com modelos macroeconômicos e intersetoriais às decisões de investimento financeiro. Em especial, previsões de crescimento da atividade econômica setorial e do produto nacional, da evolução dos componentes da renda agregada, e da inflação e das taxas de juros são essenciais a essas decisões.

As decisões de aplicação financeira dificilmente são tomadas tendo como referência ativos isolados, e sim conjuntos de ativos, ou carteiras. Na seleção dos ativos que devem formar as carteiras de investimentos, as variáveis mais importantes são as rentabilidades esperadas e os riscos dos ativos, e as taxas de juros de mercado. Na formação de carteiras, um dos principais objetivos é identificar conjuntos de carteiras eficientes, ou *fronteiras eficientes*.

Os ativos financeiros podem ser classificados em três categorias principais: títulos de dívida, títulos de propriedade, e derivativos. Cada tipo de ativo está associado a mercados específicos, e para cada um existem modelos de determinação do valor do ativo. Em geral, os valores teóricos têm relação estreita com os preços de mercado – embora tal relação não seja tão forte no caso das ações.

As previsões obtidas com modelos macroeconômicos e intersetoriais podem ser aplicadas às variáveis usadas tanto nos procedimentos de seleção de carteiras como nos modelos de determinação do valor dos ativos financeiros.

# PARTE 4
# A Experiência Brasileira

*Capítulo 10*
# Desafios ao Desenvolvimento no Brasil

O objetivo deste capítulo é aplicar as análises, conclusões e informações incluídas nas Partes 1, 2 e 3 à investigação do processo de crescimento e desenvolvimento econômico brasileiro, em uma perspectiva de longo prazo. De forma mais específica, será examinado um dos acontecimentos mais importantes da história econômica do país – que, no entanto, não tem recebido a devida atenção por parte dos pesquisadores: a reversão da trajetória de forte expansão econômica, ocorrida na década de 1980, que se caracteriza por um processo de relativa estagnação, pelo menos em comparação com a experiência anterior, e que se mantém até o período atual (início de 2006).

A evolução da economia brasileira, assim como em qualquer outro país, reflete em parte os desdobramentos do sistema econômico-financeiro mundial. Em certos casos, essas tendências implicam perdas para as economias nacionais – exemplos dessas influências negativas foram as crises do petróleo da década de 1970, e a alta dos juros internacionais na primeira metade da década de 1980, que contribuíram para a crise da dívida dos países em desenvolvimento.

Mas, por outro lado, a experiência brasileira indica que as oportunidades de crescimento que existiam na segunda metade da década de 1980 e no início de 1990 foram desperdiçadas – o que não ocorreu em vários países asiáticos e, também, no Chile –, e a explicação muito provavelmente reside em fatores internos.[1]

Nas Seções 10.1 e 10.2, examina-se o crescimento econômico brasileiro no longo prazo, assim como sua relação com condicionantes externos e internos. Em especial, o papel do governo no processo de crescimento, que sofreu importante transformação nas últimas décadas, é avaliado. Além disso, na Seção 10.3, outros elementos do processo de desenvolvimento são analisados.

## 10.1 Trajetória de crescimento no longo prazo[2]

Levando em conta séries de dados longas – de cem anos, aproximadamente –, o Brasil seguramente está incluído entre os países com as maiores taxas de crescimento econômico em todo o mundo. Desde o início do século XX, a taxa média de crescimento do PIB (média geométrica) ficou em torno de 5%. Em relação a 1900, o produto nacional brasileiro aumentou mais de 130 vezes – apenas no período 1967-1980, o PIB triplicou. Usando a economia norte-americana como comparação, enquanto o produto nacional dos Estados Unidos cresceu 367% entre 1929 e 1980, o PIB brasileiro aumentou 2.192% no mesmo período.[3]

No entanto, uma mudança dramática na trajetória de crescimento ocorreu na década de 1980 e, a partir de 1987, a taxa média de expansão do PIB ficou abaixo de 2%, o que caracteriza um longo

---

[1] A expansão econômica desse período está refletida na Tabela 2.1 (Capítulo 2), nas colunas para os anos 1980 e 1993. Os dados mostram importante crescimento do produto *per capita*, tanto em países avançados – principalmente Japão, Inglaterra e Espanha – como no Chile, na Coréia do Sul, na Tailândia e na China.
[2] Partes desta seção foram baseadas em Fonseca, 2001.
[3] Os dados para os Estados Unidos aparecem em Baumol e Blinder, 1985. As fontes de dados para o Brasil estão na Tabela 10.1.

processo de estagnação econômica. Essas tendências estão resumidas na Tabela 10.1.

**Tabela 10.1 – Variação real do PIB no Brasil, 1901-2003 (médias no período)**

| | |
|---|---|
| 1901-47 | 4,5 |
| 1948-62 | 7,6 |
| 1963-67 | 3,5 |
| 1968-80 | 9,0 |
| 1981-83 | – 2,1 |
| 1984-86 | 6,9 |
| 1987-2003 | 1,9 |

**Nota:** Médias geométricas.
**Fontes:**
1901-47 –Haddad (1977).
1948-70 – *Conjuntura Econômica*, v. 25, n. 9, set. 1971; e v. 31, n. 7, jul. 1977.
1971-2003 – *Contas Nacionais* (Instituto Brasileiro de Geografia e Estatística – IBGE, vários anos).

Em relação aos períodos definidos na Tabela 10.1, vale mencionar que o segundo intervalo (1948-62) inclui a expansão econômica associada ao Plano de Metas, implementado na segunda metade da década de 1950; o terceiro (1963-1967) corresponde à crise político-econômica que se seguiu a este plano, e às profundas reformas estruturais implementadas com o Programa de Ação Econômica do Governo (Paeg), a partir de 1964; estas reformas contribuíram para o período do "milagre econômico" que se seguiu, e que de certa forma se estendeu até o final da década de 1980; o quinto intervalo (1981-83) é marcado pelos ajustes internos aos choques do petróleo e à crise da dívida externa; o penúltimo intervalo (1984-86) é um período de transição que culmina com o Plano Cruzado, implementado em 1986; e o último corresponde ao longo processo de estagnação, que se acentuou a partir do Plano Real, iniciado em 1994.[4]

As informações representadas na Tabela 10.1 estão ilustradas na Figura 10.1, que contém, além dos dados históricos (linha A),

---

[4] Para uma análise de longo prazo da economia brasileira, ver Baer, 1995.

duas trajetórias incluídas para efeito de comparação. A trajetória B resulta da aplicação do crescimento médio do período 1901-47 – taxa de 4,5% – aos anos posteriores. Por sua vez, a linha C foi obtida com a utilização do crescimento médio entre 1948 e 1962 – taxa de 7,6% – no período subseqüente. Como se pode observar, a partir do final da década de 1940, a evolução do PIB se manteve bem acima da trajetória da primeira metade do século XX. Por outro lado, os períodos correspondentes ao Plano de Metas e ao "milagre econômico" se situam em uma mesma trajetória, temporariamente interrompida durante a crise pré-64 e os anos do Paeg.

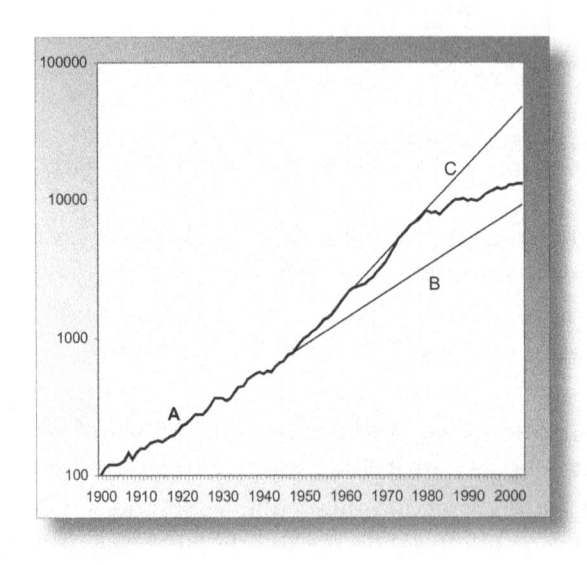

**Notas:**
1. Eixo vertical em escala logarítmica.
2. Taxa média do período (4,5%) aplicada aos anos posteriores.
3. Taxa média do período (7,6%) aplicada aos anos posteriores.

**Fontes:** Ver Tabela 10.1.

**Figura 10.1 – Trajetória do PIB real no Brasil (1900=100).[1]**
**A: Dados históricos. B: Crescimento médio 1901-1947.[2]**
**C: Crescimento médio 1948-1962.[3]**

A trajetória do PIB observada a partir da década de 1980, que não tem precedente na história econômica do país – pelo menos nos últimos cem anos –, representa uma ruptura em relação aos períodos anteriores. Caso esta tendência não seja revertida, o produto nacional acabará por atingir a trajetória B, de crescimento moderado, e provavelmente insuficiente para superar as limitações socioeconômicas que marcam a sociedade brasileira. Dificilmente a mudança observada a partir dos anos 1980 pode ser atribuída a fatores externos e, portanto, a explicação deve ser procurada nas transformações ocorridas internamente.[5]

### 10.1.1 Fontes do crescimento

As causas do crescimento acelerado, verificado na trajetória de longo prazo da economia brasileira, são variadas. Em primeiro lugar, está o forte crescimento populacional, que se explica, em parte, por importantes fluxos de imigração. Uma conclusão dos modelos examinados no Capítulo 3 é que a taxa de expansão da população se pode tornar um fator de limitação ao crescimento – embora o aumento populacional, por si só, não baste para desencadear o processo de expansão econômica.

Além disso, importantes fluxos de investimento ocorreram no país, principalmente no setor industrial e na infra-estrutura de transportes e energia. Na história econômica brasileira, um aspecto estudado e comentado por inúmeros autores foi a transferência de fundos financeiros gerados com a exportação de café – que em vários períodos atingiram níveis expressivos – para a atividade industrial, principalmente a manufatura de bens não-duráveis de consumo. Por outro lado, o governo federal foi responsável por importantes projetos, tanto na área de insumos básicos como na de infra-estrutura.

---

[5] No entanto, vários países da América Latina sofreram processos de estagnação semelhantes – no caso da Argentina, bem mais grave. Isto não significa, contudo, que as causas foram externas, mas talvez que estes países aplicaram estratégias econômicas equivalentes à do Brasil.

Desde o final da década de 1940, a participação do investimento agregado no PIB se elevou, principalmente a partir do final dos anos 1960. Esta tendência está ilustrada na Figura 10.2, que mostra, no entanto, uma reversão da participação do investimento a partir da década de 1980 – que, conforme já examinado, corresponde ao início do ciclo de estagnação econômica. Muito provavelmente, os principais fatores responsáveis pela redução do crescimento são aqueles que contribuíram para a diminuição dos fluxos de investimento.

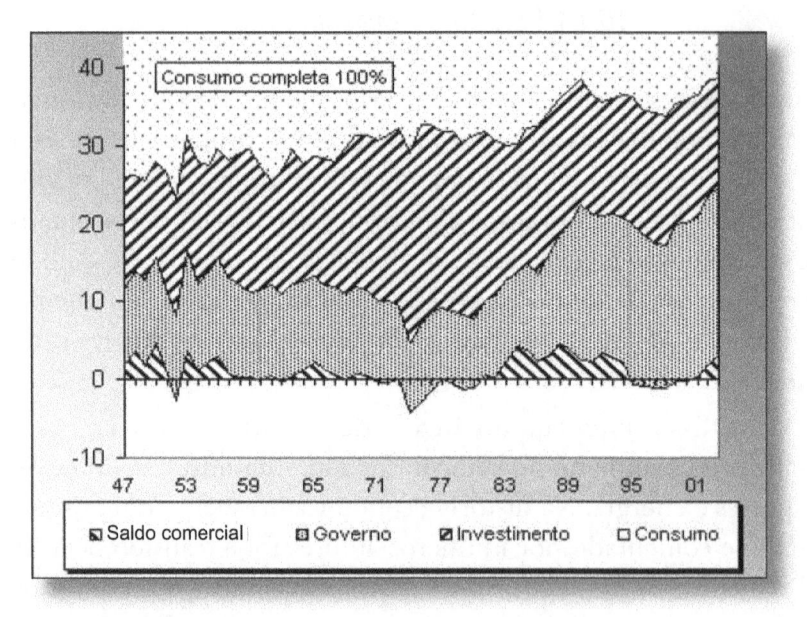

Fontes: Ver Tabela 10.1.

Figura 10.2 – Participação dos componentes da demanda agregada no PIB, 1947-2003.

As exportações também contribuíram para o crescimento brasileiro nos últimos cem anos. Até a década de 1960, o café era, de longe, o principal produto de exportação, e sempre que o preço internacional foi favorável, o setor cafeeiro proporcionou a acumulação não apenas de divisas, mas também de fundos em moeda nacional. Contudo, a partir do período do "milagre econômico", ocorreu um processo intenso de diversificação das exportações, que passaram cada vez mais a incluir produtos industrializados. Inclusive, o fortíssimo crescimento desse período se explica, em parte, pelo aumento das exportações, embora as importações também tenham crescido.

Durante a maior parte do século XX, o governo brasileiro foi importante promotor do crescimento econômico, não apenas pela iniciativa de aglutinar fundos financeiros, que em parte eram colocados à disposição do setor privado, como pela atuação direta em áreas estratégicas. Embora a gestão pública dificilmente pudesse ser considerada eficiente – o que seguramente implicou grande desperdício de recursos –, a atuação direta do governo no sistema econômico, por meio de empresas estatais tanto na área financeira como no setor industrial, muito provavelmente contribuiu para um maior crescimento da produção.

A contribuição do governo ao processo de crescimento está ilustrada na Tabela 4.1 (Capítulo 4), na qual se verifica que, do final da Segunda Guerra Mundial até a década de 1970, o consumo do governo manteve-se relativamente baixo, e o investimento público próximo de 4% do PIB – dados que não incluem as empresas estatais, mas apenas a administração pública. No entanto, a atuação econômica do governo sofreu profunda transformação posteriormente, principalmente a partir da segunda metade dos anos 1980, e essa mudança está associada à redução do crescimento observada desde então. Esses aspectos são examinados na Seção 10.2.

## 10.2 Restrições ao crescimento: fatores externos e internos

A partir do período do "milagre econômico", a trajetória de expansão da produção foi afetada negativamente por fatores externos, em relação aos quais pouco podia ser feito internamente: os choques do petróleo da década de 1970, a alta dos juros no mercado financeiro internacional, o maior protecionismo dos países avançados em relação às importações, e a crise da dívida externa dos países em desenvolvimento. Por outro lado, a continuidade do ambicioso programa de investimentos, liderado pelo setor público, na segunda metade dos anos 1970 – isto é, em plena crise do petróleo – muito provavelmente trouxe mais perdas do que benefícios à economia do país.[6]

As principais conseqüências dos choques externos foram a aceleração da inflação, o forte aumento do endividamento externo, e a deterioração acentuada do saldo em conta corrente, que passou a apresentar déficits crescentes. Diante da possibilidade bastante concreta de que ocorresse uma crise cambial aguda, o governo foi forçado, no início da década de 1980, a promover mudança radical na política econômica: o consumo corrente do governo foi contido, o investimento público teve redução (Tabela 4.1), o câmbio sofreu fortíssimo ajuste em termos reais (Figura 4.6), e se implementou um programa amplo de subsídios às empresas exportadoras. Essas medidas, apesar do efeito desastroso sobre a atividade econômica (Tabela 10.1), foram bem-sucedidas em restabelecer o equilíbrio externo.

Apesar da aceleração da inflação, que superou a taxa anual de 200% em 1983 (segundo o Índice Geral de Preços – IGP), vários economistas avaliam que o país estava em posição favorável para retomar o crescimento ao final da primeira metade dos anos 1980.[7] Todavia, depois de um breve surto de expansão econômica (Tabela 10.1), as oportunidades de crescimento que, a partir da segunda metade da década de 1980, estavam presentes no sistema econômico mundial não foram aproveitadas. Por exemplo, enquanto países como Chile, China, Coréia do Sul e Malásia tiveram sólida expansão econômica entre 1987 e 1995 – taxas médias de, respectivamente, 7,1, 10,2, 8,5 e

---

[6] Este programa ficou conhecido como 2º Plano Nacional de Desenvolvimento (II PND). Para uma descrição das disputas políticas que marcaram a introdução do programa, e das suas conseqüências conflitantes, ver Chaffee, 1998, Cap. 7.

[7] Ver, por exemplo, Carneiro e Modiano, 1990, em particular a Seção 5.

8,5% –, Brasil e Argentina, que perseguiram políticas econômicas com características comuns, apresentaram desempenho decepcionante – médias de 1,9% e 2,2%, respectivamente.[8] Ademais, o desempenho medíocre que marcou a economia brasileira nesse período manteve-se no restante dos anos 1990 e início do século XXI.

Diferentemente da primeira metade da década de 1980, porém, as causas do insucesso econômico não podem ser atribuídas a fatores externos, e devem ser procuradas internamente. A moratória da dívida externa, instituída em 1987, que durante muitos anos inviabilizou a entrada de recursos externos; a sucessão de planos não-ortodoxos de estabilização, que gerou um ambiente de incertezas e prejudicou o investimento privado; a violenta aceleração inflacionária, que em parte se deveu aos planos malsucedidos; e a elevação das taxas reais de juros, que tinham o objetivo principal de combater a inflação, mas que também provocaram o aumento expressivo da dívida pública, são fatores que, em conjunto, contribuíram para reduzir a participação do investimento agregado no PIB (Figura 10.2) e para limitar o ritmo de expansão econômica.

Uma importante tendência verificada a partir da segunda metade da década de 1980, que está diretamente associada aos fatores descritos no parágrafo anterior, foi o impressionante aumento do consumo do governo – constituído por salários e despesas correntes –, que passou de menos de 10% do PIB no período 1980-1984 para quase 20% 20 anos depois (ver Tabela 4.1). Simultaneamente, o investimento público se reduziu para menos de 2% do PIB – o menor nível desde, pelo menos, o final dos anos 1940. Essa transformação da inserção do governo no sistema econômico, caracterizada por maiores gastos com salários e despesas correntes – que não contribuíram, todavia, para reduzir as mazelas sociais no país –, levou ao surgimento de um processo de *crowding-out* que, em parte, explica a redução do crescimento econômico no país. Esse processo,

---

[8] Médias geométricas. Os anos extremos estão incluídos (total de nove períodos). Dados em Ministério do Planejamento, 1977.

que envolve a deterioração das finanças públicas e a aceleração da inflação, está representado na Figura 10.3.

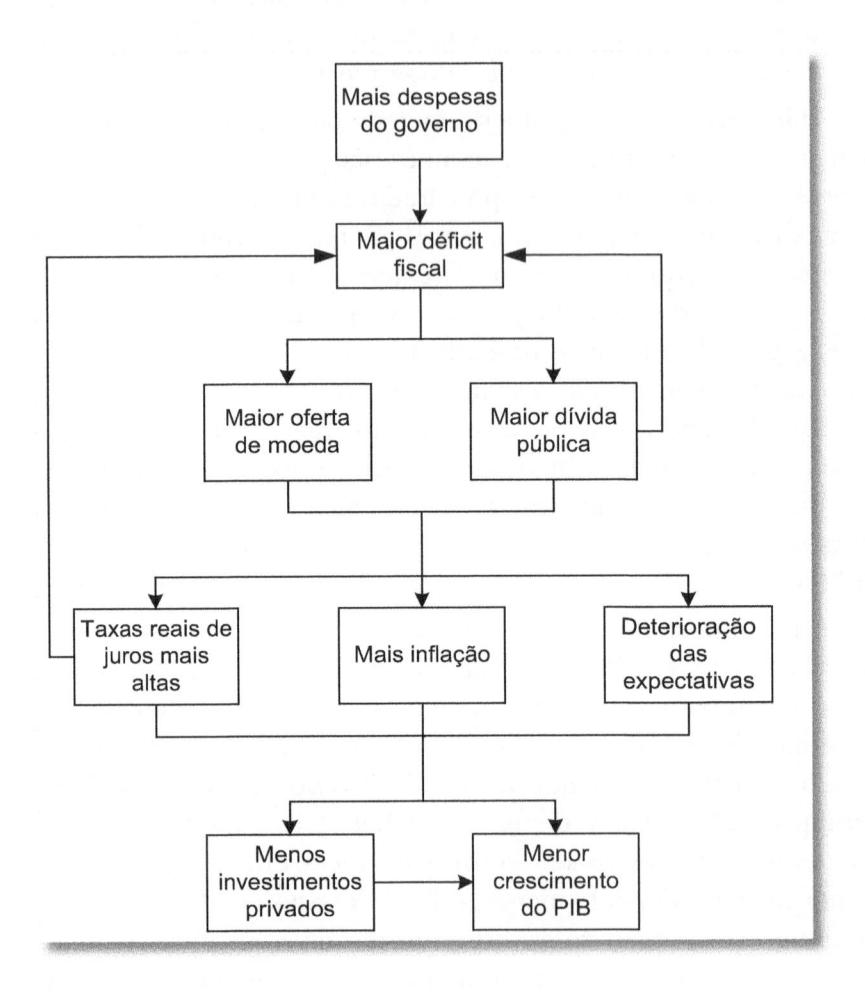

```
                    ┌──────────────┐
                    │ Mais despesas │
                    │  do governo   │
                    └──────┬───────┘
                           ▼
        ┌─────────► ┌──────────────┐ ◄─────────┐
        │           │ Maior déficit │           │
        │           │    fiscal     │           │
        │           └──────┬───────┘           │
        │          ┌───────┴────────┐          │
        │          ▼                ▼          │
        │   ┌──────────────┐  ┌──────────────┐ │
        │   │ Maior oferta  │  │ Maior dívida │ │
        │   │  de moeda     │  │   pública    │ │
        │   └──────┬───────┘  └──────┬───────┘ │
        │          │                 │         │
        ▼          ▼                 ▼         
  ┌──────────┐ ┌──────────┐  ┌──────────────┐
  │Taxas reais│ │   Mais   │  │ Deterioração │
  │ de juros  │ │ inflação │  │     das      │
  │mais altas │ │          │  │ expectativas │
  └──────────┘ └─────┬────┘  └──────────────┘
                     │
              ┌──────┴──────┐
              ▼             ▼
        ┌──────────┐  ┌──────────┐
        │  Menos   │─►│  Menor   │
        │investim. │  │crescim.  │
        │ privados │  │ do PIB   │
        └──────────┘  └──────────┘
```

**Figura 10.3 – Representação do efeito *crowding-out* na economia brasileira.**

Em geral, o mecanismo de *crowding-out* – que resulta do aumento das despesas do governo e acaba por provocar redução do investimento – está descrito nos livros-texto de Macroeconomia, e pode ser analisado por meio do modelo keynesiano tradicional. No entanto, a experiência brasileira, e possivelmente de outros países, revela alguns elementos adicionais, associados à deterioração das finanças públicas e que incluem a aceleração da inflação. Esses aspectos adicionais não estão incorporados na análise de Keynes, mas podem ser investigados quantitativamente com o modelo desenvolvido no Capítulo 8 (Seções 8.4 e 8.5).

Com a adoção, a partir de 1994, das medidas econômicas incluídas no Plano Real – que, no entanto, mantiveram inalterada a trajetória de aumento da participação do consumo do governo no PIB (Figura 10.2) –, a inflação se reduziu de forma considerável (ver Capítulo 6). Contudo, a combinação de câmbio sobrevalorizado e juros reais em níveis recordes, na fase inicial do Plano, levou à estagnação da atividade industrial. Por outro lado, as perdas salariais incorridas com o Plano também vêm contribuindo para a redução do crescimento da demanda agregada e da produção. Esta última tendência é agravada pelo aumento brutal da carga tributária, que se elevou de um patamar em torno de 24% do PIB no período 1980-1984 (Tabela 4.1) para um nível próximo de 38% em 2006 – um arrocho fiscal que provavelmente não tem paralelo na história econômica moderna.

Outra tendência observada a partir do Plano Real é o significativo crescimento da dívida interna do governo, que tem levado ao aumento da participação dos títulos públicos no mercado de capitais brasileiro (ver Capítulo 5), com a correspondente redução das alternativas de financiamento de longo prazo para as empresas privadas. Essa distorção no mercado de capitais contribui para a redução do investimento e do crescimento econômico do país.

### 10.2.1 Inflação, estabilidade e crescimento

Conforme colocado anteriormente, uma das principais tendências econômicas que estão associadas à redução do crescimento no Brasil é o processo de aceleração da inflação, ocorrido com mais intensidade na segunda metade da década de 1980 e no início dos anos 1990. Este processo foi acompanhado pela introdução de vários planos não-ortodoxos de estabilização – que, todavia, apresentaram a característica de que, em geral, a inflação ao final do programa era maior do que no início.[9] Entre 1986 e 1991 foram adotados, de forma recorrente, congelamentos de preços e salários, acompanhados de reforma monetária, políticas cambiais que levavam à sobrevalorização da moeda nacional, e elevação das taxas reais de juros. Os efeitos diretos dessas medidas foram: maior incerteza em relação ao futuro, freqüente escassez de bens de consumo e de insumos produtivos, diminuição dos lucros, redução dos saldos comerciais, e elevação dos custos de novos projetos. Todos esses fatores contribuíram para a diminuição do investimento agregado e do crescimento econômico.

A principal razão do fracasso desses planos é que, embora a inflação brasileira se devesse fundamentalmente à expansão da moeda e do crédito, resultante da deterioração das finanças públicas – ou seja, correspondia à inflação de demanda –, as medidas adotadas atacavam principalmente os componentes de custo do processo inflacionário. Em particular, praticamente nada se fez para reduzir o desequilíbrio financeiro do Estado, embora tenha ocorrido pequeno aumento da carga tributária.

Essa deficiência dos programas de estabilização do período 1986-1991 também se aplica ao Plano Real – ou seja, as medidas deste programa atuaram basicamente sobre os fatores de custo do processo inflacionário. Embora, neste caso, não tenham sido adotados congelamentos de preços e salários de forma explícita, promoveu-se de fato uma estabilidade relativa em dois dos mais importantes componentes de custo, os salários e o câmbio. Inclusive, uma das principais razões para o sucesso do Plano – em contraste com os fracassos anteriores – é que, com o fim da moratória da dívida externa em 1992, o país passou a absorver importantes fluxos

---

[9] Ver Fonseca, 1995, Cap. 7.

de capital e, dessa forma, foi possível manter a estabilidade cambial por muito mais tempo do que nos programas anteriores.[10]

Não resta dúvida de que a redução das pressões de custo é essencial no combate à inflação. No entanto, uma vez que o desequilíbrio financeiro do Estado não foi resolvido, profundas distorções foram introduzidas na economia do país a partir do Plano Real, com conseqüências bastante negativas para o crescimento: a fortíssima sobrevalorização cambial, mantida por vários anos; as taxas reais de juros extremamente elevadas, principalmente no crédito privado; a elevação da dívida pública, especialmente em relação ao PIB; e o impressionante arrocho fiscal, que contribuiu para a estagnação da renda disponível e do consumo privado.

## 10.3 Outros elementos do desenvolvimento

No Capítulo 1 (Seção 1.2), foi colocado que vários fatores contribuem para o processo de crescimento e desenvolvimento dos países, e alguns deles não são estritamente econômicos – portanto, não foram examinados neste livro. Entre estes fatores, podem ser citados: educação em geral, e a formação voltada mais especificamente para o mercado de trabalho; infra-estrutura de saneamento, comunicações, transporte e energia; administração pública eficiente e voltada para o bem-estar da população; relações sociais caracterizadas por harmonia e justiça; e ambiente econômico favorável aos negócios. Nesta seção, será feita uma breve avaliação da situação do Brasil em relação a esses elementos necessários ao desenvolvimento socioeconômico.[11]

Em primeiro lugar, deve-se destacar que o longo processo de estagnação econômica, analisado na Seção 10.2, contribuiu decisivamente para agravar o quadro socioeconômico do país, princi-

---

[10] Para uma análise do Plano Real, ver Fonseca, 1998. As causas para o sucesso do Plano, em comparação com os fracassos anteriores, são analisadas nas p. 633-4.
[11] Os interessados nos aspectos sociopolíticos do processo de desenvolvimento brasileiro devem consultar Chaffee (1998), principalmente os Caps. 3 e 4.

palmente por causa do aumento do desemprego e do subemprego, e também por fatores que resultam dessas tendências – entre os principais, está o aumento da criminalidade e da insegurança. Por outro lado, o crescimento acentuado da participação do governo no sistema econômico, caracterizado em particular pela expansão das despesas em relação ao PIB, não contribuiu para melhorar os serviços prestados pela administração pública, principalmente nas áreas de educação e saúde. Entre os indicadores que justificam essa afirmativa, pode-se citar o crescimento expressivo do mercado de seguro de saúde, e o aumento da participação de instituições privadas no ensino superior. Portanto, é forçoso concluir que, de modo geral, a administração pública no Brasil não está efetivamente orientada para servir aos interesses da população.

A redução do investimento público, por sua vez, tem afetado de forma negativa a infra-estrutura econômica, principalmente nas áreas de saneamento, transporte e energia. Uma tendência observada neste segmento é a do crescimento da participação de empresas privadas que, no entanto, devido ao descompasso entre custos e preços de serviços, que se vêm elevando ao longo do tempo, e o rendimento médio da população, que cresce em ritmo menor, não têm tido lucros satisfatórios. Uma conseqüência é que os investimentos nestes setores se têm mantido em níveis relativamente baixos.

Por causa dessas tendências, além dos juros reais extremamente elevados, e da estrutura tributária existente no país – que se caracteriza por uma carga fiscal extremamente elevada e por excesso de burocracia –, é difícil evitar a conclusão de que o ambiente econômico não é favorável para a iniciativa privada. Por outro lado, a maior liberalização das relações comerciais e financeiras com o exterior, ocorrida a partir da década de 1990, tem beneficiado as empresas exportadoras, principalmente nos períodos em que o câmbio favorece a competitividade dos produtos nacionais.

Portanto, a principal conclusão da análise nesta seção é que muito ainda resta a ser feito para promover o desenvolvimento e favorecer a expansão da atividade econômica no Brasil. Esta constatação não é, de forma alguma, uma novidade, como se pode verificar pela quase unanimidade em relação à necessidade de serem implementadas reformas estruturais profundas no país. No entanto, apesar das repetidas manifestações dos governantes nesse sentido, parece não existir a necessária vontade política para que as reformas sejam realizadas.

## 10.4 Considerações finais

Um dos aspectos marcantes da história econômica do Brasil é que, ao longo do século XX, foram registradas taxas de expansão do PIB que colocam o país entre aqueles com os melhores resultados em termos de crescimento. Todavia, ocorreu uma mudança da trajetória econômica na década de 1980, e a taxa média de crescimento verificada desde então se situa em nível muito baixo, o que caracteriza um processo de estagnação. Com a introdução do Plano Real, embora a inflação se tenha reduzido de forma acentuada, esse desempenho desfavorável da atividade produtiva não sofreu alteração – ao contrário, certas mudanças introduzidas a partir de 1994 prejudicaram o crescimento, principalmente no setor industrial.

Os principais fatores que contribuíram para o crescimento acelerado, observado até os anos 1980, foram a participação crescente do investimento agregado no PIB, o processo de substituição de importações – principalmente de bens não-duráveis de consumo –, a expansão e diversificação das exportações, a atuação direta do governo no sistema econômico – desenvolvendo projetos industriais em setores estratégicos, e contribuindo para o financiamento do investimento –, e o forte crescimento da população.

Por outro lado, a redução do ritmo de expansão econômica está associada aos choques externos ocorridos na década de 1970 e no início dos anos 1980 – alta dos preços do petróleo e dos juros internacionais, e crise da dívida externa –, e a acontecimentos verificados posteriormente que, no entanto, se originaram internamente:

moratória da dívida externa, planos não-ortodoxos de estabilização, aceleração da inflação e elevação das taxas reais de juros. A principal conseqüência desse conjunto de fatores foi a redução da participação do investimento no PIB.

Outra tendência que contribuiu de forma decisiva para a estagnação do investimento e do produto nacional foi o forte aumento do consumo do governo – formado por salários e despesas correntes –, que levou a deterioração das finanças públicas, aumento da dívida do governo, e aceleração da inflação. Com o Plano Real, a inflação ficou controlada, mas a combinação de câmbio sobrevalorizado, juros reais em nível recorde, elevação da participação da dívida do governo no PIB e contenção do investimento público contribuiu para limitar o crescimento, principalmente no setor industrial. Essa tendência foi agravada pelas perdas salariais ocorridas a partir do Plano, e pelo aumento acentuado da carga tributária.

Considerando os elementos econômicos e sociais que, de forma geral, contribuem para o processo de desenvolvimento dos países, fica claro que muitas mudanças necessitam ser feitas no sistema socioeconômico brasileiro, e que reformas estruturais profundas são inevitáveis para recolocar o país em rota firme para o crescimento e desenvolvimento.

# Referências bibliográficas

ALLEN, R. G. D. *Macro-economic theory*: a mathematical treatment. Londres: Macmillan, 1968.

BAER, W. *The brazilian economy*: growth and development. Westport-Connecticut: Praeger, 1995. Trad. para o português: *A economia brasileira*. São Paulo: Nobel, 2003.

BANCO MUNDIAL. *World development report*. Washington, 2004.

BAUMOL, W. J.; BLINDER, A. S. *Economics*: principles and policy. 3. ed. Nova York: Harcourt Brace Jovanovich, 1985.

BLACK, F.; SCHOLES, M. The pricing of options and corporate liabilities. *Journal of Political Economy*, v. 81, n. 3, p. 637-654, maio/jun. 1973.

BÉNARD, J. et al. *Programação do desenvolvimento econômico*. São Paulo: Pioneira, 1969.

*BNDS, 40 anos*. BNDS: Rio de Janeiro, 1992.

BODIE, Z.; MERTON, R. *Finance*. Upper Saddle River Nova Jersey: Prentice-Hall, 1998.

BREALEY, R. A.; MYERS, S. C. *Princípios de finanças empresariais*. Lisboa: McGraw-Hill, 1992. (Trad. da 3. ed. norte-americana, de 1988).

BRODY, A. *Proportions, prices and planning*. Londres: North-Holland, 1970.

CARNEIRO, D. D.; MODIANO, E. Ajuste externo e desequilíbrio interno:1980-84. In: ABREU, M. P. *A ordem do progresso*: cem anos de política econômica republicana, 1889-1989. Rio de Janeiro: Campus, 1990.

CHAFFEE, W. A. *"Desenvolvimento"*: politics and economy in Brazil. Boulder-Colorado: Lynne Rienner, 1998.

CHIANG, A. C. *Fundamental methods of mathematical economics*. 2. ed. Nova York: McGraw-Hill, 1974. (1. ed. 1967).

CHOWDHURY, A.; KIRKPATRICK, C. *Development policy and planning*: An introduction to models and techniques. Londres: Routledge, 1994.

CIASCHINI, M. Input-output analysis: an introduction. In: _____. *Input-output analysis*. Londres: Chapman and Hall, 1988.

DESAI, M. *Applied econometrics*. Oxford: Philip Allan, 1977.

DOMAR, E. D. Capital expansion, rate of growth and employment. *Econometrica*, p. 137-147, abr. 1946.

_____. Reflections on economic development. In: JOHNSON, W. L.; KAMERSCHEN, D. R. (Orgs.). *Readings in economic development*. Cincinnati-Ohio: Southwestern Publishing, 1972.

ELTON, E. J.; GRUBER, M. J. *Modern portfolio theory and investment analysis*. 5. ed. Nova York: John Wiley, 1995. (1. ed. 1981).

FONSECA, M. A. R. da. Conflito distributivo e inflação: um enfoque intersetorial. *Revista Brasileira de Economia*, v. 46, n. 2, p. 167-183, 1992.

_____. *O processo inflacionário*: análise da experiência brasileira. Petrópolis: Vozes, 1995.

_____. Brazil's "Real" plan. *Journal of Latin American Studies*, v. 30, n. 3, p. 619-639, 1998.

_____. *A model to analise the inflation-growth-distribution trade-offs: retrospective analysis and forecasts for Brasil*. Universidade de São Paulo – Instituto de Pesquisas Econômicas, Programa de Seminários Acadêmicos, 2000.

_____. Analysis of Brazil's macroeconomic trends. In: GUILHOTO, J. J. M.; HEWINGS, G. J. D. (Orgs.). *Structure and structural change in the Brazilian economy*. Aldershot-Hampshire: Ashgate, 2001.

_____. *Álgebra linear aplicada a finanças, economia e econometria*. Barueri: Manole, 2003.

FRANKLIN, J. *Methods of mathematical economics*. Nova York: Springer-Verlag, 1980.

FURTADO, C. *Teoria e política do desenvolvimento econômico*. 5. ed. São Paulo: Companhia Editora Nacional, 1975. (1. ed. 1967).

GALBRAITH, J. K. *Economic development*. Boston: Houghton Mifflin, 1964.

GANDOLFO, G. *Economic dynamics*. Berlim: Springer-Verlag, 1997.

GREENE, W. H. *Econometric analysis*. 3. ed. Upper Sadlle River-Nova Jersey: Prentice Hall, 1997.

HADDAD, C. Crescimento do produto real brasileiro, 1900-47. In: VERSIANI, F. BARROS, J. (Eds.). *Formação econômica do Brasil*. São Paulo: Saraiva, 1977.

HEESTERMAN, A. R. G. *Forecasting models for national economic planning.* Nova York: Gordon and Breach, 1970.

IBGE. *Estatísticas históricas do Brasil*. Rio de Janeiro, 1990.

—————. *Estatísticas do século XX*. Rio de Janeiro, 2003.

—————. *Contas nacionais*. Rio de Janeiro: várias datas.

JONES, C. I. *Introduction to economic growth*. Nova York: W. W. Norton, 1998.

KALDOR, N. A model of economic growth. *Economic Journal*, dez. 1957.

—————. *Essays on economic stability and growth*. Glencoe-Illinois: The Free Press, 1960.

—————. Taxação e desenvolvimento econômico. In: BÉNARD et al. *Programação do desenvolvimento*. São Paulo: Pioneira, 1969.

KALECKI, M. *Theory of economic dynamics* – An essay on cyclical and long-run changes in capitalist economy. Londres: George Allen & Unwin, 1954.

—————. *Crescimento e ciclo das economias capitalistas*. Org. J. Miglioli. São Paulo: Hucitec, 1977.

—————. O problema do financiamento do desenvolvimento econômico. In: KALECKI, M. *Crescimento e ciclo das economias capitalistas*. São Paulo: Hucitec, 1977. (Publicado originalmente em 1954).

—————. A diferença entre os problemas econômicos cruciais das economias desenvolvidas e subdesenvolvidas. In: KALECKI, M. *Crescimento e ciclo das economias capitalistas*. Hucitec, 1977. (Publicado originalmente em 1968).

—————. Problemas de financiamento do desenvolvimento em uma economia mista. In: KALECKI, M. *Crescimento e ciclo das economias capitalistas*. São Paulo: Hucitec, 1977. (Publicado originalmente em 1970).

KENKEL, J. L. *Dynamic linear economic models*. Nova York: Gordon and Breach, 1974.

KEYNES, J. M. *A tract on monetary reform*. Cambridge: Cambridge University Press, 1971. (1. ed. 1923).

KLEIN, Lawrence R. *Economic fluctuations in the United States:* 1921-1940. Nova York: John Wiley, 1950.

KLEIN, L; YOUNG, R. M. *An introduction to econometric forecasting and forecasting models*. Lexington-Mass.: D. C. Heath, 1982.

KLINDEBERGER, C. P. Desenvolvimento econômico. Lisboa: Livraria Clássica, 1960. (Trad. do original em inglês de 1958).

KRIEGER, A.; SZEWACH, E. Inflation and indexation in Argentina. In: WILLIAMSON, J. (Ed.). *Inflation and indexation*. Washington: MIT Press, 1985.

KUENNE, R. E. Walras, Leontief, and the interdependence of economic activities. *Quaterly Journal of Economics*, v. 68, n. 3, p. 323-354, ago. 1954.

LANGE, O. *Introdução à econometria*. Rio de Janeiro: Fundo de Cultura, 1963 (1. ed. polonesa de 1957).

LEE, C. F. *Financial analysis and planning*: theory and applications. Reading: Addison-Wesley, 1985.

LEWIS, A. *A teoria do desenvolvimento econômico*. Rio de Janeiro: Zahar, 1960.

LIMA, F. C. de C. *Intermediação financeira e internacionalização bancária*. Universidade Federal do Rio de Janeiro – ECEX: Especialização em Comércio Exterior, *Texto Didático*, n. 1, 1998.

McCALLUM, B. T. *International monetary economics*. Nova York: Oxford University Press, 1996.

MIGLIOLI, J. *Técnicas quantitativas de planejamento*. Petrópolis: Vozes, 1976.

MILONE, P. C. Crescimento e desenvolvimento econômico: teorias e evidências empíricas. In: PINHO, D. B.; VASCONCELLOS, M. A. S. (Orgs.). *Manual de economia*. São Paulo: Saraiva, 1998.

MINISTÉRIO DO PLANEJAMENTO. *Indicadores da Economia Mundial*, Brasília, n. 8, dez. 1997.

MISHKIN, F. S. *The economics of money, banking, and financial markets*. Glenview-Illinois: Scott-Foresman, 1989.

NAPOLEONI, C. *Curso de economia política*. Barcelona: Oikos-Tan, 1976. (Trad. do original italiano de 1973).

NETTO, A. D. *Planejamento para o desenvolvimento*. São Paulo: Pioneira, 1966.

PASINETTI, L. L. *Crecimiento económico y distribución de la renta*. Madri: Alianza Editorial, 1983. Trad. de *Growth and income distribution*: essays in economic theory, 1974.

PHILLIPS, A. The "Tableau Economique" as a simple Leontief Model. *Quaterly Journal of Economics*, v. 69, n. 1, p. 137-144, fev. 1955.

PHILLIPS, A. W. The relationship between unemployment and the rate of money wage rates in the UK: 1862-1957. *Economica*, v. 22, n. 100, p. 283-299, nov. 1958.

RAMALHO, V. Déficit público: do paradoxo ao déficit nominal. *Revista Brasileira de Economia*, v. 44, n. 2, p. 237-249, 1990.

RAMANATHAN, R. *Introduction to the theory of economic growth*. Berlim: Springer-Verlag, 1982.

ROBINSON, J.; EATWELL, J. *An introduction to modern economics*. Londres: McGraw-Hill, 1973.

SAMUELSON, P. A. Interactions between the multiplier analysis and the principle of acceleration. *Rewiew of Economic Statistics*, n. 21, p. 75-78, 1939.

SAWYER, M. C. *Macro-economics in question*. Armonk-Nova York: M. E. Sharpe, 1984.

SIDSÆTER, K. *Topics in mathematical analysis for economists*. Londres: Academic Press, 1981.

SIMONSEN, M. H. *Brasil 2001*. Rio de Janeiro: Apec,1969.

SIMONSEN, M. H.; CYSNE, R. P. *Macroeconomia*. 2. ed. São Paulo: Atlas, 1995. (1. ed. 1989).

SMITH, A. *An inquiry into the nature and causes of the wealth of the nations*. Editado por E. Connan. Chicago: The University of Chicago Press, 1976, v. 2, livro 5, Cap. 1. (Publicado originalmente em 1776).

SOLOW, R. A contribution to the theory of economic growth. *Quaterly Journal of Economics*, p. 65-94, fev. 1956.

SPANOS, A. *Statistical foundations of econometric modelling*. Cambridge: Cambridge University Press, 1986.

SUMMERS, R.; HESTON, A. The Penn World Tabel (Mark 5): An expanded set of international comparisons. *Quarterly Journal of Economics*, v. 106, maio 1991.

TINBERGEN, J. O planejamento ótimo. In: BÉNARD et al. *Programação do desenvolvimento*. São Paulo: Pioneira, 1969.

WALLIS, K. F. *Topics in applied econometrics*. 2. ed. Oxford: Basil Blackwell, 1979. (1. ed. 1973).

# Índice remissivo

## A

Ação (ou título de propriedade), 5, 69, 84, 97, 98-100, 104-105, 190, 192, 194, 196, 204
Aceite bancário, 99
Aceleração, princípio da, 36, 38, 43, 44, 50, 70, 73
Acelerador flexível (ou hipótese de ajuste parcial), 70, 88
Acelerador, 157
Acordo de recompra, 99
Acumulação de capital, 4
Administração pública (ver governo), 7-9, 11, 25, 213, 219, 220
África, 9, 16-17
Agrárias, 29
Agregados monetários, 173
Agricultura (ver agropecuária), 10, 28,
Agropecuária (ou agricultura), 24, 29, 109, 122, 185
Alemanha, 17
Álgebra linear, 90
Allen, R. G. D., 36, 44, 47, 58, 59
América Latina, 3, 9, 17, 20, 23, 27, 57, 110-111, 120, 173, 211
Amortização, 5
Amortização, reservas de, 5
Argentina, 3, 4, 17, 57, 120, 211, 215
Ásia, 3, 16, 17, 84
Aspectos microeconômicos do desenvolvimento, 8
Ativo (ou instrumento) financeiro, 96, 113, 174, 188, 194, 204
Ativo (ou instrumento) monetário, 113, 174
Austrália, 3, 4, 17
Avanços técnicos, 20
Avanços tecnológicos, 20

## B

Baer, W., 209
Balança comercial, 84-86, 89, 137, 203
Balanço de pagamentos, 5, 23, 30, 105
Baumol, W. J., 118
Banco Central do Brasil, 79-81, 85, 98, 104-106, 167, 173
Banco Central, 116
Banco comercial, 80, 96
Banco de investimento, 98, 100
Banco Mundial, 17
Base Monetária, 61, 79-80, 84, 89, 172-173
Baumol, W., 85, 183, 208
Bem de capital, Financiamento de, 99
Bem essencial (ou básico), 23-24, 30, 67, 110
Bem final, 135, 138
Bem intermediário (ver insumo), 135
Bem não-essencial (ou supérfluo), 27, 30, 67, 103
Bens essenciais importados, 23
Beta parâmetro, 202

Black, F., 101, 195
Blinder, A., 79, 85, 118, 183, 208
Bodie, 68
Bolsa de valores, 98, 100, 106
Brasil, xviii, 4, 9, 16-19, 26, 29, 57, 66, 78, 85, 99, 103-105,107, 109, 110-111, 113-114, 119-121, 123-124, 134, 174-179, 181, 185, 207-213, 215-217, 219, 220-222
Brealey, R., 191
Brody, A., 134

## C

Câmbio corrente, 85
Câmbio em valores constantes, 89
Câmbio real, 84-87
Câmbio, cotação de, 17
Câmbio, taxas de, 121-122, 172
Canadá, 17
Capacidade produtiva (ou instalada), 35-36, 43, 49, 95, 103
Capacidade produtiva, plena utilização da, 35, 40, 45, 109
Capital (ou meio de produção), 4, 10, 20-21, 36, 38, 44-45, 69, 71-72, 86, 110, 115, 126, 143, 159-160
Capital, bem de, 69, 83
Capital, Plena utilização do estoque, 36, 42
Capitalismo, 2, 8, 19, 24
Capitalistas, 88
Capital-produto, relação, 38, 40, 48-49, 70, 94
Carneiro, D., 214
Carteira de ativos, 97, 188, 196-197, 200-202, 204
Carteira do mercado, 200
Carteira eficiente com parâmetro beta, 201
Carteiras eficientes, fronteira de, 198-199
Cenário Macroeconômico, 30, 203
Certificado de depósito bancário, 99
Chaffee, W., 214, 219
Chiang, A. C., 40, 94

Chicago Board of Trade, 101
Chicago Board Options Exchange, 101
Chicago MercantileExchange, 101
Chile, 17, 208, 214
China, 3, 4, 5, 17, 208, 214
Christ, C., 79
Ciaschini, M., 134
Ciclo econômico, 158
Cobb-Douglas, função (ver Wicksell, função de), 45
Coeficiente de valor agregado, 145, 153
Coeficiente, 126
  de consumo, 144-145, 153
  de geração de renda, 144-145
  de mão-de-obra, 126, 142-143, 150-151, 185
  (técnico) de produção, 126, 136, 139, 141-142, 144, 147, 148-149, 152
Coeficientes constantes, 92
*Commercial paper*, 98-99
*Commodity*, 100, 105, 111, 187, 204
Competição, 6, 8
Complexos, 74
Conceito nominal, 79
Condição inicial (de equação dinâmica), 39, 74, 92
Conflito distributivo, 124, 128-129, 149
Congelamento de preços e salários, 121, 218
Consumo agregado, 65, 67, 172
Consumo supérfluo, 23, 31
Consumo, 20, 22-23, 29, 30-31, 65-66, 68, 73, 95, 103, 110, 145-146, 149, 159, 172, 184, 203
  do governo, 5, 59, 63, 78, 87, 115, 134, 136, 144, 159, 163, 172, 214-215, 217, 221
  privado (ou das famílias), 5, 59, 88, 95, 134, 136, 144, 145-147, 149, 153, 159, 163, 167, 168, 219
Consumo, bens de, xvi, 22, 26, 30, 110, 218
Conta corrente, 86, 89, 95, 121-122, 187, 214
Contas nacionais, 19, 78, 104, 114

Contrato a termo, 100, 102
Contrato de futuro, 101-102, 193
Contrato de opção (ver opção), 102
Contribuição para Financiamento da Seguridade Social (Cofins), 77
Contribuição social, 77
Coréia do Sul, 3, 4, 5, 16, 17, 103, 208, 214
Corrupção, 7
Crédito, 110, 218
   de longo prazo, 6, 104-106
   interno, 6
Crescimento, 21-22, 29, 36, 40-41, 87, 95, 109, 116-118, 123-124, 188, 203, 211-214, 217, 219, 221-222
Crescimento de estado, regular (*steady state*), 76
Crescimento econômico, 5, 20, 22, 30-31, 35, 37, 49, 57, 77, 84, 88, 99, 107, 116, 155, 187, 188, 208, 213, 215, 217, 218
Crescimento, modelo de, 43, 94
*Crowding out*, efeito, 63, 215-216
Curto prazo, 115
Custo de oportunidade, 69
Custo, 111, 120, 203
Custo, pressões de, 174
Cysne, R., 79, 81

### D

Debênture, 98
Déficit comercial, 5
Déficit fiscal (ou orçamentário), 28, 30, 79, 99, 107, 109, 111, 120, 173, 177
Deflação, 116
Deflator de produto nacional, 85, 104, 113, 118, 167, 169, 172, 178, 184
Demanda, 82, 89, 110-111, 118, 121, 135, 146, 173-174, 193, 203
   agregada (ou efetiva), 22, 26, 35, 49, 58, 73, 77, 86, 110, 115, 134, 136, 159, 170, 171, 185, 204, 212, 217
   final, 136, 138, 140, 145, 148, 150-151, 153

   intermediária (ver produção intermediária), 135, 140, 150
Demanda especulativa, 82, 89
Demanda para transações, 89
Demanda, pressões de, 174
Depósito a vista, 81, 98
Depósito compulsório, 79, 81
Depreciação do capital, 35, 36, 72, 159
Derivada, 37, 52-54
Derivativo, 100-102, 188, 123, 124
Desenvolvido, país (ou país avançado), 4, 6, 22, 182
Desenvolvimento, 2-3, 6-7, 9-10, 15, 18, 22-25, 27-29, 30, 31, 99, 103, 107, 123, 124, 187, 207, 219-220, 222
Desenvolvimento econômico, 95, 187, 207
Desenvolvimento, estágio de, 9, 208
Desenvolvimento, país em (ou país subdesenvolvido), 27-28, 103, 110, 121, 182, 207, 214
Desequilíbrio fiscal, 110
Despesa corrente do governo, 78, 88, 176, 216
Despesas, 77-78, 157
Diferença, 37, 53, 54
Diferenças, equação a, 93, 94
   com coeficientes constantes, 74
   condição inicial, 39, 55
   de primeira ordem, 53, 74
   de segunda ordem, 74, 92
   forma trigonométrica da solução,
   homogênea, 43, 54, 92-93
   linear, 74
   não-linear, 53-55, 165, 182
   raiz (real ou complexa), 75
   solução (estável ou instável),
Diferencial, equação, 45, 50-51
   de primeira ordem, 53
   homogênea, 43, 54, 92, 93
   linear, 54
   não-linear, 53-54, 157
Dinâmicos lineares e não-lineares, 182
Dinâmicos, 61, 181

Distribuição de renda, 20, 23, 25, 27, 30, 51, 57, 60, 65, 70, 87, 110, 125, 143, 149, 170, 173, 176, 188
Distributivos, 142
Dívida externa, 105, 121, 209, 214-215, 218
Dívida interna, 217
Dívida pública, 27, 65, 78-79, 104, 106, 122, 157, 172-173, 176-177, 179, 187, 215, 219, 221
Dividendo, 190, 192, 194
Divisa (ver reserva internacional), 5
Domar e Harrod, modelo de crescimento de, 48-50
Domar, E., xvi, 7, 36, 37, 40-44, 115
Dual, 141, 151
Dualidade, princípio da, 135-136

### E

Econometria, 62, 158, 182
Economia, 1-2, 3, 10, 70, 90, 133, 207
*Economist, The*, 101
Educação (ou sistema de ensino), 6-7, 9, 11, 20, 219, 220
Eficiência marginal do capital, 59, 69, 72
Emprego, pleno (ver trabalho, força de; plena utilização da), 42-43, 49, 50
Empresarial, atividade, 9
Empresarial, cultura, 8, 11
Empresário, 128-130, 145-146, 149, 152-153, 170-172, 185
Empresas, 8, 20
Empréstimo bancário, 69, 100
Engels, F., 134
Enriquecimento, 3, 18
Equação de trocas, 112-114
Equação homogênea, 92
Equações lineares, 54
Equações não lineares, 157
Equilíbrio do fio da navalha, 40
Equilíbrio estático, 93, 156
Equilíbrio estático, modelo de, 57
Equilíbrio fiscal, 31
Erro-padrão, 161, 166

Espanha, 17, 208
Estado estacionário, 75, 93-94
Estados Unidos, xviii, 9, 11, 17, 24, 36, 85, 96, 97, 98-102, 118, 158-160, 162, 165, 167-169, 182, 184, 208
Estagnação econômica, 4-5
Estimação das equações simultâneas, 61, 161
Estimação de parâmetros, 156, 159, 176
Estimador de mínimos quadrados em dois estágios, 160-161, 165, 166
Estoque (de bens ou de ativos), 1, 157
Estrutura distributiva, 26
Estrutura tributária, 27-30, 220
Etiópia, 17
Eurodólar, 99
Europa ocidental, 26
Europa, 3, 15, 112
Excedente (em relação ao consumo), 21-23, 30-31, 103, 110
Expansão econômica, 4, 214, 221
Exportação, 5, 21, 64, 84, 85, 204, 212-213, 221
Exterior, 22

### F

Fator de custo, 118, 123, 144
Fator de demanda, 111, 120, 123
Fator de produção, 20, 43, 71, 72
Fator trabalho (ver trabalho, força de), 24, 42, 43-44, 45, 50, 72, 115, 125, 126
Federal Reserve, 96
Filosofia, 1
Finanças (ver financeira, análise), 90, 188
Financeira, análise (finanças), xviii, 59, 188, 189, 193, 197
Financeiro, investimento, 21
Financiamento 11, 20, 22, 69, 95, 217 externo, 5
Financiamento de longo prazo, 107
Financiamento de projetos de investimento, 105
Fisiocrata, 2

Fluxo (de produção) ou de despesa, 2, 157
Fonseca, M., xiv, xviii, 25, 54, 59, 62, 83, 90, 92, 118, 121, 126, 140, 141-142, 150, 160, 176, 178, 181, 185, 188, 192, 194, 196-198, 201, 218-219
Formação, 21
Formas trigonométricas, 94
França, 17, 102
Franklin, J.,157
Fronteira eficiente, 197-200, 202, 204
Função de produção, 43, 44, 72, 115, 139, 163-164, 185
Função homogênea e linear, 43, 54
Função investimento, 58, 87, 88
Função não-linear, 54
Função poupança, 47
Função-consumo, 58, 65, 67, 87, 88, 157
Fundação Getulio Vargas (FGV), 66, 78, 114, 120
Fundo de investimento social (Finsocial), 70, 97
Fundo de pensão, 96-97
Fundos financeiros vindos do exterior, 30
Fundos mútuos, 96-97
Futuro, 101

## G

Galbraith, J., 8, 10
Gandolfo, G., 55
Gauss Seidel, 157-158, 176
Gauss Seidel, método de, 157
Goldstein, M., 191
Gordon, M., 191
Governo (ou administração pública), 8, 24, 25, 30, 116, 121, 136, 148, 157, 170, 171-173, 208, 211, 213, 215, 220
Governo, despesa do, 77
Governo, receita do, 77
Grande depressão, 35
Grau de monopólio, 60, 61, 72, 125
Greene, W., 183

## H

Haddad, C., 209
Harrod, R., xvi, 42-44
Heesterman, A., xiii
Heston, A., 4
Hipoteca, 100
Hipótese do ciclo de vida (ou da renda permanente), 67, 88

## I

Importação, 9, 21, 26, 30, 64, 85, 214
Imposto (ou tributo), 23, 27, 29, 31, 73, 77, 88, 130
Imposto de renda (IR), 77
Imposto inflacionário, 29, 100
Imposto sobre Produtos Industrializados (IPI), 77
Impostos diretos, 65, 77-78, 185
Impostos indiretos, 27, 65, 77-78, 130, 152, 173, 185
Incerteza, 8
Indexação de preços e salários, 111, 121-122
Índia, 17
Índice (geral) de preços, 84, 112, 118, 120, 157, 164, 181, 214
Indústria, 9, 122, 185, 217, 221
Inflação, 24, 28-29, 31, 68, 79, 82, 100, 104, 109, 110-111, 113, 116, 117-119, 120-121, 123-125, 128, 130, 144, 149, 157, 171, 174, 176-177, 179, 181, 194, 204, 214-219, 221-222
   de custo (ou pressão inflacionária de custo), 111, 116, 118, 124
   de demanda (ou pressão inflacionária de demanda), 110, 114, 124, 218
Inflacionárias, 28-29, 100, 107, 109-111, 119-120, 125, 128-129, 144, 152, 215
Infraestrutura socioeconômica, 9, 211, 219-220
Inglaterra, 24, 117, 208

Inovação, 6, 11
Inovações técnicas, 8
Instituição financeira (ou
  intermediário financeiro), 96, 98,
  102, 193
Instituto Brasileiro de Geografia e
  Estatística (IBGE), 4, 19, 66, 78, 81,
  85, 104, 110, 114, 134
Instrumento financeiro (ver ativo
  financeiro), 96, 98, 100, 113
Instrumento monetário (ver ativo
  monetário), 98-99
Insumo (ou bem
  intermediário),125-127, 134-136, 138-
  140, 142, 151-152, 172, 174, 211, 218
Insumo-produto, análise de, 134, 136
Insumo-produto, modelo de (ver
  Leontief, modelo de), 126, 133, 135,
  140, 155, 185
Intermediário financeiro (ver
  instituição financeira), 96, 107
Intermediários financeiros, 95
Investidor institucional, 97, 107, 187
Investimento agregado, 70, 76, 160
Investimento do governo, 78
Investimento, 4- 5, 6, 8, 11, 19, 20-23,
  29, 30-31, 35-36, 39, 40-41, 46, 48-49,
  50, 57, 59, 63, 65, 68-69, 71-73, 83, 86,
  88, 94, 103-104, 211-222
  bruto, 163, 167, 168
  em infraestrutura, 7
  líquido, 36, 38, 45, 159, 162
  privado, 5, 103-104, 185, 215
  público, 5, 21, 78, 103-104, 107, 185,
    214-215, 220-221
Investimento, financiamento do, 5
Investimento, modelo neoclássico de,
  (modelo de Jorgenson), 71, 88
Itália, 17

## J

Japão, 5, 16, 17, 208
Jones, C., 4
Jorgenson, D., 71
Jorgenson, modelo de, 71, 88

Juro composto, 53, 194
Juro, despesa com, 78-79
Juro, taxa de, 59, 61, 63, 68, 69, 72, 82,
  88-89, 115-116, 159, 163, 167, 169,
  173, 184, 187, 190, 194, 202-204, 215,
  218-219, 221
Juros, 27, 78, 82, 104, 106, 121, 157,
  167, 172, 217, 220, 221
Juros, pagamento de, 65

## K

Kaldor, modelo de crescimento de,
  47-49
Kaldor, N., xvi, 8, 23-24, 28, 36, 47, 48,
  50
Kalecki, análise de, 125
Kalecki, M., xvii, xviii, 22-23, 27-28,
  35, 58, 61, 66, 70, 72-73, 83, 88, 125,
  158-159, 182
Kalecki, modelo de, 47, 60-65, 86-87,
  89, 125, 134, 156, 158-160, 163, 169,
  182
Kenkel, 62, 74, 76
Keynes, análise de, 59, 65, 88, 114, 116-
  118,
Keynes, J., xvii, xviii, 22-23, 35, 58, 59,
  60-61, 67, 69-73, 80, 82-83, 88, 101,
  134, 181, 182, 217
Keynes, Modelo de, 58, 61-63, 65, 70,
  80, 86-87, 89, 91, 114-118, 124, 156,
  162-163, 165, 167 176, 183, 217
Keynes, Multiplicador de, 150
Kindleberger, C., 17
Klein, L., xviii, 36, 157-159, 161-162,
  182
Klein, modelo de, 158-161, 163, 165,
  170
Krieger, A., 120
Kuenne, R., 134

## L

Lange, O., 134
Lee, C., 188
Legislação, 8
Leontief, análise de, 135, 139

Leontief, Modelo de (ou de insumo-produto), 140-141, 144, 148-150, 153
Leontief, W., xvii, 43, 133-134, 140, 142, 155
Lewis, A., xiv
Liberal, 25-26
Liberalismo (ou visão liberal), 8, 24
Lima, F., 97
Longo prazo, 74, 76, 88, 115, 207, 208, 211, 217,
Lucro, 5, 8, 29, 31, 48, 60-61, 64, 67, 69-70, 88, 105, 109, 110-111, 125, 127, 128, 136, 142, 143, 159, 160, 170-172, 176-177, 192, 203, 220
Lucro, taxa de, 48, 49, 51, 126, 128-129, 142-144, 148, 149, 151, 152, 218

## M

Macroeconomia, 36, 49, 63, 70, 73, 113, 126, 134, 217
Macroeconômica, Análise, 57, 80, 83, 87, 136, 144, 155
Macroeconômicas, Relações, 187
Macroeconômico, 106, 148, 156, 162, 177-179, 182, 192
Malásia, 3, 4, 214
Mão-de-obra (ver trabalho, força de), 72, 125, 150, 152
Marx, K., xiv, 18, 133, 158
Matriz de coeficientes técnicos, 139, 149
Matriz, 149, 153, 157, 165, 197
  identidade, 150
  inversa, 90-91, 150-151, 153,
  quadrada, 90
McCallum, B., 102
Médio prazo, 74, 76-77, 86, 88
Meio de pagamento (ver Moeda, oferta), 80, 114, 172, 178-179
Meio de produção (ver capital), 3, 11, 18, 104, 106, 126, 143, 151, 187
Mercado aberto, 98
Mercado de capitais, 96, 99-100, 103-105, 107, 120, 123-124, 187, 217
Mercado de trabalho, 115-116, 160

Mercado financeiro, 96-97, 99-101, 107, 121, 214
  de balcão, 102
  de câmbio, 101-102, 107
  de derivativos, 100, 107
  primário, 98, 107
  secundário, 98, 107
Mercado monetário, 98, 172
Mercado, 25, 189, 194, 200-202, 204
Mercantilista, 1
Merton, 68
México, 17, 121
Microeconomia, 124-125, 133
Miglioli, J., xiii, 25
Milone, P., 10
Mishkin, 96, 99-100
Miyazawa, K., xvii, 66, 134
Miyazawa, modelo de, 144, 146, 149, 152-153
Modelo, 133
  dinâmico, 88, 89, 91, 158
  estático, 63, 87, 91, 158
  linear, 89, 90, 91
  macroeconométrico, 117, 125, 156-158, 165, 170, 181-183, 188, 203-204
Modiano, E., 214
Modigliani, F., 79
Moeda, 79, 82, 98-100, 111-112, 163, 218
Moeda, demanda de 58-59, 61, 81, 83, 87, 89
  especulativa, 59
  para transação, 59, 82
Moeda, fuga da, 113
Moeda, função da, 82, 111
Moeda, oferta de (ou meios de pagamento), 58, 61, 63, 79-80, 83-84, 88-89, 110-113, 115-116, 159, 170-171
Moeda, valor da, 112-113
Moeda, velocidade de circulação da, 174
Monopólio, 60, 61, 72, 125
Monopolista, 29
Movimento de capital, 86, 187

Mudanças tecnológicas, 76
Multiplicador dos meios de pagamento, 61, 79-81, 89, 173-174
Multiplicador, 39, 57, 80
Multiplicador, efeito, 50
Myers, S., 191

**N**

Napoleoni, C., 25
Neoclássico, sistema teórico, 45, 71-72, 87
Netto, A., 21, 25
New York Mercantile Exchange, 101
Nigéria, 17
Numerário, 138
Números complexos, 93-94
Neoclássica, 43, 50
Newmann, J. von, 135
Nível de preço, 116

**O**

Oferta, 87, 89, 146, 170, 193
Opção, 101, 194-196
Oriente Médio, 23
Ouro, 194
Oceania, 3
Operacinal, Conceito, 78
Ótica macroeconômica, 95

**P**

País avançado (ver desenvolvido, país), 8, 214
País da OCDE, 17
País do G7, 17
Papel-moeda, 98
  em poder público, 79-81
Phillips, A. W., 117
Phillips, A., 134
Phillips, curva de, 116-118, 123-124
PIB, crescimento do, 181
Planejamento econômico, 30, 155, 182, 188, 202
Plano Real, 121-124, 175, 209, 217-219, 221-222

Plano, 30, 218, 222
Pleno emprego, 35, 46
Pobreza, 3
Política econômica, 8, 215
  cambial, 122, 218
  fiscal, 63, 65, 80, 115-116, 121, 173
  monetária, 28, 30, 63, 65, 80, 121
Poupança 48, 65, 68, 83, 103-104, 107
  externa, 21, 86, 88, 95, 103-104, 107
  interna, 95, 104, 107
  privada, 104
  pública, 104
Poupança agregada, 48
Poupança nacional, 86, 95
Preço relativo, 112, 148
Preço, 125-128, 130, 134, 136, 138-139, 141-144, 148-149, 151-152, 165, 170-174, 181, 187, 196, 203-204
Preço, nível de, 65, 163
Pressões de custo e de demanda, 31, 123-124, 152, 219
Pressões inflacionárias, 30, 120
Previdência privada, 97
Previsão, 30, 156, 166, 170, 176, 181, 188, 203
Produção (ou demanda, ou transação) intermediária, 135, 148
Produção agropecuária, 9, 24
Produção nacional, 134
Produção setorial, 140-141, 144, 147, 149-150, 152
Produtividade (do trabalho), 16, 18, 20-21
Produto (ou produção) agregado (ver produto nacional), 38, 69, 111, 116, 172, 176
Produto Interno Bruto (PIB), 4, 9, 19, 20, 36, 65, 70, 85, 103-106, 109, 114, 122, 176, 179, 203, 208, 209, 210, 212, 215, 217, 219, 220-222
Produto nacional (ou agregado), 17, 38-42, 45, 57-58, 74, 76, 82, 86, 89, 95, 110, 112, 118, 122, 136, 159, 160, 163, 172, 185, 204, 208, 211, 221
Produto *per capita*, 16, 19, 109

Produto potencial, 22, 25, 35-36, 38, 40, 42-43, 46, 49, 50-51, 71, 110
Produto real por habitante, 15
Programa de Formação do Patrimônio do Servidor Público (Pasep), 77
Programa de Integração Social (PIS), 77
Progresso técnico, 21
Progresso tecnocientífico, 6
Projeção, 157
Projeto de infra-estrutura, 109
Propensão (marginal) a consumir 58, 60
do capitalista, 67
do trabalhador, 48
Propensão (marginal) a poupar, 38, 40, 47, 50, 57
do capitalista, 66
do trabalhador, 48

## Q

Quadro de coeficientes de produção, 140
Quadro de fluxos (ou de relações intersetoriais), 136, 138-139, 141, 148, 151
Quadro de relações intersetoriais (ver quadro de fluxos), 136-137
Quantidade (produzida), 112, 134, 138-140
Quesnay, F., 133

## R

Raízes complexas, 75, 94
Raízes reais, 94
Raízes, 74-75, 93-94
Ramalho, V. 79
Reais, 93
Recessão, 4
Redesconto, 79
Reforma (da estrutura de propriedade), 9
agrária, 21
Reino Unido (ver Inglaterra), 17, 24, 102
Renda (ou produto) por habitante (ou *per capita*), 3, 16, 21, 35
Renda fixa, 59
Renda variável, 59

Renda
disponível, 36, 58, 65-67, 77, 88, 159, 161-162, 172, 219
líquida (enviada ao exterior), 65
nacional (ou agregada), 15, 22, 36, 59, 62, 95, 136, 153, 159, 204
Renda, crescimento da, 36
Renda, distribuição da, 49, 171
Rentabilidade (ou taxa de retorno), 5, 11, 69, 70, 82-83, 191-192, 196-197, 199-204
esperada (ou prevista), 174
Reserva bancária, 79, 80
Reserva internacional, 26, 79, 172-173, 187
Restrição orçamentária do governo, 67, 79, 88, 173
Resultado fiscal, 78-79, 88
nominal, 78
operacional, 79
primário, 78
Reta do mercado de capitais, 200
Reta do mercado de títulos, 202
Retorno, 69, 70, 83, 204
Revolução Industrial, 2, 18, 24
Riqueza, 1, 3, 10, 15, 28, 25, 29, 82, 83
Risco, 8, 83, 101, 104, 106, 190, 196, 197, 199, 200, 201, 202, 204,
Robinson, 3

## S

Salário, 27, 48, 60, 64, 70, 110-111, 115-118, 121-124, 126-129, 136, 142-144, 148, 151-152, 159, 160, 163-164, 170, 172-177, 215, 217-218, 222
Salário preço, 130
Saldo comercial, 60, 86, 87, 89, 134, 136, 144, 159, 163, 172, 218
Saldo de balança comercial, 86
Saldo monetário, 87, 120, 165, 187
Samuelson, P., xvii, 36, 52, 58, 73, 89
Samuelson, modelo macrodinâmico de, 73-75, 88, 91, 92, 94, 157, 167
Sawyer, M. C., 59-60, 67, 83
Scholes, M., 101, 195

Schumpeter, J., xiv
Seguro, companhia de, 96-97
Serviços, 122, 126, 172, 185
Setor (de produção), 135-136, 138-139, 148, 151, 155-156, 203, 221
Setor econômico, 135
Setor externo, 58
Setor público, 58, 122
Setor privado, 5, 159
Shapiro, E., 191
Simonsen, M., 79, 81
Simulação, 156, 161, 168-170, 176, 178, 181-182, 185
Sistema bancário, 5, 83-84
Sistema de ensino (ver Educação), 6
Sistema financeiro, 80, 84, 88, 155, 181
   internacional, 5, 155, 172, 181
Sistema político, 8
Smith, A., xiv, 2, 18, 45-49, 54
Solow, R., xvi, 36, 79
Spanos, A., 160
Sraffa, modelo de, 125-126, 134, 142, 143
Subdesenvolvido, país (ver desenvolvimento, país em), 4, 6-7, 11, 31
Subdesenvolvimento, 3, 7, 8
Subsídio, 65, 78, 121, 173, 185, 214
Suécia, 17
Suíça, 102,
Summers, R., 4
Superávit fiscal, 5
*Swap*, 102, 188
Szewach, E., 120

### T

Tailândia, 17, 208
Taxa cruzada (de câmbio), 16, 102
Taxa de retorno (ver rentabilidade), 190, 192, 202
Taxa interna de retorno, 59, 69, 190
Técnica de produção, 69
Terra, uso da, 9
Tesouro Nacional, 98, 104
Título, 82, 97, 100, 122, 172
   de curto-prazo, 98, 199
   de dívida (ou de renda fixa), 5, 59, 69
   de longo prazo, 99, 100
   de propriedade (ver ação), 99, 107, 188, 190, 204
   sem risco, 83, 98, 199
Título, preço do, 59
Títulos públicos, 174
Trabalhadores, 88, 128, 130, 145-146, 149, 152-153, 170-172, 185, 204
Trabalho, força de (ou fator trabalho, ou mão-de-obra), 20, 42, 43, 115-116, 118-119, 185
   Plena utilização, 42, 50
Trajetória cíclica, 19, 74, 94, 167
Trajetória dinâmica, 93
Trajetória econômica
   de longo prazo, 36
Transação intermediária (ver produção intermediária), 135
Transações, 82
Transferência do governo, 65, 78
Tributação, 23, 27, 30
Tributária, arrecadação, 9, 122
Tributária, estrutura, 8, 218
Tributo (ver imposto), 59, 136, 148, 159, 163

### U

Unidade física, 132, 147, 148
Unidade nominal (ou corrente, ver valor real), 65, 166

### V

Valor (ou unidade) nominal (ou corrente), 82, 113-115, 117, 123-124, 163-164, 170-173
Valor (ou unidade) real (ou constante), 87, 113, 170, 172, 178, 203
Valor agregado (ou adicionado), 137-138, 141, 144, 145, 148, 151
Valor futuro, 72, 193
Valor presente, 72
Valores constantes, 84, 112
Variação, taxa de, 44, 51, 53, 56

Variável 114, 127
  contínua, 51
  discreta, 51
  endógena, 62-64, 87, 90-92, 115, 157, 159, 161, 163, 165-167, 176
  exógena, 62-64, 86-87, 90-92, 115, 157, 159, 163, 165-166, 176, 181, 185
  pré-determinada, 91-92
Variável dependente, 127, 161, 166
Variável financeira, 188
Variável independente, 161, 166
Variável nominal, 157, 163, 170-171
Variável real, 159, 163, 165, 167, 170-171
Velocidade de circulação da moeda (ver moeda, velocidade de circulação da), 59, 112-114, 172

Venezuela, 3, 4
Vetor, 62-64, 90, 92, 149, 150-151, 153, 165, 197
  nulo, 90
Volatilidade, 196, 202

**W**

Wallis, K. F., 44, 58, 62, 67, 70, 72
Walras, L., 133, 134
Wicksell, função de produção de (ou Cobb-Douglas, função), 45
Wicksell, K., 45
Williams, J. B., 191